老科学家学术成长资料采集工程

中国科学院院士传记丛书

向奥维耶多

老科学家学术成长资料采集工程

中国科学院院士传记 丛书

谢学锦 传

走向奥维耶多

张立生◎著

中国科学技术出版社

上海交通大学出版社

图书在版编目（CIP）数据

走向奥维耶多：谢学锦传／张立生著 . —北京：
中国科学技术出版社，2016.3
（老科学家学术成长资料采集工程丛书）
ISBN 978-7-5046-7110-3

I. ①走… II. ①张… III. ①谢学锦-传记 IV.
① K826.14

中国版本图书馆 CIP 数据核字（2016）第 054636 号

出 版 人	秦德继　韩建民
责任编辑	李　红
责任校对	何士如
责任印制	张建农
版式设计	中文天地

出　　版	中国科学技术出版社　上海交通大学出版社
发　　行	科学普及出版社发行部
地　　址	北京市海淀区中关村南大街 16 号
邮　　编	100081
发行电话	010-62103130
传　　真	010-62179148
网　　址	http://www.cspbooks.com.cn

开　　本	787mm×1092mm　1/16
字　　数	304 千字
印　　张	21.5
彩　　插	2
版　　次	2016 年 5 月第 1 版
印　　次	2016 年 5 月第 1 次印刷
印　　刷	北京华联印刷有限公司
书　　号	ISBN 978-7-5046-7110-3 / K·183
定　　价	68.00 元

老科学家学术成长资料采集工程
领导小组专家委员会

主　任：杜祥琬
委　员：（以姓氏拼音为序）

　　　　巴德年　　陈佳洱　　胡启恒　　李振声
　　　　王礼恒　　王春法　　张　勤

老科学家学术成长资料采集工程
丛书组织机构

特邀顾问（以姓氏拼音为序）

　　　　樊洪业　　方　新　　齐　让　　谢克昌

编　委　会

主　编：王春法　　张　藜
编　委：（以姓氏拼音为序）

　　　　艾素珍　　董庆九　　胡化凯　　黄竞跃　　韩建民
　　　　廖育群　　吕瑞花　　刘晓勘　　林兆谦　　秦德继
　　　　任福君　　苏　青　　王扬宗　　夏　强　　杨建荣
　　　　张柏春　　张大庆　　张　剑　　张九辰　　周德进

编委会办公室

主　任：许向阳　　张利洁
副主任：许　慧　　刘佩英
成　员：（以姓氏拼音为序）

　　　　崔宇红　　董亚峥　　冯　勤　　何素兴　　韩　颖
　　　　李　梅　　罗兴波　　刘　洋　　刘如溪　　沈林苣
　　　　王晓琴　　王传超　　徐　婕　　肖　潇　　言　挺
　　　　余　君　　张海新　　张佳静

老科学家学术成长资料采集工程简介

　　老科学家学术成长资料采集工程（以下简称"采集工程"）是根据国务院领导同志的指示精神，由国家科教领导小组于 2010 年正式启动，中国科协牵头，联合中组部、教育部、科技部、工信部、财政部、文化部、国资委、解放军总政治部、中国科学院、中国工程院、国家自然科学基金委员会等 11 部委共同实施的一项抢救性工程，旨在通过实物采集、口述访谈、录音录像等方法，把反映老科学家学术成长历程的关键事件、重要节点、师承关系等各方面的资料保存下来，为深入研究科技人才成长规律，宣传优秀科技人物提供第一手资料和原始素材。按照国务院批准的《老科学家学术成长资料采集工程实施方案》，采集工程一期拟完成 300 位老科学家学术成长资料的采集工作。

　　采集工程是一项开创性工作。为确保采集工作规范科学，启动之初即成立了由中国科协主要领导任组长、12 个部委分管领导任成员的领导小组，负责采集工程的宏观指导和重要政策措施制定，同时成立领导小组专家委员会负责采集原则确定、采集名单审定和学术咨询，委托中国科学技术史学会承担具体组织和业务指导工作，建立专门的馆藏基地确保采集资料的永久性收藏和提供使用，并研究制定了《采集工作流程》《采集工作规范》等一系列基础文件，作为采集人员的工作指南。截至 2014 年底，已启动 304 位老科学家的学术成长资料采集工作，获得手稿、书信等实物原件资料 52093 件，数字化资料 137471 件，视频资料 183878 分钟，音频资料 224825 分钟，具有重要的史料价值。

采集工程的成果目前主要有三种体现形式，一是建设一套系统的"老科学家学术成长资料数据库"（本丛书简称"采集工程数据库"），提供学术研究和弘扬科学精神、宣传科学家之用；二是编辑制作科学家专题资料片系列，以视频形式播出；三是研究撰写客观反映老科学家学术成长经历的研究报告，以学术传记的形式，与中国科学院、中国工程院联合出版。随着采集工程的不断拓展和深入，将有更多形式的采集成果问世，为社会公众了解老科学家的感人事迹，探索科技人才成长规律，研究中国科技事业的发展历程提供客观翔实的史料支撑。

总序一

中国科学技术协会主席 韩启德

　　老科学家是共和国建设的重要参与者，也是新中国科技发展历史的亲历者和见证者，他们的学术成长历程生动反映了近现代中国科技事业与科技教育的进展，本身就是新中国科技发展历史的重要组成部分。针对近年来老科学家相继辞世、学术成长资料大量散失的突出问题，中国科协于2009年向国务院提出抢救老科学家学术成长资料的建议，受到国务院领导同志的高度重视和充分肯定，并明确责成中国科协牵头，联合相关部门共同组织实施。根据国务院批复的《老科学家学术成长资料采集工程实施方案》，中国科协联合中组部、教育部、科技部、工业和信息化部、财政部、文化部、国资委、解放军总政治部、中国科学院、中国工程院、国家自然科学基金委员会等11部委共同组成领导小组，从2010年开始组织实施老科学家学术成长资料采集工程。

　　老科学家学术成长资料采集是一项系统工程，通过文献与口述资料的搜集和整理、录音录像、实物采集等形式，把反映老科学家求学历程、师承关系、科研活动、学术成就等学术成长中关键节点和重要事件的口述资料、实物资料和音像资料完整系统地保存下来，对于充实新中国科技发展的历史文献，理清我国科技界学术传承脉络，探索我国科技发展规律和科技人才成长规律，弘扬我国科技工作者求真务实、无私奉献的精神，在全社会营造爱科学、学科学、用科学的良好氛围，是一件很有意义的事情。采集工程把重点放在年龄在 80 岁以上、学术成长经历丰富的两院院士，以及虽然不是两院院士、但在我国科技事业发展中作出突出贡献的老科技工作者，充分体现了党和国家对老科学家的关心和爱护。

自 2010 年启动实施以来，采集工程以对历史负责、对国家负责、对科技事业负责的精神，开展了一系列工作，获得大量反映老科学家学术成长历程的文字资料、实物资料和音视频资料，其中有一些资料具有很高的史料价值和学术价值，弥足珍贵。

以传记丛书的形式把采集工程的成果展现给社会公众，是采集工程的目标之一，也是社会各界的共同期待。在我看来，这些传记丛书大都是在充分挖掘档案和书信等各种文献资料、与口述访谈相互印证校核、严密考证的基础之上形成的，内中还有许多很有价值的照片、手稿影印件等珍贵图片，基本做到了图文并茂，语言生动，既体现了历史的鲜活，又立体化地刻画了人物，较好地实现了真实性、专业性、可读性的有机统一。通过这套传记丛书，学者能够获得更加丰富扎实的文献依据，公众能够更加系统深入地了解老一辈科学家的成就、贡献、经历和品格，青少年可以更真实地了解科学家、了解科技活动，进而充分激发对科学家职业的浓厚兴趣。

借此机会，向所有接受采集的老科学家及其亲属朋友，向参与采集工程的工作人员和单位，表示衷心感谢。真诚希望这套丛书能够得到学术界的认可和读者的喜爱，希望采集工程能够得到更广泛的关注和支持。我期待并相信，随着时间的流逝，采集工程的成果将以更加丰富多样的形式呈现给社会公众，采集工程的意义也将越来越彰显于天下。

是为序。

总序二

中国科学院院长　白春礼

　　由国家科教领导小组直接启动，中国科学技术协会和中国科学院等12个部门和单位共同组织实施的老科学家学术成长资料采集工程，是国务院交办的一项重要任务，也是中国科技界的一件大事。值此采集工程传记丛书出版之际，我向采集工程的顺利实施表示热烈祝贺，向参与采集工程的老科学家和工作人员表示衷心感谢！

　　按照国务院批准实施的《老科学家学术成长资料采集工程实施方案》，开展这一工作的主要目的就是要通过录音录像、实物采集等多种方式，把反映老科学家学术成长历史的重要资料保存下来，丰富新中国科技发展的历史资料，推动形成新中国的学术传统，激发科技工作者的创新热情和创造活力，在全社会营造爱科学、学科学、用科学的良好氛围。通过实施采集工程，系统搜集、整理反映这些老科学家学术成长历程的关键事件、重要节点、学术传承关系等的各类文献、实物和音视频资料，并结合不同时期的社会发展和国际相关学科领域的发展背景加以梳理和研究，不仅有利于深入了解新中国科学发展的进程特别是老科学家所在学科的发展脉络，而且有利于发现老科学家成长成才中的关键人物、关键事件、关键因素，探索和把握高层次人才培养规律和创新人才成长规律，更有利于理清我国科技界学术传承脉络，深入了解我国科学传统的形成过程，在全社会范围内宣传弘扬老科学家的科学思想、卓越贡献和高尚品质，推动社会主义科学文化和创新文化建设。从这个意义上说，采集工程不仅是一项文化工程，更是一项严肃认真的学术建设工作。

中国科学院是科技事业的国家队，也是凝聚和团结广大院士的大家庭。早在1955年，中国科学院选举产生了第一批学部委员，1993年国务院决定中国科学院学部委员改称中国科学院院士。半个多世纪以来，从学部委员到院士，经历了一个艰难的制度化进程，在我国科学事业发展史上书写了浓墨重彩的一笔。在目前已接受采集的老科学家中，有很大一部分即是20世纪八九十年代当选的中国科学院学部委员、院士，其中既有学科领域的奠基人和开拓者，也有作出过重大科学成就的著名科学家，更有毕生在专门学科领域默默耕耘的一流学者。作为声誉卓著的学术带头人，他们以发展科技、服务国家、造福人民为己任，求真务实、开拓创新，为我国经济建设、社会发展、科技进步和国家安全作出了重要贡献；作为杰出的科学教育家，他们着力培养、大力提携青年人才，在弘扬科学精神、倡树科学理念方面书写了可歌可泣的光辉篇章。他们的学术成就和成长经历既是新中国科技发展的一个缩影，也是国家和社会的宝贵财富。通过采集工程为老科学家树碑立传，不仅对老科学家们的成就和贡献是一份肯定和安慰，也使我们多年的夙愿得偿！

鲁迅说过，"跨过那站着的前人"。过去的辉煌历史是老一辈科学家铸就的，新的历史篇章需要我们来谱写。衷心希望广大科技工作者能够通过"采集工程"的这套老科学家传记丛书和院士丛书等类似著作，深入具体地了解和学习老一辈科学家学术成长历程中的感人事迹和优秀品质；继承和弘扬老一辈科学家求真务实、勇于创新的科学精神，不畏艰险、勇攀高峰的探索精神，团结协作、淡泊名利的团队精神，报效祖国、服务社会的奉献精神，在推动科技发展和创新型国家建设的广阔道路上取得更辉煌的成绩。

总序三

中国工程院院长　周　济

由中国科协联合相关部门共同组织实施的老科学家学术成长资料采集工程，是一项经国务院批准开展的弘扬老一辈科技专家崇高精神、加强科学道德建设的重要工作，也是我国科技界的共同责任。中国工程院作为采集工程领导小组的成员单位，能够直接参与此项工作，深感责任重大、意义非凡。

在新的历史时期，科学技术作为第一生产力，已经日益成为经济社会发展的主要驱动力。科技工作者作为先进生产力的开拓者和先进文化的传播者，在推动科学技术进步和科技事业发展方面发挥着关键的决定的作用。

新中国成立以来，特别是改革开放 30 多年来，我们国家的工程科技取得了伟大的历史性成就，为祖国的现代化事业作出了巨大的历史性贡献。两弹一星、三峡工程、高速铁路、载人航天、杂交水稻、载人深潜、超级计算机……一项项重大工程为社会主义事业的蓬勃发展和祖国富强书写了浓墨重彩的篇章。

这些伟大的重大工程成就，凝聚和倾注了以钱学森、朱光亚、周光召、侯祥麟、袁隆平等为代表的一代又一代科技专家们的心血和智慧。他们克服重重困难，攻克无数技术难关，潜心开展科技研究，致力推动创新发展，为实现我国工程科技水平大幅提升和国家综合实力显著增强作出了杰出贡献。他们热爱祖国，忠于人民，自觉把个人事业融入到国家建设大局之中，为实现国家富强而不断奋斗；他们求真务实，勇于创新，用科技为中华民族的伟大复兴铸就了辉煌；他们治学严谨，鞠躬尽瘁，具有崇高的科学精神和科学道德，是我们后代学习的楷模。科学家们的一生是一本珍贵的教科书，他们坚定的理想信念和淡泊名利的崇高品格是中华民族自强不息精神的宝贵财富，永远值得后人铭记和敬仰。

通过实施采集工程，把反映老科学家学术成长经历的重要文字资料、实物资料和音像资料保存下来，把他们卓越的技术成就和可贵的精神品质记录下来，并编辑出版他们的学术传记，对于进一步宣传他们为我国科技发展和民族进步作出的不朽功勋，引导青年科技工作者学习继承他们的可贵精神和优秀品质，不断攀登世界科技高峰，推动在全社会弘扬科学精神，营造爱科学、讲科学、学科学、用科学的良好氛围，无疑有着十分重要的意义。

中国工程院是我国工程科技界的最高荣誉性、咨询性学术机构，集中了一大批成就卓著、德高望重的老科技专家。以各种形式把他们的学术成长经历留存下来，为后人提供启迪，为社会提供借鉴，为共和国的科技发展留下一份珍贵资料。这是我们的愿望和责任，也是科技界和全社会的共同期待。

谢学锦

（1996 年院士大会期间，张建设摄于京西宾馆）

采集小组访谈谢学锦（左：谢学锦，右：张立生，2011 年 12 月 3 日）

采集小组采访谢学锦（2012 年 5 月 3 日）

采集小组成员和谢学锦讨论
采集到的照片（2012 年 10 月 5 日）

序 我的科研生涯

我年轻时上的是浙江大学，先读物理系，后转到化学系。后来因参加学生运动，为躲避军统迫害，称病休学离开浙大，到了重庆。后转入重庆大学，攻读梁树权[①]先生的高等分析化学，并在他的指导下，完成毕业论文。后来在永利铔厂及矿产测勘处工作。主要做矿石与岩石分析工作。这些工作和经历为我后来研究勘查地球化学，发挥我的特长奠定了基础。

勘查地球化学是 20 世纪 30 年代诞生的新学科。我一生的勘查地球化学的研究，由父亲谢家荣开其端。父亲在 1950 年的 *Economic Geology* 上看到了 T. S. Lovering 等人的一篇文章，谈及在美国一个地区分析水系沉积物找铜。他觉得这种新的找矿方法很有前途，建议我去一试。我利用 T. S. Lovering 的双硫腙测 Cu 的方法，改进其设备，使之更轻便化，取得了效果。1951 年我与徐邦梁在安庆月山进行了勘查地球化学在中国的首次实验，并发现了铜矿指示植物海州香薷。

地质部成立后，准备筹设地球化学探矿室（简称化探室），调我参加筹建的工作。筹建工作进行得缓慢，参加筹建工作的一些人对此新兴学科

---

① 1955 年首批当选为中国科学院数理化学部委员。

的发展前途缺乏信心，地质界也未给予足够的支持，加上不断的政治运动，研究工作无法顺利进行。我感到很无奈。最后运动搞到自己的头上，被划成了右派。由于领导（主要是周镜涵）的力保，幸而没有被下放到基层劳动，仍可以在研究所继续从事研究工作。因为赵文津（当时所领导之一）的建议，我开始与邵跃合作研究矿床原生晕。我们首先使用五点移动平均技术，使岩石中成矿元素含量的不规则跳跃起伏光滑成有规律的趋势变化，成功提出了原生晕浓度分带与组分分带的理论，并在辽宁青城子的实践中获得成功，找到了新的盲矿，使一个即将关闭的矿山起死回生。这一成功震动全国，地质及冶金系统各地质队纷纷效仿，出现了大规模开展原生晕研究工作的新局面。

但我却认为原生晕找矿法只不过是一种战术性方法。通过对勘查地球化学方法的研究，我产生了清楚的指导思想：应该把勘查地球化学提高到一种战略上指导全局的地位，这样才能取得巨大的成果。我当时认识到，为达到这一战略研究目的，必须进行大范围大规模的地球化学填图。当时四川物探队已在米易 1：20 万图幅中开展了多元素的水系沉积物测量。我决定去四川进行调查研究。调研的结果发现最大的问题是多元素分析问题未能很好解决。这个问题不仅在中国，而且在全世界的地球化学填图工作中普遍存在。"文化大革命"期间，我一直在认真考虑这个问题。并对几个最重要问题的解决有了成熟的想法。直到 20 世纪 70 年代中期，根据我的建议，进行了"皖浙赣三省区化探方法试验"的项目，我编写了区域化探手册并到全国各省游说呼吁，在黄山会议上作了"当前区域化探若干问题的探讨"的报告，具体提出了区域化探全国扫面计划。这项计划是受西方勘查地球化学先进思想的启发，尤其是英国 J. S. Webb 及其学生们出版的北爱尔兰地球化学实验图集的影响而提出的。J. S. Webb 发现河流下游采集的河床活性沉积物，其元素含量接近上游汇水盆地中元素含量的平均值。这一重大发现表明，可用低密度的水系沉积物采样控制很大面积的元素分布。但我同时也看出西方地球化学填图工作的缺陷。故对 J. S. Webb 等的工作做了很大的改进。具体的重要改进是：

（1）改善样品编号系统。J. S. Webb 等所提出溯河流而上按编号顺序采集水系沉积物，直至上游的截止点（Cut off point），欲找寻的新矿床就在截止点附近。但在一个很大面积内有着多条河流及支流，若沿各自顺序编号会造成编号系统很大的混乱。改善的方法是在 1：20 万地形图上，在野外采样前，预先在室内按方里网从左至右，再从上至下做好编号。这种方法可以成功地避免编号的混乱不清，有效地支持了对水系沉积物的分析研究工作。

（2）格子采样。上述的编号系统导致产生了新的格子采样的概念。思路是：在 1：20 万地形图上的方里网中编好号之后，在每个 $1km^2$ 格子内的水系最下游处采样，应该是这 $1km^2$ 中元素平均值的最有代表性的样品。我们把这种 $1km^2$ 格子称为采样格子。为节省经费，将每 4 个 $1km^2$ 格子中的样品组合后送交分析。这种 $4km^2$ 中的组合样被称为分析格子中的样品。分析所得的元素含量置于 $4km^2$ 格子的中央，发现异常后再分析 $1km^2$ 格子中的原样以获取更详细的信息。

（3）坚持要求高分析灵敏度。国外地球化学填图工作中，为节省人力，多使用具有多元素分析能力的大型仪器（X 射线光谱 XRF，等离子火焰发射光谱 ICPES 等）。这种做法虽能提供多种元素分布的基础性资料，但对许多痕量及超痕量元素的分析灵敏度严重不够，因而对于找矿，特别是找矿的战略作用大大降低。我曾与许多西方的找矿公司负责人交谈，他们对大学和研究机构所做的地球化学填图工作不屑一顾。因此我们坚持要求，对所有痕量元素的分析检出限必须降至该元素的地壳丰度值以下。由于文献上发表的一些超痕量元素（如 Au）的地壳丰度值的数据太高，因而改变要求，规定检出率必须达到 80% ～ 100%。基于这样一种认识思想，我们提出了一套使用多仪器多方法的分析系统，即，以大型仪器为骨干扫掉大多数元素，对"困难"元素使用对它最灵敏的方法分别各个击破，从而获得了全面的精准的超高质量分析数据。这项举措使中国的填图分析质量远远地走在了世界的前面。

（4）提出金的勘查地球化学新方法。当时西方的地球化学填图计划都不分析金。因为金有延展性，不易被粉碎。分析时，如果称取的样品中偶尔有粒金落入，就会产生出异常的干扰高值。这种粒金效应使得分析结果极不可靠。西方学者的做法是加大分析时的称样量。西方的找金权威 I. Nichol 甚至建议，每次分析要称取多至 800 克样品才能取得稳定的结果。我却认为在自然界中，除有颗粒状金存在外，还存在有大量的超微细金。基于这一认识，我将金异常值定为大于 2ppb（十亿分之二），条件是这样的数值必须连续存在。若在大面积样品中含量都小于这个值，而其中偶尔出现一个高出数十或数百倍的高值时，不能作为异常。用这种巧妙的方法绕开了粒金效应的干扰，成功地解决了这个一直困扰世界找金界的难题。

（5）解决采样分析数据的全球可对比性。不同实验室分析中出现的系统误差必须加以减小或避免，否则不同地区取得的数据就无法对比。这一问题西方学者在各自进行的地球化学填图中从未重视。直到后来，因为要考虑整合全球的地球化学填图时，才发觉这一问题的严重性。我们在制订中国的地球化学填图计划时，由于需要指挥各省众多的实验室共同参加分析工作，从一开始就非常重视这个问题，因此在全国计划尚未开始进行时，我们就提出了标准样的设想，并着手研究和制备了 12 个标准参考样，最后组织全国许多实验室一起参加定值工作，并制订严格的质量监控方案，使不同实验室分析数据的系统误差减至可容忍的最低值。

（6）研究复杂地理景观条件下的地球化学填图的技术方法。我们在区域化探扫面计划开始时就把全国分为内地沿海地区及边远地区两大类，内地及沿海地区主要使用格子内采集水系沉积物的方法，边远地区则进一步划分为森林沼泽区、干旱荒漠区、半干旱荒漠区、黄土覆盖区、高寒山区、高寒湖沼区、热带雨林区等，分别研制采样方法。30 多年的研究结果表明，干旱荒漠区研制的方法效果最好，但所有的方法今后都需要继续研究改进。

我们开创的这项"中国区域化探全国扫面计划"至今已进行了 30 多年，覆盖全国 80% 的国土面积，根据其中提供的线索找到了大量新矿床，其潜在经济价值至少达 16000 亿元。通过它获得了极有价值的海量数据，为今后许多年各种研究工作取得创新成果提供了条件。地球化学块体概念的提出就是一例。基于对扫面成果海量数据的研究，我们能够站在一个前所未有的高度，以空前广阔的视野，重新审视地球的元素富集现象，从而在1995年提出了地球化学块体的概念。由于地球形成时的不均匀性及其后的各种地质作用，使某些元素富集而形成的地球化学块体成为成矿的物质供应来源。我们可以利用地球化学块体的规模，预测成矿的规模及吨位。这一概念的提出，使勘查地球化学不仅可以依据成矿后的分散模式来找矿，还可依靠成矿前元素的分布模式来预测大型矿床的存在，由此大大提高了地球化学填图在找矿中的战略作用。

区域化探全国扫面计划仅分析了39种元素，多年的研究表明，取得更多元素甚至周期表内所有元素的分析数据非常有必要。基于这个想法，多年来我们一直在研究一些过去计划中从未分析的"困难元素"的分析方法，最后提出了76种元素地球化学填图（76GEM）项目。

76GEM项目迄今只完成了西南5省市区与东南8省两个子项目。因为对其他地理景观条件复杂的省份，尚未决定是只使用扫面计划的组合样进行分析，还是再辅以各种深穿透方法及浅钻采样分析来完成。76GEM计划的一项重大成果是提出了新的分析质量监控方法，即用标准图的概念取代标准样的概念，亦即用监控整个图幅质量的概念取代监控分析数据质量的概念。多年来我一直在思考这个问题。但要很多实验室合作制作出一份标准图来，既费时又费钱。最初曾用几个实验室分析结果的平均值来制作一幅参考图，再与各实验室分析结果所制作之图进行比较，最后提出用大量标准样互相按比例组合，对这一组组合样给以虚拟的空间位置，这样制成一张虚拟的标准图来评价各分析实验室的分析质量。这种思路与做法，已被证明是行之有效的，并在全国推广。

1987年在国际会议上，瑞典的B. Bølviken，芬兰的A. Björklund与我三人提出的用5000个采样格子覆盖全球大陆，开始了全球地球化学填图的讨论。当时对于采用何种样品能代表格子（每个格子为$160 \times 160 km^2$）内元素平均值，有很大争论。中国环保部门曾进行全国各类土壤丰度值的研究，在全国采集了各种类型土壤的大量样品，以计算各类土壤中元素的丰度。该部门的一名研究人员根据这些样品的分析结果制作了全国土壤中元素分布的图件。我看过这些图件，并试着将各元素分析结果随机抽稀至

800个，更进一步抽稀至400个，其所制作之地球化学图仍极相似。这个结果，1990年在布拉格召开的第14届国际化探大会上报告时引起轰动。但我却不了解这抽稀后的样品何以仍有如此好的代表性。直到1991年中国长江流域发生水灾时，从电视上看到，上游之物都被洪水冲到下游的画面，让我受到启发：环境部门所采的土壤样品应该是河口的泛滥平原沉积物，故而对上游很大的汇水盆地的元素平均值具有代表性。为说服国外科学家，我在国内进行一项大规模实验，以529个泛滥平原沉积物样品覆盖全国，所绘制的元素分布图，与用化探扫面计划所采的几百万样品的分析结果绘制的元素分布图，在宏观趋势上惊人地相似，从而为全球地球化学填图采样介质的确定指出了方向。

在区域化探全国化探扫面计划进行顺利并取得重大效果之时，我想到了油气的勘查地球化学。这一领域的国外发展一直跌宕起伏，主要是因为它的理论基础"油气物质的垂直运移"与地质理论"油气盖层的不透性"发生冲突，因而不能为正统地质界所接受。我明白进入这一领域会有巨大风险。后来尽管有王大衍先生的鼎力相助，但机构之间的利益矛盾及地矿部石油局的不支持，这项工作经历了无数坎坷。近来国土资源部重新部署大规模油气勘查，但仍继续沿用传统的"地质＋地震＋钻探"的做法。我认为必须有新的思路与做法，才能在油气勘查方面有新的突破。总结过去油气地球化学勘查发展中的问题，可以取得正确的应用思路：一是应该充分发挥它能够快速战略评价盆地含油气远景的作用，尤其是在困扰地震方法的碳酸盐岩沉积盆地地区，以及难于开展地震工作的地区（如山区及近海地区），二是在详查中避免单独根据油气地化资料确定普查钻孔位置[①]，这种方法应该主要用于评价地震方法所圈定构造的含油性，这可大大降低干孔的数量。为此上书国土资源部部长，得到支持后正大规模进行试点。

---

① 由于油气物质运移至地表通过的复杂性，过去只简单根据地表油气地球化学异常来确定普查钻位置，故常有失败。若成功见油，其作用却并不为石油界认可，造成宣传解释不力。但一旦失败，却遭到许多非难。这种情况与石油界对待地震方法完全不同。根据地震方法布置钻孔，不见油，并不会受到非难。

我曾与刘东生先生联名在香山召开一次会议，呼吁开展环境地球化学工作，特别注意环境地球化学灾害的突然爆发，亦即奥地利学者所指的所谓"化学定时炸弹"的爆发。后在香山又与地科院测试所召开了一次类似会议。这项工作得到中国地质调查局及环保部门的支持，已经开始大规模开展。但我已年逾90，力不从心。不能再深入这一领域，只能由我的学生们承担这一研究领域的重任。

19世纪以来出现了各种找寻深埋于外来覆盖层下方矿床的方法技术，为了概括这些方法技术，E. Cameron与我经讨论后提出深穿透地球化学一词。对这方面的研究，我们与国外的不同之处在于：①国外对成矿元素如何穿透外来覆盖层达于地表有各种理论解释，而我们提出的地球气理论认为，地壳深部的巨大压力促使气体呈微气泡形式携带超微细形式的成矿元素上升，再经各种地质作用加强与接力而达于地表；②国外将这类技术仅用于详查或半详查，我们则用于战略普查，研究不仅源于矿床而且源于地球化学块体的活动态成矿元素；③国外的研究已进入市场，成功与失败参半，而我们的研究尚在遍受争议阶段；④国外主要使用选择性弱提取技术以滤掉背景值的干扰，而我们已开始使用各种选择性强提取技术，不仅过滤掉背景值干扰，且大大提高异常的强度及可靠性。

回顾我一生的科研工作，有以下几点感受。

重视分析方法的研究，提高分析效率

在勘查地球化学发展的初期，我们同时博采西方学者和苏联学者的研究方向，发展各种快速比色方法与水平电极撒样法。但因被封锁和受政治运动的影响，尽管此项工作与西方和苏联并驾齐驱，但因取得的成果一直不能正式用英文发表，也不为国外所知。后来我国的地球化学填图工作，所以水平超过国外，主要得益于我们的多元素、多方法、多仪器分析系统，以及比国外早许多年就认识到数据的全球可对比性，并采取有力措施，避免或减少不同实验室的分析系统误差。"文化大革命"期间曾批判我"化而不探"，其实我是要先解决"化"，才能更好地"探"。在历次国际会议上，我一直和国外学者争论，在地球化学填图工作中，分析与采样何者更为重要。国外学者认为如果采样不得当，分析再好也是枉然；我则认为，如果分析问题不先解决，采样研究会得不出正确的结论。这种争论源于国外地球化学填图的负责人多为地质出身，而我的分析工作经历形成中国的特色。

A. G. Darnley 曾述及中国的地球化学填图所涉面积之广，工作量之大，全世界无可相比。这样海量而且高质量的分析数据的取得，必须使用高效率的分析操作。我们是受福特在汽车工业改革的启发，将分析操作（如称样、溶样、沉淀、过滤、提取、测定）分解，改成大规模操作流水作业。这种革命性的改变，使分析效率大大提高，可以在短时间内分析上万或上百万样品，并取得高质量的数据。

要善于在夹缝中求发展，对目标坚持、执着、锲而不舍

1957 年物化探研究所成立时，化探研究室不足 30 人。当时国内外化探发展还处于萌芽状态，其技术方法的发展方向模糊不清；在找矿中能起多大作用亦不肯定。总之，一切都还在探索之中。但从化探诞生之日起，我就有一个非常清楚的认识：化探研究工作必须与生产工作密切结合，化探研究工作必须为具体找矿工作服务。对化探研究工作本身，我认识到：它是新创学科，前人未涉猎，所以必须坚持不盲从，独立思考的思维方式；必须对新鲜事物保持敏感，必须从其他学科汲取营养。这样才能产生新思想、新认知，才能获得突破与创新。20 世纪五六十年代，中国传统地质界对化探未能给予足够的重视，化探工作者必须为自己的发展奋斗。正是由于坚持了独立思考的思维方式，坚持了与生产相结合的工作作风，在它的研究发展中，不断地被注入创新思想和创新方法，才使得它以无可驳辩的、日益增多的找矿成效，获得了地质界的普遍承认与重视。中国的化探研究，在自己成长的过程中成熟了自己，形成了自己的特色，开创了自己独特的道路。

用人所长，用体制所长，争取各方面支持，调动千军万马

我在担当研究所行政领导时，为建立精干优秀的科技队伍，曾认真进

行了人才的调配工作。力排众议，调进了许多有个性的人，他们不是驯服工具或听领导话的"顺民"，其行为有时容易产生一些枝节问题。我关注的是，如何助他发挥其一技之长，对其他缺点一概容忍。我的观念是：用人所长，不拘一格。只要你有才能，能做好工作，其余均属次要。有个例子，有次我要某人出差，完成某项工作。他工作完成出色，但有人向我揭发他乘机回了一趟家，我没有去追究。又如有人向我反映，别人背地说他坏话，我批评他说：你不好好工作，花时间精力去搜罗这些消息做什么。我认识到，必须行使这种以工作好坏为衡量标准的领导作风，杜绝在领导面前搬弄是非，拒绝牵扯精力的人事纠纷，在科技队伍中，建立起人人只关注工作成效的科研作风，才能快速有效地取得重要的科研成果。

我国现行的领导体制有个特点，领导有很大的权利，且重视实用。只要领导有意，下了决心，取得上级领导支持后就可以调动千军万马，集权执行极大的计划。我们的区域化探全国扫面计划正是在这种体制下才得以开展起来的。我们说服了部领导，得以调动了全国的化探队伍，动员了数以万计的人，历时30多年，扫了800多万平方千米，用统一的方法取得了具有巨大价值的高质量海量数据，以其为线索找到了上千个矿床，使中国化探震惊了全世界化探界。这是国外根本不可能做到的。所以我觉得，中国的科学家应该学会善于利用体制，努力地去宣传，说服有关决策者，得以实施大科学计划，为利国利民造福社会做出自己的贡献。

要踏实勤奋，大量阅读文献，尊重他人劳动

作为科研人员，要踏实勤奋，不怕下苦工夫，表现在要大量地阅读文献。阅读文献时，若看到有用的文章，有时需要反复阅读。在我的研究中，许多文章都看过多遍。我的感觉是，每次阅读都能给我带来一些新的思路。阅读文献，一方面要认真，一方面要广泛。我通常是先广泛看摘要，然后挑选文章再仔细看内容。但一定不能被文献所俘虏，要保持住独立思考的能力。阅读文献，不仅寻其可借鉴学习之处，也要看到它的不足之处。这种能力非一日之功，需要持之以恒才能养成。另外，必须尊重

他人劳动，必须恪守高尚的品德。引用他人观点，他人工作，必须准确注明参考文献。是别人的工作，一定要写明，含糊不得，一丝不苟；不是自己的，不允许不讲来源出处，隐瞒、暗示，含混行文，把成绩算到自己头上。还要特别尊重首创思想，例如某人在某种场合提出非常重要的新思路，即使没有发表也应注明是私人通信（Personal communication）。

团 队 精 神

打造一个强有力的团队，需要整个学科有少数领军人物（帅才），还需要有大量在某个技术领域数十年如一日坚持不懈的专家（将才）。领军人物必须首先是在一个或几个技术领域坚持不懈，且取得重大成果的专家，还需能够团结整个团队，这就需要全身心献身事业，没有私心杂念。领军人物是自然涌现的，不能靠行政手段来指定，更不能通过使用心机手段，拉关系、走门路来实现。单靠少数几个领军人物还是不行的，还需要有强大的团队，这个团队的形成首先要靠长期坚守化探事业的骨干成员，还要在大专院校中优选最优秀的学生。这个团队的每一个人都应首先有科学工作者的道德操守，然后是严谨刻苦的治学精神。

要强调互相团结与合作。不要互相拆台，互相说别人的坏话，搞小动作。另外还需要有不同工种之间的团结。化探工作是由野外工作、室内分析及数据处理与研究三部分组成的。最后的成果往往由负责野外工作及数据处理的人来完成，很容易把室内分析工作者当工具使用。把样品送交实验室分析，取得数据后就石沉大海，再无下文，这是地质界的陋习。我在推动区域化探全国扫面计划中，不仅不断强调分析工作的关键性作用，更重要的是不断让他们知道他们作出的这些数据会取得什么样的成果。这样才能充分发挥各方的积极性。还有就是与全国化探工作者的密切联系，这是化探多年的优良传统。

想象力比知识更重要，重要的问题是发现

地质界的一些理论，很多都是猜想和推论假设，想象力有时比知识更重要。但这些猜想和推论必须建立在有大量事实根据的基础上才能立得

住。科研工作的关键是要有新思路。有了新思路，就会产生新技术。但有时新技术本身也会引出新思路，重要的问题是发现。如我们分析76种元素，就会得到许多新的信息，就会提出一些新的思路和新的技术来，就会有更多、更大的发现。使用化探方法可以发现新矿种、新类型的大矿。这些矿发现后，矿床成因的新见解也就出来了。反过来，新的见解又可以活跃思路，启发我们去发展一些更新的技术，这是相辅相成的。

找矿的最后阶段是为钻探及其他探矿工程定位，这需要地球物理、地球化学、找矿地质学的综合研究。这种综合研究不仅要在未知地区进行，更重要的是要在新发现矿床的地区作总结。找矿中，很多情况是在新矿床发现后，专家纷纷对新矿床开始理论研究，提出成矿条件、成矿理论，印证自家理论的成功性；而没有项目去研究该矿床发出的地球物理地球化学找矿信息，没有项目去研究当初部署找寻该矿床的决策过程中的成功与失误。一些在未知区进行的综合研究亦很难得到工程的验证。强调这种综合研究非常重要，它首先需要有能导致突破性进展的新思路，以及由此产生的新做法与新技术。需要有大科学计划将研究工作与市场机制密切结合。从调查、填图、详查直至钻探验证，取得综合使用地球化学、地球物理及地质方法找到大型矿床的成功例案。这不仅会使找矿理论方法技术有重大进展，而且还可提升企业的水平，推动以企业为主的创新。

重视战略研究，促进勘查地球化学的更大发展

我的父亲谢家荣是一位应用地质学家，他要解决问题的思想非常强烈。他并不是学院式地单纯地研究矿床，而是对矿产、矿物的开采、加工、成本核算、世界市场价格、进出口方式及费用等各式各样的问题都会考虑。他说，我研究矿床是要解决问题，要解决国家的问题，要给国家找到矿；不但找到矿，还要研究这个矿能不能开；不但研究它能不能开，还要研究它开了以后是不是能够使国家获利；一个真正的科学家，不但要研究科学，而且要研究科学为人类造福。我的这一生受父亲的影响比较大。父亲的这些启发使我一向认为，应用地质科学应该比传统的地质理论科学更需要受到重视。

在当年研究原生晕找矿法时，原生晕找矿只是一种战术性方法。经过我们几十年不懈的努力，勘查地球化学已经上升到从战略上指导全局的地位，而且取得了巨大的成果。我想，为取得更大的成绩以造福国家人民，为开拓新思路坚持走创新的道路，勘查地球化学的战略作用还需进一步提高。关键是要把握好它的发展趋势。我认为目前可以将它的重要任务简单归结为下几点：以元素在全球的分布为背景，研究人类面临的全球资源问题与环境问题；以地球形成与演化的全过程为背景，研究元素的逐步浓集，发展找寻大型至巨型矿床的新理论、新方法；以元素从深层向表层的迁移为背景，发展深穿透地球化学的理论与方法，以找寻隐伏矿床；以元素在土壤圈、岩石圈、水圈、生物圈及人类圈中的分布为背景，实现对环境的监控；以元素在地球各层圈中的迁移、聚集和分散为背景，结合基因工程与生物地球动力学，发展新的地球化学工程、植物及微生物治理技术。勘查地球化学如果具有以上全新的概念、理论与方法，必将在 21 世纪对资源与环境领域中一些重大问题的解决做出重大贡献。中国的勘查地球化学家应和国际上有超前意识的学者一道做出巨大的努力，以促成上述研究趋势的加速发展，使之早日成为勘查地球化学在 21 世纪发展的主流。

我现虽已 90 高龄，不再做具体研究工作，但"Idea Producer"的作用仍在继续发挥。最近建议的几项大科学计划，包括全国油气地球化学扫面计划、全国废矿堆地球化学大普查计划、全国土壤地球化学普查、土壤质量的地球化学评估计划及全球尺度地球化学计划都处在开始阶段。这些都属于各种形式的大规模地球化学填图计划，特别是我们计划的全球尺度地球化学计划。但我担心 10 年来以 5000 采样格子覆盖全球，采集泛滥平原沉积物样品的国际地球化学基准值项目，在非洲、拉美及中亚难以实施。根据分形自相似理论，认为自然过程在规模与时间间隔不同的情况下，所得到的效果是相似的。例如水系沉积物、河漫滩沉积物、泛滥平原沉积物及大河三角洲沉积物，皆是水流搬运上游汇水盆地中的物质，经搅匀过程而生成，只是形成的汇水盆地的规模及形成的时间差别巨大。根据这一思想，我与童霆先生在湖南湘、资、沅、澧四条河口，采集沉积物，将其元素含量与上游数十万平方千米汇水盆地的元素平均值比较，得到非常相似的结果。我们在长江口、镇江及张家港采少数样品，与整个长江流域百万样品的元素含量平均值相比，亦得到非常相似的结果。这表明，可以用河口很少样品的元素含量，预测上游的矿产资源潜力。由此我建议成立全球尺度地球化学研究中心，推动这一新思路。采集全世界特别是非洲、拉美及中亚入海大河口及主要支流口的样品，与全球地球化学基准值计划共同进行。这一研究中心已得到我国各单位的支持，尚待联合国教科文组织（UNESCO）的批准。但批准程序十分漫长，有关单位的官僚主义导致该申请历经两年尚未有机会在 UNESO 会员大会上讨论通过，我只能如大仲马所说的"Wait and hope"来对待此事了。

谢学锦

2013 年 1 月 25 日

目　录

图片目录

导　言

谢学锦生平与重要学术成就

谢学锦，1923 年生于北平。著名勘查地球化学家，中国勘查地球化学的开拓者和奠基人。1941—1945 年就读于浙江大学物理系、化学系，1947 年毕业于重庆大学化学系。1951 年与徐邦梁赴安徽发现了铜矿指示植物——海州香薷。1980 年当选为中国科学院学部委员（院士）。1952 年起历任地质部化探室主任、中国地质学会理事、中国地质学会勘查地球化学专业委员会主任委员、地球物理地球化学勘查研究所副所长、名誉所长、*Journal of Geochemical Exploration* 副主编、国际地科联全球地球化学填图工作组指导委员会委员和分析技术委员会主席、联合国教科文组织国际地质对比计划（IGCP）执行局委员、*Geochemistry Exploration Environment Analysis* 编委。发表专著 8 部，论文 180 多篇。先后荣获部级科学技术进步奖一等奖 3 项、国家科学技术进步奖二等奖 1 项、何梁何利科学技术进步奖、国际应用地球化学家协会（AAG）的最高国际奖项——国际应用地球化学家协会金奖。

他在父亲谢家荣院士的指引下，开创了中国的勘查地球化学事业，并始终站在这个学科的最前沿，一直在这个新兴科学领域内不断创新，引导中国勘查地球化学从无到有，逐渐发展到今天，并在若干领域领先于世界。

从事地质工作 60 多年来，自 1951 年发现铜矿指示植物海州香薷起，他先后进行过热液矿床原生晕的研究，继而转向区域化探即地球化学填图领域。从 20 世纪 70 年代起，筹划和指导了中国的区域化探全国扫面计划，在区域化探全国扫面计划按照规范大规模开展起来之后，他又涉足油气化探研究。80 年代后期起，他作为发起人之一，特别关注全球地球化学填图，在几十年的时间里，为解决全球地球化学填图的采样和分析问题尽力。90 年代初，他关注日益严重的环境问题，引入了"化学定时炸弹"的概念，为环境监控和研究全球地球化学填图的采样介质，主持了环境地球化学监控网络与全国动态地球化学填图项目。90 年代中后期，他和刘光鼎院士一起主持了国家攀登项目 B85-34，潜心研究区域化探全国扫面计划取得的海量高质量数据，提出了全新的找矿战略。进入 21 世纪，他先后主持了中国西南和中国南方的 76 种元素地球化学填图，并为在中国建立全球地球化学填图研究中心奔走、呼吁。他的主要学术成就包括下列四个方面。

1. 热液矿床原生晕研究

自 1959 年起，他与邵跃合作，开始了长达 7 年之久的热液矿床原生晕研究。1960 年，他亲赴原有储量濒临枯竭的辽宁凤城青城子铅锌矿工作，通过矿床原生晕的研究，发现了下伏厚层大理岩中的隐伏矿，使该矿得以起死回生。这是当时化探找矿在中国取得的最大成功，震动了地质界。研究原生晕以找盲矿的工作从此在全国迅速开展起来。

大量的研究工作最终使他与苏联学者各自同时独立地发现了热液矿床原生晕的组分分带特征，提出了通用的分带序列。这在当时是该领域内与苏联并列的世界领先水平。他对原生晕形态、规模、内部结构的统一描述方法和术语在国内得到了广泛的使用，找矿效果十分显著。他 1964 年写成的《地球化学岩石测量的理论基础与工作方法》全面总结了原生晕的研究成果，是热液矿床原生晕理论与实践相结合的经典之作，但由于某些原因，它未能出版，其中两章"地球化学岩石测量的工作方法与解释推断方法"发表在物探所的内部刊物上，得以保存下来，成为 20 世纪六七十年代我国化探工作者必读的学习资料。

2. 筹划和指导区域化探全国扫面计划

原生晕方法只是一种在矿产详查阶段的战术性辅助找矿手段。他决心要使化探成为一门在找矿中起战略性指导作用的科学，在 20 世纪 70 年代开始筹划中国的区域化探全国扫面计划，并首先在皖浙赣地区进行试点研究。

1978 年，他正式向国家地质总局提出了"区域化探全国扫面计划"的建议，并于次年 1 月获得批准。1979 年 5 月，他编写了区域化探全国扫面计划内地及沿海采样暂行规定；8 月，在郑州举办了为期 7 天的全国地球化学填图方法短训班，据其在短训班上的讲稿出版的专著《区域化探》是进行该计划的指南。

为使该计划获得圆满成功，他从一开始就针对国外同类项目的严重缺陷，采取了十分严格的质量保证措施，这些措施包括：

（1）将中国大陆划分为内地及沿海地区以及边远地区两大部分，对不同地球化学景观地区采用不同的采样方法，以获取有代表性的样品。为前者制定了标准化的水系沉积物采样方法，将后者进一步划分为森林沼泽区、半干旱荒漠区、干旱荒漠区、高寒山区、高寒湖区、岩溶区、黄土覆盖区及深切割山区等，分别制定相应的采样方法。

（2）为制定统一的分析质量监控方案，确保各实验室的分析数据能够进行对比，按照他的意见组织全国 40 多个实验室先后研制了被公认为权威性的国际地质标准物质 18 个水系沉积物、8 个土壤和 6 个岩石的标准样，使该计划获得了数以千万计的高质量数据。

（3）国外同类项目因重要的痕量、超痕量元素的分析检出限太高而漏掉了许多理应被发现的异常。因此，他要求所有被分析的痕量及超痕量元素的分析检出限都必须降到其地壳丰度值以下。为达此目的，在他的指导下，研究制定了一套使用多元素、多方法分析系统的大规模分析方法，从而保证获得了超低检出限的分析数据。

这些措施使该计划取得了极大的成功，迄今已经覆盖了中国 7.7×10^6 平方千米国土，建立起了全球最引人注目的全国规模的地球化学数据库，在矿产勘查和环境监控等方面发挥了巨大的作用。以金为例，他根据少量文献推测自然界的金应以大量超微细（亚微米及纳米）颗粒形式存在，为此要求大幅度提高分析精度，降低金的分析检出限。根据他的要求，经过分析工作者的努力，将金的分析检出限一降再降至0.3 ppb [①]。在此基础上，他指导学生制定并发展了化探找金的新理论、新方法，使金矿勘查取得了突破性的进展，发现了诸如小秦岭和烂泥沟这样的世界级金矿区。他与学生王学求合著的《金的勘查地球化学 理论与方法 战略与战术》对金矿地球化学勘查的理论和方法技术问题进行了系统的总结。

通过对该计划所取得的海量高质量数据的研究，他提出了地球化学块体的新理论：地球上一些巨大的成矿带是富含巨量成矿金属的地球化学块体，巨量的成矿物质供应是形成大型、特大型矿床的首要条件；可以用低密度地球化学填图方法勾绘出富集成矿物质的地球化学块体，并且可以勾绘出其内部结构，地球化学模式谱系也套合于其中，从而追踪到巨型矿床在巨大的地球化学块体中"聚焦"的地点，由此制定出"迅速掌握全局，逐步缩小靶区"的找矿新战略。提出的这一新理论将化探从一种辅助性的战术方法提升成了掌控全局、起战略性指导作用的科学，为找巨型矿床提供了理论基础和有效的方法。

3. 主持中国 76 种元素地球化学填图

进入 21 世纪后，在他的主持下，先后完成了中国西南 5 省市（区）和中国南方 8 省总面积 254 万 km^2 的 76 种元素地球化学填图，建立了 76 种元素配套分析系统，研究确定了难分析元素 Os、Ru、Rh、Ir 等新的分析方法，所有元素的分析检出限都低于其地壳丰度值；建立了创新的测试质量监控系统，提出利用虚拟地球化学图的相似性监控分析质量，在世界上首次取得了元素周期表上除气体和人工元素以外几乎所有天然元素在中国西南和南方地区分布的 100 多万个高质量的数据，据此制作出了我国西南和南方 13 个省市（区）76 种元素的地球化学图，为区域资源和环境评价提供了可靠的基础数据。世界上除中国外，还没有其他国家和地区进行过这样大面积、高质量的地球化学填图。在样品的代表性，分析技术、分析

---

① 1 ppb：即为十亿分之一，亦写成 10^{-9}。

质量和分析元素数量以及成图的方法技术和表达形式，以及将成果应用于矿产资源评价等方面都取得了原创性的重大成果，都处于国际领先水平。所取得的成果不仅为解决西南地区许多资源与环境问题提供科学依据，而且对建立"地球系统科学"具有重大理论和实际应用价值。

欧洲地球化学填图是国外进行的覆盖面积最大、分析元素最多的项目，但所分析的元素远没有达到国际地球化学填图计划所要求的 71 种元素，其土壤样品只分析了 60 种元素，水系沉积物和泛滥平原沉积物只分析了 55 种元素，河水样品只分析了 60 种元素和几种阴离子，所有样品都没有分析重要的成矿元素金。又由于分析方法单一，一些元素的分析检出限没有达到国际地球化学填图计划的要求，也没有使用国际承认的标准样进行分析质量监控。因此，无论是所分析元素的种类还是分析质量，以及由此绘制成的地球化学图所蕴含的信息量，欧洲的地球化学填图都远在中国西南地区 76 种元素地球化学填图之下。

4. 致力于全球地球化学填图研究

谢学锦是全球地球化学填图计划的发起人之一，担任国际地球化学填图计划工作组指导委员会委员、分析技术委员会主席。

鉴于如果世界各国都用标准化方法进行工作，完成全球地球化学填图需要几百年时间的情况，为早日了解大部分元素在地球表层的分布，1987 年，谢学锦与北欧学者共同建议，将全球大陆划分为 5000 多个 160km×16km 的方格，以每个方格一个组合样品覆盖全球大陆，分析其中 71 种元素的含量，尽早编制出全球地球化学图。这个建议使用的每 25600km² 1 个组合样的采样密度使许多科学家大为吃惊，但它最终得到了国际地质对比计划（IGCP）执行局的认同。

在这 5000 多个格子中取什么样的组合样才具有代表性是一个有争论的问题。谢学锦在中国大陆范围内采集了 529 个泛滥平原沉积物样品，根据其分析结果编制的地球化学图与根据"全国区域化探扫面计划"20 年间采集的 500 多万个水系沉积物样品的分析结果而编制的地球化学图竟惊人地相似，以此证明了这种极低密度的泛滥平原沉积物采样是迅速得到地球表面广大地区地球化学概貌的一种可行办法，从理论和实践上为利用极低密度的泛滥平原沉积物采样分析结果编制全球地球化学图奠定了基础，解决了国际地球化学填图计划中两个最关键的问题之一——采样代表性问题。

国际地球化学填图计划的另一个关键问题是分析技术问题。他针对各国地球化学填图的缺陷，依据自己指导的中国地球化学填图的经验，指出"国际地球化学填图中……痕量和超痕量元素的检出限应当低于它们的地壳丰度值，以使这些元素的地球化学图能提供更多的信息。应当采用统一的数据质量监控方案和合格的参考物质，使不同填图计划取得的数据成为全球可以对比的。应当制订出能够达到这些要求的多方法、多元素分析方案。这样编制出的地球化学图对监测地球环境和评估世界矿产资源将会具有极大的价值"。他的这些意见对国际地球化学填图方法的标准化产生了巨大的影响。

他采取走出去，请进来的办法，在国内外先后为 20 多个发展中国家举办了 10 多期地球化学填图培训班，宣传国际地球化学填图计划的要求，传授中国地球化学填图的经验，促进各国的地球化学填图。在他的指导下，哥伦比亚、巴西、南非、哈萨克斯坦等国正与我国合作，进行各自国家的地球化学填图。全球地球化学填图正在谢学锦的推动下快速向前推进。

为加快全球地球化学填图的进程，挪威地质调查局和挪威水资源委员会于 2004 年 6 月在奥斯陆举行了一次国际地球化学填图会议，特别邀请谢学锦作报告。会议决定采用谢学锦的办法，在全球各大流域采集泛滥平原沉积物，拟用大约 3000 个样品覆盖全球大陆，以期更快制作出全球的地球化学图来。这将为概括地了解全球资源的分布和环境状况提供可靠的基础资料。

经谢学锦提议，2009 年 10 月在廊坊举行了有来自 10 个国家的 14 位应用地球化学家和国内 19 个省地质调查院、地质环境总站和中国地质大学（北京）等高校的 100 多位专家参加的国际全球地球化学填图会议。2010 年 11 月，联合国教科文组织地学部主任兼 IGCP 秘书长 Missotten 来到物化探所考察在物化探所建立全球地球化学填图研究中心的可行性，谢学锦负责接待。考察取得了满意的结果，国际地球化学填图的美好未来将会一步步地实现。

鉴于谢学锦将自己毕生的精力贡献给了中国的勘查地球化学事业并为国际勘查地球化学的发展做出了巨大的贡献，2007年6月，在西班牙北部城市奥维耶多举行的第23届国际应用地球化学学术讨论会上，国际应用地球化学家协会（AAG）授予谢学锦该协会的最高奖项——AAG金奖。他是全世界获此奖项的第4人。AAG主席R. Bowel在颁奖词中称谢学锦是"名副其实的中国勘查地球化学之父"，"国家性地球化学填图的领路人"，"在全球地球化学填图计划的制订中发挥了重要的作用"[①]。

采集工作与成果

谢学锦开创了中国的勘查地球化学，并引领它取得了辉煌的成就，使中国的勘查地球化学成了中国在地学领域内名列世界前列的极少数学科之一。这既是谢学锦本人的光荣，也是中国的光荣。参加老科学家学术成长资料采集工程，承担谢学锦学术成长资料的采集，是我们的荣幸。不辱使命，尽职尽责，确保任务的圆满完成，把项目做成我们自己心目中的精品工程，是我们给自己定下的目标。

自2011年3月接受项目以来，我们采集小组的全体成员就动员起来，积极开展工作。最先进行的工作是2011年4月编写出了《谢学锦年表》的初稿。接着，对采集工程进行了分工，将所需采集的全部11类资料分别落实到个人，进行采集。

2011年11月，采集小组赴昆明、昭通、湄潭、重庆，收集谢学锦曾经求学的天南中学、昭通中学、浙江大学湄潭校址、重庆大学的相关资料：寻得天南中学旧址（实地拍照）、昭通中学旧址和现址（实地拍照）、西迁浙大旧址和学生名册碑刻、重庆大学理学院旧址（实地拍照）；采集到了谢学锦所在昭通中学高四班的照片，在昭通市档案馆采集到了高四班的学生名册，在重庆大学档案馆采集到了谢学锦从浙江大学转学到重庆大学的相关档案资料。与此同时，完成了对谢学锦同事同学王宝禄（昆明）、冯济舟（贵阳）、徐铭曾（重庆）的访谈。

---

① 国际应用地球化学家协会主席Robert Bowel的颁奖词（张立生译）。参见：《地质通报》，2007年，第26卷第11期，I页。

　　2012 年 4 月，采集小组赴南京、上海、杭州和西安，先后拍摄了谢学锦曾经工作和学习过的原矿产测勘处、沪江大学附中旧址（上海圆明园路真光大楼）和陕西蓝田物探所旧址的照片，并采集到了他所读浙江大学物理系和化学系一至三年级的学生名册和一至四年级的成绩单，同时前往他曾就读的私立北平辅仁大学附属中学校（今北京十三中）采集到了他初中三年的成绩单，前往位于河北廊坊的地球物理地球化学勘查研究所采集到了他和他父亲右派问题的改正结论和担任副所长及名誉所长的任命文件。

　　鉴于浙江财经学院的宗道一教授曾经在 21 世纪初带领若干学生对谢学锦进行过两个暑假、长达数十小时的口述访谈，并有字数达 7 万多字的已经谢学锦本人认可的访谈实录，也鉴于谢学锦本人的身体状况，故此次只在此基础上，在 2011 年 12 月至 2012 年 11 月的一年间做了针对采集工程需要的 4 次补充访谈。对在北京和廊坊地区的谢学锦同事和学生的访谈工作集中在 2011 年 12 月和 2012 年 2 月。对他同事的访谈，包括对在南京的徐邦梁和在北京的奚小环进行的书面访谈，集中于他们对谢学锦科学研究的评价、谢学锦科学研究的特色和谢学锦科学研究对地质科学事业和国民经济的贡献上。对他的学生的访谈，则除了上述问题之外，集中在他们从谢学锦那里学到的最重要的东西是什么，以及和谢学锦合作进行科学研究的感受或体会。此外还对谢学锦的妹妹谢恒同志做过一次口述访谈，专门讲述 1946 年谢学锦送她去解放区的前后经过，对谢学锦在重庆大学的同学徐铭是为了了解访谈，是为了了解谢学锦在重庆大学学习期间的学习和生活情况。

　　除了上述档案资料和口述及书面访谈之外，我们采集到的主要资料有：①传记资料 20 件：包括谢学锦自己撰写的生平片段、宗道一教授的访谈实录和张立生撰写的不同篇幅的《谢学锦传略》。②证书资料 99 件：包括各种证件、聘书、荣誉证书、奖状、奖杯、奖章等。③信件类资料 1159 件。④手稿类资料 305 件。⑤著作类资料 235 件：包括译著 6 本（篇）、专著 12 本、中文论文 144 篇、英文论文 47 篇以及未刊论文 26 篇。⑥报道类资料 32 件。⑦学术评价类资料 61 件。⑧音像类资料 2001 件：含视频资料 25 件，音频资料 12 件，照片 1064 张。⑨其他资料 246 件：含科技档案 176 件。

采集成果分类

所采集到的20件传记资料可以分为4类。一类是谢学锦自己写的一些短篇自述，例如《中国科学院院士自述》中的"我的自述"和"我与辅仁中学"等；第二类是纪念文集，其中有一些涉及谢学锦生平记事的文字；第三类是本书作者为《中国科学技术专家传略》所写的"谢学锦"等和为《20世纪中国知名科学家学术成就概览》所写的"谢学锦"以及另外一些人所写的介绍谢学锦的短篇；第四类是谢学锦的口述资料，主要是浙江财经学院宗道一教授和学生采访谢学锦所得的口述访谈资料《向地球深处探宝（勘查地球化学家谢学锦院士口述）》，这份口述资料长达7万多字，经过了谢学锦和本书作者反复的修改，并且谢先生据此改写成《欢乐和悲伤交织的生平——勘查地球化学家谢学锦院士的自述》。

第一类资料是关于谢学锦的生平信息，第二类资料大多是有关谢学锦的件事或某些事的，其中比较重要的有文乐然的"战略眼光 想象力 洞察力 超前意识与技术突破"和王学求的"化复杂为简单"，它们涉及谢学锦科学研究的某些特色的，但非全部。第三类是已经公开出版的谢学锦传记资料，其中最为详细的，也只写了他的人生简历和学术成就，有1万多字的篇幅，没有对其学术成长过程的叙述，更没有深入的讨论。

第四类资料最为详尽地叙述了谢学锦的一生，包括家庭的、生活的、学习的、工作的，等等。其中一部分以"我的大学时代"为题发表在宗道一主编的《中国蘑菇红云的幕后》一书中，文中除记述了谢学锦大学时代的经历外，还用了一定篇幅讲述了他小学和中学的情况。因为只涉及学生时代，没有其余大半生的叙述，所以谢学锦自己将宗道一采访所得的口述资料稿改写成了《欢乐和悲伤交织的生平——勘查地球化学家谢学锦院士的自述》。这份资料虽然写得很详细，但对于谢学锦一生学术成长的历程仍然缺乏系统的总结，更没有对其学术思想、观点和理念的产生、形成和发展过程及其重要影响因素进行讨论，因而和前述三类资料一样，它也不是一份学术传记。

本书的写作

　　谢学锦所从事的研究是一门新兴的学科，不仅在中国是一门由他开拓、奠基的学科，即使是在世界上也是一门非常年轻的学科，他进入这个领域时，整个世界能够找到的相关文献仅仅只有 40 多篇。不仅如此，60 多年来，他还始终站在这门学科的最前沿，创造出了许多国际领先水平的研究成果，原生晕的研究、国家性地球化学填图的研究、金矿地球化学勘查的研究、深穿透地球化学的研究都是如此，全球地球化学填图的研究仍然如此。这样，叙述他的每一项研究都必须与此项研究的世界水平相联系，这是我们总结研究报告时始终都予以考虑的。

　　为了全面准确地反映谢学锦的科学研究生涯，了解他的学术成长历程，本报告采用以时间为主线，同时兼顾研究项目的完整性的叙述方式，将全书划分为十二章来叙述他的主要学术与人生经历，将他的家庭背景、求学历程、师承关系，以及对其学术风格、科学成就产生深刻影响的工作环境、学术交往中的关键人物、重大事件和重要节点等内容融入其中，力图以此将他学术思想、观点和理念产生、形成和发展的过程、学术成长的特点展示给读者，为祖国未来科学的发展和科学家的培养提供一份可兹借鉴的资料。

第一章
家庭环境和求学历程

学术和艺术氛围浓厚的家庭

1923 年 5 月 21 日，谢学锦出生在北平一个学术和艺术气氛浓厚的家庭。

父亲谢家荣，出生在上海一个家境贫寒的职员家庭，初中毕业后就没钱读书了。他偶然看到北京工商部地质研究所招生的消息，就去报考并被录取。当时报考的资格是高中生，只有他一个是初中毕业的。但他立志报国，勤奋好学，最终以优异的成绩毕业，并先后被保送到美国斯坦福大学和威斯康星大学 ①。1920 年获得威斯康星大学理学硕士后旋即回国，就职于农商部地质调查所。后又曾被派往德国和法国做访问学者，从事煤岩学及金属矿床的研究。谢家荣怀着报效祖国的志向，和对地质科学的浓厚兴趣，以其旺盛的精力，涉猎地质科学的各个领域，面之广在我国地质界是独一无二的，并在许多方面都居于第一和开创者的地位，取得了令人瞩目

①　宗道一、袁红、孙芳等采访整理：我的大学时代。参见：宗道一主编，《中国蘑菇红云的幕后》。北京：中国财政经济出版社，2005 年，第 31 页。

的成就，成为中国地质界的一代宗师，是现代中国地质事业的开拓者和奠基者之一。

母亲吴镜侬，安徽人，毕业于北京女子师范大学。她出身名门，家境曾经十分殷实，一位舅爷曾当过北洋政府的内阁部长。她聪明美丽，质朴大方，十分好学，思想也相当激进。在大学读书时以及婚后1929年赴德国留学时的名字为吴醒民。醒民，唤醒民众之意也。吴镜侬多才多艺，年轻的时候，擅长绘画，爱好音乐，风琴弹得很好；后来又喜欢刺绣、针织。

图1-1　1924年5月周岁时的谢学锦和父母摄于北平

吴镜侬衣着讲究，喜欢首饰，但穿着打扮得体，落落大方，很有风度。婚后的吴镜侬，甘愿做一名家庭主妇，相夫教子，一心服侍丈夫，抚养孩子，辅佐丈夫成就自己的事业。谢家的亲戚都很佩服她，认为她是整个家族里最能干的，把丈夫谢家荣服侍得特别好①。

谢家荣夫妇一共生育了五个孩子。谢学锦是长子，之后依次是：学镆、学铨、学钫、学铮。学镆是唯一的女孩，后来改名为谢恒。谢家荣夫妇给他们的5个孩子取名都带着一个金字偏旁，寄托着他们的殷切希望，希望他们将来具有黄金的品格、黄金的品位、黄金的前程。以后，学镆成了人民共和国的职业外交官，学钫成了人民空军的军官，其他的三位，都与谢家荣从事的地质及矿业有关：谢学锦成了"名副其实的中国勘查地球化学之父"②；谢学铮供职于石油部门，他和妻子都是高级工程师；谢学铨是唐山钢铁厂的总工程师，不幸的是，1976年7月，在唐山大地震中殉难。

---

① 宗道一、袁红、孙芳等采访整理：我的大学时代。参见：宗道一主编，《中国蘑菇红云的幕后》。北京：中国财政经济出版社，2005年，第40-41页。

② 国际应用地球化学家协会主席Robert Bowel的颁奖词（张立生译）。《地质通报》，2007年，第26卷第11期，Ⅰ页。

谢学锦6岁进入位于和平门外的北京师大附小就读。那时的他是一个非常内向的人，很羞涩，不大会说话。学校每周六下午举行周会，每次周会由一个班负责表演节目，唱歌跳舞，竭尽所能，但这些场合都找不到谢学锦的身影。尽管内向，但幼小的谢学锦仍不失孩童的天性，比较的贪玩，他的爱好是读各种各样的小说，特别是读剑侠小说，像《七侠五义》《七剑十三侠》等。那时，他家住在北京丰盛胡同一座有三十间房子的清朝贵族旧居里，生活平静、富裕。家里请有保姆、厨师，还有黄包车夫（兼做花匠）。每天黄包车夫拉着他上下学。那个黄包车夫也爱看武侠小说，也爱听书，有的时候还到天桥去听书，回来讲给谢学锦听。两个人一路上经常讲剑侠小说。有一次这位黄包车夫拉着放学回家的谢学锦，一边走一边给他讲武侠小说，讲着讲着，快到家的时候，不知讲到小说中的谁"飞身一纵"，这位车夫竟然立刻随之"飞身一纵"，黄包车来了个"打天枰"，随即就翻了，他只得从车后面爬了出来[1]。

丰盛胡同的家，环境很好，房间也很大。在吃饭的房间里，放有一张很大的乒乓球台。他常在乒乓球台上画上欧洲地图，再在地图上画上许多城市、铁路、公路，跟弟弟妹妹玩"世界大战"。这下，院子里的一棵马樱花树就遭了殃。原来，他们把马樱花树的花茎折下刮掉皮后，拿着很有韧性的部分来比赛，就这么两个一扳，看谁先断，断了就是兵力损失了。把"兵力"都部署好，这个城有几十根，那个城有一两百根。约定一些"战争"规则，比如损失掉1/3的"部队"，就要撤退，就败了；如果损失掉了2/3，就要被俘虏了，要投降，等等。他自己做德国，让弟弟妹妹做协约国，双方就这么打仗。结果常常是他把弟妹打败，占领了"巴黎"、"伦敦"等。因此，他的功课不太好。弟弟（学铨）、妹妹（学锳），在师大第二附小读书，在各自的班上不是考第一，就是考第二，都很优秀。而他在全班50名学生中，总是考在第25名左右。

"你如果能够考到前10名，我就奖励你。"母亲看在眼里，急在心头，鼓励他说。

---

① 宗道一、袁红、孙芳等采访整理：我的大学时代。参见：宗道一主编，《中国蘑菇红云的幕后》。北京：中国财政经济出版社，2005年，第44页。

"我如果考到第 11 名，怎么办呢？"他问母亲。

"那也可以奖励，但当然得少奖一点。"母亲答道。

"那我要考到第 12 名呢？"他又问。

母亲一听就火冒三丈，说："你怎么这么没出息！"

母亲很着急，对父亲说："他考得这么不好，怎么得了？他这么不用功，怎么办？"

父亲却不慌不忙地对她说："没关系。他现在还小，等他长大了，自己会知道该怎么办。而且他现在这样各种书都看会有好处。"①

父亲是一个表率。那时候父亲在北大地质系教书，净忙着干自己的事，很少和孩子们谈话，每天都工作到半夜 12 点或 1 点，早晨起得比较晚，所以他在北大教的矿床学课程，都排在上午 10 点以后的两节。父亲的勤奋对他影响很大，使他从小就佩服科学家，觉得科学家非常了不起，将来自己要作科学家。这是父亲给他幼小的心灵打上的印记。

博览群书的初中生活

谢学锦小学毕业时北京最好的中学应该是师大附中，但是他因为贪玩，成绩不好，没有能够考上。于是就去考第四中学。但只考了一堂国文，就因为中暑被送回家了。谢学锦后来听说，那个监考老师看了他的国文卷子后，说他的文章做得很好，可惜了，因为没能考其他科，终于也没能进四中，后来他考上了辅仁大学附属中学，是现在北京十三中的前身。考上辅仁附中以后，一年级的国文老师就是启功。启功的国文课教得非常生动，引人入胜，用的是傅东华编的读本②。所以在辅仁中学读书时的谢学锦，深受启功的影响，对文学，包括古代的和近代的，中国的和外国的，

---

① 宗道一、袁红、孙芳等采访整理：我的大学时代。参见：宗道一主编，《中国蘑菇红云的幕后》。北京：中国财政经济出版社，2005 年，第 42—43 页。

② 同①，第 44 页。

产生了极大的兴趣，不仅用心阅读和欣赏傅东华课本中所选的诗、词、文、赋及小说片段，而且还到学校图书馆大量借阅各种文学书刊，读了许多文学作品，像苏曼殊的《断鸿零雁记》《天涯红泪记》等。茅盾、巴金、冰心等人的作品也都读。也是受启功的启发，还读了许多如《古文观止》等的古文。谢学锦的作文总是全班最好的，启功总给他打九十几分。

初中二年级的谢学锦，对文学的兴趣不减，同时，又对历史产生了兴趣。因为历史老师陈钧不仅有广博的历史知识，而且课讲得非常生动，除了历史课的学习外，谢学锦还到图书馆阅读许多历史书籍，包括威尔逊的《世界通史》、吕思勉的《世界史纲》。将文学和历史的兴趣结合在一起，初中二年级的谢学锦便开始阅读《三国演义》，他说，这部小说他反复读过十几遍。

虽说谢学锦的国文和历史都很好，但英文成绩却很差，一年级的英文就不及格，要补考。谢学锦的一个同学李培谦，英文也不及格，因为喜欢踢足球的，整天玩。但在暑假的时候，李培谦对他说："我们英文考得这么差，是不是去补习补习？"谢学锦说："好吧。"于是他们俩进了一所补习学校。补习班的老师让他们把第一册重新温习一遍。没想到这一温习，一个月就过去了。到第二个月时，这位老师又叫他们把第二册的书买来读。两个人冒着狂风暴雨到西单商场买来了第二册。但整天迷恋足球的李培谦却不想念了。谢学锦也不想念了，因为那个英文教员的英文说得难听极了。谢学锦在家里自学起了英文。他在家里看的第一篇课文是 *The Discovery of the New Hemisphere*，讲的是新半球的发现，就是哥伦布发现新大陆。这本书写得挺有趣，他一看就看出兴趣来了，便一课一课地往下看，看不懂的就去查字典，或者去问父亲。到开学时，这本书已被他差不多读了一半。

开学后大约两个礼拜，英文老师突然来了个 quiz，就是小测验。谢学锦很快就答完交卷了。教英文的王老师瞥了他一眼，说："你答不出来最好在座位上多坐会儿，别这么着急走。"他说："我答完了。"老师说："啊？你答完了？"马上就去看他的卷子，他则得意洋洋地走了。到了下个礼拜，英文老师在讲台上点评考卷，手里挥舞着一张卷子说："你们猜这次谁考得最好？你们绝对猜不出来。"接着发了卷子，问谢学锦说："士别一暑假要刮目相看，你这次怎么考得这么好？怎么回事啊？"谢学锦给大家讲了事情的原委。这位王老师听了，说了一大堆鼓励他的话，并且对同学们说："你们都应该向他学习"。这位王老师讲课很吸引人，他最大的爱好是到琉璃厂收集配有各种精美插图的各种版本的外国童话书，并把这些书给同学们看。他对同学们反复强调，不下苦功，不大量阅读和记生词，是学不好英语的。这以后，谢学锦对英语狠下工夫，他的英文就变成全班最好的了[①]。在辅仁中学他初步奠定了英文基础。

博览群书，大量阅读中外文学作品和历史书籍，谢学锦这样度过了初中三年的光阴。对于这段光阴，他有着难忘的记忆。2001 年，北京十三中校庆，谢学锦应约写了一篇《我与辅仁中学》，在这篇文章中，他是这样回忆在辅仁中学的学习与生活：

　　我大量阅读文学作品，不仅从中获得乐趣，而且获得思维逻辑的锻炼，更重要的是体会到人类社会的各种悲欢离合，善与恶、美与丑、伟大与渺小，从而熏陶了自己的道德观念与情操。

　　这种熏陶是无形的，复杂的，累积的效应；很难说清楚，再加上年代久远，我已很难说出在辅仁中学时期哪一本书或哪一篇文章对我的为人处世发生过什么影响。也许诗是例外，因为诗的语言最精练，容易记忆，往往一两句就可概括许多东西。令我惊讶的是我在辅仁中学图书馆内读到过的苏曼殊的一首诗终生在我脑中荡漾。那首诗是：

　　春雨楼头尺八箫，（注：尺八是一种日本乐器，类似箫）

　　何时归看浙江潮。

　　芒鞋破钵无人识，

　　踏过樱花第几桥？

　　苏曼殊虽然芒鞋破钵，备受冷落，但胸中浩然之气，尽管不著一字，已跃然纸上。这正是朱光潜引白居易'此时无声胜有声'的无言

---

① 宗道一、袁红、孙芳等采访整理：我的大学时代。参见：宗道一主编，《中国蘑菇红云的幕后》。北京：中国财政经济出版社，2005 年，第 46-47 页。

之美的境界。

我在辅仁中学时期读过王维的《老将行》。当时并不在意。后来中年遭遇坎坷，又来阅读王维这首诗。它描述的少年得意："少年十五二十时，步行夺得胡马骑……"，中年坎坷："昔日飞箭无全目，而今垂杨生左肘"以及晚年重显辉煌："节使三河募年少，诏书五道出将军……"文学作品的长期熏陶，使人可达"宠辱不惊"的境界。

阅读历史能使人学会从全局及演变来看问题，这对我后来在科学研究中的全局观点与战略思想的产生与发展发挥了很大的作用[①]。

1995年，在为《院士风采》一书的题词中，谢学锦曾经这样写道："我感到一个人少年时代除学习功课外，读些历史与文学书籍，养成阔大胸襟与抱负至为关键。达到这样水平，在顺境中可以不自骄，逆境中不自馁。另外今后不论从事什么工作，特别是科技工作，少年时代博览群书，养成开阔活跃的思路，对所从事的工作可做到不墨守成规，勇于创新。"[②]

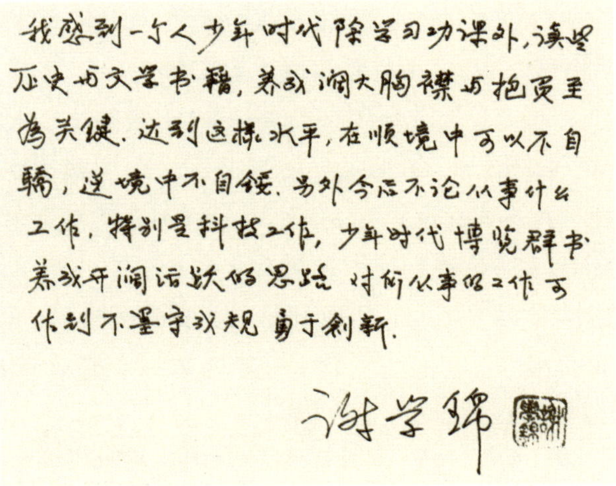
我感到一个人少年时代除学习功课外，读些历史与文学书籍，养成阔大胸襟与抱负至为关键。达到这样水平，在顺境中可以不自骄，逆境中不自馁。另外今后不论从事什么工作，特别是科技工作，少年时代博览群书养成开阔活跃的思路对所从事的工作可作到不墨守成规勇于创新。

谢学锦

图 1-2　1995 年谢学锦给《院士风采》的题词

① 谢学锦：我与辅仁中学。参见：张立生、王学求主编，《奋斗的认识 辉煌的事业——祝贺谢学锦院士 80 寿辰暨中国勘查地球化学 50 周年》。北京：地质出版社，2003 年，第 401-402 页。

② 何仁辅、陈丹：《院士风采——中国科学家肖像手迹集》。杭州：浙江科学技术出版社，1995 年。

颠沛流离的高中求学路

1937 年夏，谢学锦初中刚刚毕业，卢沟桥传来了枪声。时局紧张，7 月 18 日，父亲赴西什库（教堂）看房，即付房钱作为定金，第二天上午就搬家具，晚上谢学锦和弟妹等即随母亲入住新居[①]。7 月 28 日，29 军撤退，北平随即沦陷。父亲根据翁文灏[②]指示，暂不去昆明，留在北平处理北京大学地质系撤离后遗留的财产保护等有关问题；父亲为使北大地质系实验室的铂金坩埚等免遭损失，不顾危险把铂金坩埚拿回自己家里交母亲保管。逗留北平期间，由于日本人封锁消息，为了了解时局，父亲订了英文报纸。像日本人停泊在上海黄浦江上的出云舰被中国炸伤这种消息，就是在英文报纸上看到的。除了订英文报纸，父亲还买了许多英文小说，有《鲁滨孙漂流记》《大人国与小人国》《劫后英雄传》，英国 W. Scott、C. Dickens 的长篇小说，华盛顿·欧文的短篇小说选，以及霍桑（Hawthorne）的短篇小说，等等，待在家里潜心教谢学锦学英语。谢学锦从这时候起便读起英文报纸和英文小说了。英文报纸上的单词量远远多于书本上的，所以开始看英文报的时候，他就天天翻字典，注生词，弄得报纸上黑压压一片。他读的第一本英文小说是《鲁滨孙漂流记》，这

---

① 谢家荣 1937 年 7 月 18 日、19 日日记。资料存于采集工程数据库。

② 翁文灏（1889-1971），字咏霓，浙江宁波人，著名地质学家。1912 年在比利时天主教鲁汶大学获地质学博士学位，回国后就职于章鸿钊、丁文江创办的地质研究所，培养了我国第一批地质学家。通常将章鸿钊、丁文江、翁文灏列为中国地质科学和地质事业的奠基人。翁文灏对中国地质学的许多方面皆有贡献。他曾任北洋政府矿产股长，国民政府农矿部地质调查所长，研究中国各种矿产分布。翁文灏首创多个中国第一：第一位地质学博士、第一个撰写中国矿产志、编成第一张全国地质图、第一位代表中国出席国际地质会议的地质学者、第一位对中国煤炭按其化学成分进行分类的学者、燕山运动及与之有关的岩浆活动和金属矿床形成理论的首创者、主导发现及开采中国第一个油田：玉门油田。他和谢家荣等一起最早考察地震并撰写地震论文。翁文灏在国内外学术界享有盛誉，英国伦敦地质学会授予他荣誉会员，美国、德国、加拿大各地大学及研究机构亦曾分别授予他荣誉学位或职位。曾在国民政府里任职，官至行政院院长，1948 年 12 月被列为国民党战犯。1951 年从欧洲到大陆，是曾经担任当时中华民国国民政府高级官员中首名回北京的官员。1954 年后任政协委员，主要从事翻译及学术研究。

本书的英文原著相当难，不是很容易看懂的，但他查字典，向父亲请教，坚持读完了它。就这样整天地一边读英文报纸，一边读英文小说，英文有了很大的长进。

几个月后，父亲奉地质调查所所长翁文灏之命，一个人化装潜行，离开北平"只身南下参加共赴国难的工作"[①]，取道香港，飞长沙，面见翁文灏。当时他留了一小撮胡子，完全一副日本人模样，一路上日本兵还向他"敬礼"。很快，谢学锦也告别刚刚念了没有多久高中一年级的辅仁中学，随母亲和弟弟妹妹一起离开北平，先到了天津，再从天津坐太古公司的轮船去香港。这艘轮船上的两个大菜间作为头等间，每个头等间有 3 张床。一个头等间里住着 3 个外国人，一个英国人，一个德国人和一个苏联人，彼此因为政见不合，一路争吵不休。母亲带着谢学锦兄弟姐妹 5 个人住在另一个头等间，6 个人，床不够，只好有的睡在地上，比较小的则两个人同睡一张床。轮船在海上走了整整 10 天，其间，谢学锦跟另外那个头等间的 3 个外国人混熟了，彼此用英文交谈。他还给他们朗诵了一首英文诗，就是 *Treasure Island*（《金银岛》）里那个海盗唱的歌，叫做"Yo-ho-ho，and a bottle of rum"。"With one man of her crew alive what put to sea with seventy-five，..."诗中讲到 75 个人到海上去，但只有一个人活着回来，逗得几个外国人大笑不止。

到香港后，父亲从内地来接他们。原来想直接到内地去，但是那个时候日本人猛炸广州——他们在香港住的旅馆靠着海边，从旅馆的窗户望出去，可以看见有许多难民拥到香港来——于是父亲把他们送到了上海，之后父亲又回到湖南从事锡矿研究去了。当时的谢学锦颇有满腔热血，共赴国难的气概，主张去内地，坚决反对去上海。但父母亲不予理睬，硬把他们送到了上海赫德路（今常德路）姑父家里。母亲和几个孩子在上海住了一段时间以后，也到内地去了，把几个孩子留在了上海，照看 4 个弟弟妹妹的责任主要落在了 15 岁的谢学锦身上。上海的房子是非常拥挤的，谢学锦姑父家是一幢三层楼的房子，只有 3 间房：楼下 1

---

① 谢家荣：我对于砂锡矿的经验。《矿测近讯》，1946 年，第 66 期，第 1 页。

间，二楼 1 间，三楼 1 间。另外还有一个亭子间。一楼后面楼梯边上有一个小地方可以当饭厅用。外加一个厨房，一个卫生间。姑父夫妻两住三楼——三楼是阁楼，鼓出来一个窗户，叫老虎窗，房顶是斜的，站不起身——把二楼最好的房间让给北平来的客人住。谢学锦到上海后，进了位于外滩附近圆明园路的沪江大学附属中学，继续高中一年级的学业。但进沪江大学附中没多久，就因患伤寒而休学。休学养病期间，谢学锦整天看英文小说，常常是 3 本英文小说同时进行，上午 1 本，中午 1 本，晚上 1 本。待到下一年复学时，从北京外祖父那里带到上海的整整一提箱英文小说差不多给他读完了。

1938 年秋，谢学锦复学沪江大学附中，重读高中一年级。沪江大学附中建校于 1906 年，是一所教会学校，学校的课程是用英文讲授。教他们英文的老师叫 Miss Millton（密尔顿小姐），是一位美国的老小姐，没有结婚。她上课用的英文课本都是缩写本，企鹅丛书之类的。给他们读的第一本书就是海伦·凯勒写的，讲她一生的经历。密尔顿小姐第一天把课本发给同学们，说："请你们今天看第一章到第三章，回去认真准备。"谢学锦回到姑父家一口气把整本书都读完了，然后把第一章到第三章反复读了好几遍。第二天一上课，密尔顿小姐就挨个地提问，要同学们用英语讲述第一章到第三章的内容。结果前面的同学都讲不出来，但轮到谢学锦时，他却讲得清清楚楚，头头是道，深受这位密尔顿小姐的赞扬，对他特别欣赏，关爱有加，破例批改了他写的几篇英文文章。密尔顿小姐给他修改的第一篇英文文章是一篇长文，题目叫做 *Ten Days on the Sea*，写他从天津到上海的海上 10 天经历。这位密尔顿小姐还曾多次邀请他参加她的"Weekend Tea"聚会，邀请他来喝茶，聊宗教，但都被谢学锦婉言拒绝了，因为谢学锦对宗教没有兴趣 [①]。

在抗日战争的岁月里，谢学锦是一位热血青年。在辅仁中学的时候，

---

① 宗道一、袁红、孙芳等采访整理：我的大学时代。参见：宗道一主编，《中国蘑菇红云的幕后》。北京：中国财政经济出版社，2005 年，第 51-53 页。

谢学锦结交的几个好朋友之一叫施宗恕[①]，他是班长，又是班上成绩最好的，后来在北京从事中共地下工作。谢学锦到上海后和他通信很勤，而他在沪江大学附中读的第一本进步书籍就是施宗恕从北京寄给他的钱亦石的《中国怎样降到半殖民地》，第二本书是艾思奇的《大众哲学》。还读了许多其他进步书籍。受施宗恕的影响，谢学锦开始接触一些进步思想，对国民党很不满意，跟学校里一些志同道合的人交朋友。而且从那以后，他每到一所新学校都首先去找志同道合的人，或者中共地下工作者，主动跟他们取得联系。

图 1-3　上海圆明园路 209 号真光大楼，谢学锦 1937—1940 年在设于此间二层的沪江大学附属中学完成了高中一、二年级的学业（第一年休学）

在沪江大学附中读书时他结交了四位朋友：胡国定、江国庆、黄泽

---

① 施宗恕（1916-2010），安徽潜山人，知名教育家。谢学锦辅仁大学附中的同学，1944 年毕业于辅仁大学经济系。就读辅仁大学期间加入中共地下党，积极参加抗日活动。从辅仁大学毕业后，担任过中学教员、中专教员、大学讲师。新中国成立后投身教育事业，先后担任北京市财经学校校长、北京中等技术教育委员会副主任兼办公室主任等职。1954 年参与创办北京师范学院，历任院长办公室主任、党委副书记兼工会主席、首都师范大学党委副书记、北京自修大学校长、北京市高等院校德育研究会理事长、北京市教育学会副会长等职。施宗恕还从事教育学理论和学校德育学理论的研究，撰写了大量文章，尤其对苏联马卡连柯教育理论的研究有突出的建树。1959 年，在中苏友协主办的纪念马卡连柯逝世 20 周年大会上所作的关于马卡连柯教育学说的报告，引起了很大反响，中央人民广播电台将此报告向国内外播放。此后，经常被邀在全国各地巡回讲学。1981 年冬社会科学院在昆明召开的大学生德育科学规划会议上，施宗恕作了关于《开展高校德育研究的几个问题》的讲话，引起了高等教育界的普遍尊崇。离休后又被邀在各地做关于德育的报告。出版了多本有关德育教育的书籍。

图 1-4 1938 年就读沪江大学附中（高中一年级）时的谢学锦

长、谢元杰[1]。沪江大学附中设在圆明园路上的真光大楼二楼，跨过马路就是教堂。因为是教会学校，所以沪江大学附中的学生每周六下午都必须到马路对面的教堂里参加宗教仪式。但他们几个人都拒绝参加。一些同学不愿意参加，就从学校后门溜掉了，但他们五个都在教室里上自习。一次，江国庆因为拒绝参加宗教活动，被学校给予停课两周的处分。于是谢元杰起草呼吁书，谢学锦、胡定国签名后又征集两个班的同学签名，要求学校撤销对江国庆的处分[2]。

谢学锦在学校内外活动频繁，1940 年夏，他甚至还接到了施宗恕的北京来信，两人约好等施宗恕到上海后一起去参加新四军。姑父最终发觉了他的活动，立刻写信给他母亲，说："不得了了，他在上海不晓得搞一些什么名堂。"母亲急了，赶紧跑到上海来，又哭又闹，非要把他带走。没办法，他只得跟她离开上海。

1940 年 7 月，母亲带着谢学锦兄弟姐妹 5 个人离开上海，乘轮船到了越南海防；母亲在海防将从北京大学带出的铂金坩埚交给了中国驻海防领事馆的涂允檀领事（著名地质学家涂光炽的父亲）。

父亲到越南海防接他们一行，一起坐火车到昆明——父亲在昆明任叙昆铁路沿线探矿工程处总工程师。从河内到昆明的旅程漫长而艰难。父亲坐的是头等车，他们坐的是三等车——母亲老想省钱，不愿意坐好位子。那时越南的三等车厢内，两边是一排长凳子，中间堆行李。母亲离开北京时候，卖了"八旗子弟的旧居"，家当全部带着，有 30 多件行李，都是大

---

[1] 胡国定，著名数学家，曾任南开大学校长，那时在上海搞地下工作；江国庆离休前在海关工作，上海解放时，海关大楼升起的第一面五星红旗就是他指挥许多女同志一起做的；黄泽长，南开大学化学系教授；谢元杰（陈思明），一直做党史工作。

[2] 信息来源于作者 2011 年冬与江国庆的电话交谈。

箱子。那时候还没有托运行李的业务，所有行李都得自己带着。车厢中间堆满了行李，堆得很高，人就坐在两边的凳子上。途中在越南境内遇见洪水，把铁轨冲断了。他们只得从火车上下来，把一大堆行李搬上船，摆渡过去，上对岸的车。但是他们听不懂越南话，到底要花多少钱摆渡也不知道。现场乱成一锅粥，顾不了行李，只能顾人了。父母亲拼全力把5个孩子保住了，但行李却不知道给弄到什么地方去了；只是到了中国境内，才在老街车站找到了行李。对岸来接的火车比原来坐的火车少了几节车厢，所有的人拥上火车，挤得一塌糊涂，路都没法走。母亲要照顾5个孩子，车厢里又挤得不得了，热得透不过气来，又急又热，终于中暑晕过去了。在头等车厢里的父亲知道后赶紧跑过来救母亲。头等车里坐的大都是法国兵，他们见状也过来帮忙，先把母亲抬到头等车里去，然后站成一排，把5个孩子举在空中传到头等车厢里去。

到了头等车总算好一点了。但他们又渴又饿，只能眼看着法国人拿刀在一个很长的面包上，用力一转，削下来一片，再在一根大腊肠上一转，削下来一片，然后一起放到嘴里，再从背着的水壶里喝一大口红酒，自己却弄不到东西吃。

好不容易进入中国境内，才有卖米线的人上来了。越南那时的车厢，中间一段坐人，是封闭的，两头都是空的，敞开的，是上下车的地方，有梯子。卖米线的人就把炉子安放在敞开的地方，开始做米线。但在这节车厢做的米线，要送到隔壁几节车厢非常困难。他们就端着米线，从车顶上走过去，到了另一节车厢，一手托着米线，"呼"的一声就从车顶上下来，将米线送到顾客手中，饥肠辘辘的他们总算有了充饥的机会①。这场景使谢学锦终生难忘。

在昆明，谢学锦进了西南联大附属中学——天南中学，读高中三年级。一到天南中学，他就四处寻觅和地下组织有关的进步人士，整天谈解放区的事情或者是找书看。

仅仅一个多月后，1940年10月11日，原叙昆铁路沿线探矿工程处改

---

① 宗道一、袁红、孙芳等采访整理：我的大学时代。参见：宗道一主编，《中国蘑菇红云的幕后》。北京：中国财政经济出版社，2005年，第55—57页。

图 1-5　位于昆明市金碧路 26 号的原西南联大附中（昆明天南中学）校址正门（现为昆明市基督教教务委员会所在地）

组为资源委员会西南矿产测勘处，谢家荣任处长，10 月 13 日，昆明遭敌机大轰炸，敌机从城南一排一排地往北推进。一排飞机扔下去一排炸弹，然后再下去一排炸弹——地毯式的轰炸。谢学锦的家虽然因为刚好处在两排炸弹中间的缝隙里，没被炸着，但是坐落在地藏寺巷内的父亲所在的西南矿产测勘处的办公室却被炸着了，房屋受震甚巨，不堪再用，当即迁至住宅区职员宿舍内继续办公。昆明没法待下去了，父亲立即做出决定搬家，离开昆明，便于 11 月 5 日完全搬到了一个偏远的山区——地处滇东北的昭通县城。

　　搬到昭通后，父亲将西南矿产测勘处设在了李家祠堂，将谢学锦送进了云南省立昭通中学（今云南省昭通第一中学）继续高中最后一年的学业。

　　那时候的昭通，穷乡僻壤，毒品泛滥。许多学生暑假后返校，揣上一块鸦片到学校报到，把鸦片卖掉，半年的学费、饭钱都有了。学生的成绩普遍都非常差，不像今天的昭通中学成了云南省的重点中学，每年都为清华大学等名校输送不少学子。当年整个云南省的高中三年级学生都要参加会考，只有会考及格了才能毕业。因此高三的学生们非常紧张，都担心会考不及格，毕不了业。谢学锦功课好，担任学生会的学术干事，带领大家迎接会考，拿到毕业证，成了他面临的艰巨任务。

图1-6　坐落于昭通市文渊街上的云南省立昭通中学旧址大门

图1-7　云南省昭通第一中学（原云南省立昭通中学）现址

他本来是一个非常羞涩的人，很不爱说话，很内向，在公共场所是不敢出头露面的。但自从有了进步的思想之后，他觉得要参加革命就要敢于出头露面，特别是要会演讲才行。所以在上海的时候，他特地买了一本卡耐基的《怎样演讲》，回到家里照着书中所说，对着镜子练习，练习演讲的节奏、快慢、怎么突出重点等许多问题。只不过在沪江大学附中的时候，因为是在租用的真光大楼里上课，根本没有校舍，所以没有机会在公众场合施展他的演讲才能。现在，机会来了，可以检验他在上海演讲训练的成果了。他在昭通中学做了一次演讲。他说：同学们，现在遇到了这样的困难，很难过会考这个关，怎么办？我们一定要采取一些有力的措施，大家不能再荒废学业了，应该组织起来，功课稍好一点的同学要帮助那些成绩差的。这次演讲的效果很好，大家都听他的。于是他把同学们分成若干个小组，晚上都不回家，都来上晚自习，认真复习。大家都很卖力，很有纪律，拼命学。几个月以后，临近会考时，做了一次测验，结果还是不行，许多人还是考得一塌糊涂。怎么办呢？学生会主席说："不行啊，这事绝对不行，过不了关，不作弊不行了。"要求谢学锦一定要支持他们。这可怎么办呢？看着这么多人都毕不了业啊。无奈之下，他只得对大家说："那你们得听我的。"同学们说："你说什么我们都听。"这样他又做了一次演讲：先肯定了过去几个月的努力，又说"冰冻三尺非一日之寒"，过去多年的荒废、不用功造成了现在这个局面，也没办法，我们必须采取一些非常措施，大家一定不能只顾自己，还要顾别人，功课比较好的一些人是核心人物。试卷发了以后，你们要很快地把第一道题答出来，然后马上写一个条子递给别人。那个人拿了条子以后，第一步不要往卷子上抄，先赶紧写一个条子传给另一个人，大家一定要"同舟共济"，不要光顾自己。整个计划是谢学锦制订的。监考的人也是睁一只眼闭一只眼，眼看着大家在教室里头公开作弊不管①。最后，大家基本上都过关了。

在昭通的最后一个学期，他除了帮助同学们渡过会考关外，就是集中精力准备考大学，主要读数学和物理。物理课本是萨本栋编写的《物理

---

① 宗道一、袁红、孙芳等采访整理：我的大学时代。参见：宗道一主编，《中国蘑菇红云的幕后》。北京：中国财政经济出版社，2005年，第58—60页。

图1-8　昭通中学高四班毕业合影（第四排左三为谢学锦）

学》，这本书写得很好，他很感兴趣，于是就决定进物理系。那时最有名的4所大学联合招生：西南联大、浙江大学、交通大学和中央大学。考试题目都一样，但志愿要自己填。任教浙江大学史地系的叶良辅教授是父亲在北京工商部地质研究所的同班同学，两人是班上成绩最好的学生。父亲希望他进浙江大学，因为他觉得儿子进浙大可以得到叶良辅教授的照顾。于是，谢学锦和李良纯以及王炳秋三人一起结伴而行到贵阳，考进了从杭州西迁到贵州的浙江大学物理系。

就这样，从北平到上海，再到昆明，最后到昭通，在抗日战争的烽火里漂泊，谢学锦走完了他颠沛流离的高中求学路。进一步提高了英语水平，尤其是英语会话能力，学会了演讲，接触进步思想，联系进步同学，最后又考入了浙江大学是谢学锦高中生活的主要收获。

在进步学运中度过大学时代

大学一年级

　　谢学锦考入浙江大学后，大学一年级在贵州永兴校区上课，学物理、化学、数学等基础课，除数学成绩不大好外，谢学锦的其他功课还可以，尤其物理学得很好。谭其骧教授历史课，讲的是中国通史。冬天时，他穿一件长衫，两个手拢在袖子里，很少拿出来。他走上讲台，慢条斯理地带着一点起伏的语调说的第一句话是："历史是科学，不是文学。"他的课讲得非常好、非常精彩，本来就对历史很有兴趣的谢学锦非常喜欢。

　　大学一年级第一学期，谢学锦腿受了伤，除了学习功课，没有介入政治活动。第二学期发生了打倒孔祥熙的"倒孔"运动。香港沦陷前夕，

图1-9　湄潭浙江大学旧址浙大永兴分校剧场（谢学锦在浙大永兴分校就读一年级）

许多爱国人士可能会落入日寇之手，成为"人质"。国民政府派专机去香港接他们，但接回的却是孔祥熙的二小姐和二小姐的一条爱犬！孔二小姐和她的爱犬平安风光地回到了陪都重庆，而一些著名爱国人士却被留在了香港。于是发生了"倒孔"运动。在"倒孔"运动中，谢学锦和永兴、湄潭校区的中共地下党接上了头，和进步人士有了联系，变得非常活跃。他不仅参加抗议游行，参加罢课，参加学生自发组织的读书会，读进步的文学作品，还练习写作。他还参加学生自治会，当了伙食团的团长。永兴校区的伙食由厨房主理，学生组成的伙食团监管。永兴校区的食堂秩序很糟，常有抢饭的事情发生。他当了这个伙食团的团长后，下决心进行整顿，采取了若干措施，并将所有措施都向全体同学报告。由于他说着一口非常漂亮、抑扬顿挫分明的北京话，第一次亮相就引起大家的惊奇。从卡耐基的《怎样演讲》中学来的演讲技巧更使他深得同学们的喜爱。永兴校区的伙食团经过他的整顿有了很大的改进[①]。

在永兴校区，谢学锦认识了很多后来成了名人的人。他们组织起来跟国民党三青团的人进行了激烈的斗争。他们在永兴校区组织了一个读书会，经常到五六里路开外山腰上的一个尼姑庵里秘密聚会，讨论文学或哲学的问题，还讨论过姚雪垠的《刘全德和胡萝卜》。聚会的人里头有一位叫黄代成，后来成了云南"边纵"一个游击队的司令，打了许多仗。还有一位叫黄永均，短篇小说写得很好，是谢学锦所在小组里头最有文学才能的。第三位叫陈耀环，他是新中国成立前夕中航起义的主要领导人之一，新中国成立后任民航局国内局局长。另外一位是汪容，一个很有才能、音乐造诣非常高的物理学家，他上课的时候，一副吊儿郎当的模样，把一本《大众日记》搁在课桌上，一只手插在口袋里，一只手拿着笔做笔记，然后用小指头把这页翻过去再记，另外一只手始终不拿出来，而且什么课的笔记都记在这本《大众日记》上。刚刚上了一个星期的课，他就对谢学锦说："我的灵感冲动得太厉害了，我已经无法再坐在课堂里了"，就跑到学校旁边的竹林里谱交响乐去了。20 世纪 90 年代，著名物理学家李政道在

---

① 宗道一、袁红、孙芳等采访整理：我的大学时代。参见：宗道一主编，《中国蘑菇红云的幕后》。北京：中国财政经济出版社，2005 年，第 62 页。

浙大创立了一个理论物理研究所，李政道任所长，副所长就是汪容；李政道是比谢学锦低一年级的浙江大学同学。

大学二年级

图 1-10　大学二年级时的谢学锦

大学二年级时，从永兴校区转到了湄潭校区。他对数学非常头痛。那个时候最有名的两位数学教授是陈建功和苏步青，其次是吴文俊。陈建功讲的是级数概论，他一上讲台就在黑板上"哗哗哗"地推导，写得密密麻麻，满黑板都是。推导完了以后，他一看哪个地方有点不对，就拿黑板擦"哗"一下全擦掉了，同学们根本没有办法做笔记。所以谢学锦不愿意上他的课。

那时候浙江大学进步人士中的文艺活动非常活跃，有许多歌咏队，所谓的"大家唱"，浙大的校园里现在还有一个"大家唱"纪念碑。另外，还有许多剧团。当时历史学家张其昀做了训导长，他按照蒋介石的"一个国家，一个政党，一个军队"的模式来改造浙大，提出浙大只能有一个剧团，一支歌咏队。目的就是要把所有剧团统一成一个剧团，把所有的歌咏队统一成一支歌咏队，并控制在三青团手中。

浙大的传统是每一年都要演两场戏：送旧一场戏，迎新一场戏。谢学锦在永兴校区时，在浙大校庆上演戏的就是三青团的人，演出的剧目是《野玫瑰》。到了湄潭校区以后，三青团的演员快要毕业了，而且后继无人。其中有一个女演员叫詹声穗，戏演得非常好。《野玫瑰》的女主角就是她演的。她的男朋友叫吴允春，没有很强的党派色彩，比她低一班，和谢学锦同班。吴允春到了湄潭自然就加入詹声穗所在的剧团了，并且当了团长。她才三年级，但她的功课大概很不好，所以不想演戏了，剧团没有

图 1-11　浙江大学西迁湄潭旧址（谢学锦在这里就读大学二年级至四年级）

图 1-12　浙江大学湄潭旧址文庙门前侧刻着物理系学生名单的石碑（谢学锦的名字刻在其中：物理系第五排右起第二名）

了好演员。所以刚到湄潭不久，就有人找到谢学锦，要他去演戏，因为他的北京话说得比较好。团长吴允春亲自找了他，希望他加入剧团，帮他演一出戏：李健吾的《这不过是春天》，请他出演男主角。但他从来没有演过戏，所以不愿意。吴允春天天跑到房间里来求他。和他住同屋的一个非常进步的名叫许梅的物理系同学这时候对他说，不但你应该参加，我们都应该参加，我们参加了以后可以进行宫廷政变，把浙大剧团的控制权夺过来。经许梅这一说，他立刻就同意了，参加了《这不过是春天》的演出。为了演好这出戏，他认真读了斯坦尼斯拉夫斯基的书，还到竹林里练习表演。他在剧中所演的是一个正面角色——一个被北洋军阀通缉的革命党人，叫冯允平，他偷偷潜入警察厅长的家里面，恰巧遇到了厅长夫人——他以前的恋人，两人在这种情况下见面，心里很矛盾；但最后，厅长夫人还是掩护他平安地脱了险。

这出剧演得很成功，演完戏以后，谢学锦还介绍了一大批人进剧团。到了二年级第二学期，就把剧团的控制权从"三青团"手中夺了过来，与"一个国家，一个政党，一个领袖，一支军队，一个剧团，一个歌咏队"分庭抗礼，专演进步剧。谢学锦还被推选为浙大剧团的团长。当上了团长的谢学锦决心要改一改团里的风气：名演员不是了不起的，剧团中每个人是一律平等的，只有分工的不同，没有高低贵贱之分：有的人可以去学化妆，有的人可以去学当演员，有的人可以搞布景，有的人可以搞后台。他领导剧团组织了很多活动，诗歌朗诵会、篝火晚会、戏曲讨论会，等等，还请了一些人来演讲，搞得非常活跃。湄潭校区的女同学几乎全都加入了剧团。谢学锦通过这个剧团做了大量的群众工作，把许多人都团结到进步力量这边来了。

这时候，有很多进步的书籍传进了浙大校园。谢学锦就是在这时读到了斯诺的《西行漫记》和许多英国诗。他接触人的面比较广，其中有一位叫孙筱祥的，画画得非常好，他为了见徐悲鸿挑一担行李从浙江一直走到重庆，把自己的画给徐悲鸿看。徐悲鸿对孙筱祥还挺欣赏，但是徐悲鸿劝他："你还是不要再学画了，你学画将来也许没饭吃，你还是念书去，还是去学一门技能。我相信画画你自学也能学得很好。"[1] 这样孙筱祥就考进了浙大园艺系。他非常穷，一个钱也没有，穿一双草鞋，没有袜子，光着脚。谢学锦送了他几双袜子。谢学锦知道孙筱祥很有经验，登门拜访他，

---

[1] 宗道一、袁红、孙芳等采访整理：我的大学时代。参见：宗道一主编，《中国蘑菇红云的幕后》。北京：中国财政经济出版社，2005年，第66-67页。

请他出来演戏。孙筱祥先是拒绝，但最终还是答应了。

剧团演出的第二出戏是夏衍的《一年间》。主要的布景就是地主的客厅，要布置得富丽堂皇。谢学锦找到孙筱祥一起跑到乡下去寻找布景材料，最终找到一座荒废了的古庙。古庙虽然破破烂烂，但有好几扇雕花的门。他们将其卸下来，扛回学校，再把它一刷，撒上金粉，做地主的客厅背景。幕一开，一个金碧辉煌的客厅展现在观众面前，漂亮极了，全场为之轰动[①]。

剧团举办篝火晚会，朗诵普希金的长诗《茨冈》[②]，表演由真人演出的"皮影"，还演一出何其芳的《预言》。剧团在浙大附中找了一个小女孩，她很漂亮，而且还能跳舞，让她来表演，由孙筱祥朗诵何其方的《预言》；汪容拉小提琴，配音乐。演出非常成功。

大学三年级

他在浙大物理系念了两年，功课不很好。不仅因为从事社会活动多，还因为数学有点跟不上。所以到三年级时，他不想念物理了，想转到西南联大的历史系。王淦昌[③]知道后，找他谈了一下午，劝他不要转系。

---

① 宗道一、袁红、孙芳等采访整理：我的大学时代。参见：宗道一主编，《中国蘑菇红云的幕后》。北京：中国财政经济出版社，2005年，第64-67页。

② 《茨冈》是普希金1824年写的一首叙事长诗。茨冈，是对吉普赛人的另一种称呼。该诗由瞿秋白1933年翻译，但有一小部分没有完成，1937年曾发表在武汉时调社出版的诗歌期刊《五月》上，1939年由上海万叶书店印成单行本。1953年，人民文学出版社补完未完成的译文，印发了单行本。

③ 王淦昌（1907-1998），江苏省常熟人。中共党员，核物理学家，中国科学院院士。1929年毕业于清华大学物理系。1930年赴德国柏林大学留学，1934年获哲学博士学位，同年回国。曾任山东大学（1934-1936）教授、浙江大学（1936-1947）物理系教授和系主任（谢学锦1941-1943年就读浙大物理系）。他是中国核武器研制的主要科学技术领导人之一，核武器研究实验的开拓者，指导并参加了中国原子弹、氢弹研制。他是原子弹冷试验技术委员会主任，指导了中国第一次地下核试验，领导并具体组织了中国第二、第三次地下核试验。主持指导的爆轰物理试验、近区核爆炸探测、抗核加固技术和激光模拟核爆炸试验等方面工作取得重要成果。1964年他与苏联著名科学家巴索夫同时独立地提出激光惯性约束核聚变的新概念，是中国惯性约束核聚变研究的奠基者，积极促成建立了高功率激光物理联合实验室并一直指导惯性约束核聚变的研究。他积极指导原子能研究所开展电子束泵浦氟化氢激光器等的研究。1982年获国家自然科学奖一等奖，1985年获两项国家科技进步奖特等奖。

"我功课不好，数学又不行。我还是喜欢历史和诗歌。"他对王淦昌说。

"你喜欢历史和诗歌。这很好啊。这个对物理有用，可以增加想象力。看得出来，你是一个有潜力的学生，你还是留下来吧，物理里头有很多美好的东西，像诗歌一样。"王淦昌对他说[①]。

但他还是想转系。后来西南联大给他来信说："你转到我们学校我们欢迎。但我们的规定是只能转院，你只能转到我们的物理系。"这样，想转西南联大历史系的希望破灭了。

于是他又想转到浙大的外文系。本来都已经谈妥了，因为他英文很好，外文系也欢迎。但到了快开学的时候，他突然脑子一动，他想，读英语，以后干什么呢？没有出路，还是读化学系吧。就这样，在物理系、历史系、外文系和化学系4个系之间晃荡来晃荡去，最终转到了化学系[②]。这成了他学术生涯中第一次重大的选择。

大学四年级

1945年4月毛泽东发表了著名的《论联合政府》。

谢学锦正处在大学四年级第二学期，浙江大学从遵义发出通电，拥护毛泽东成立联合政府的主张，并要求湄潭校区响应。遵义的进步势力非常强大，所以他们能做到这一点。但是在湄潭，两边力量差不多，势均力敌，所以斗争得非常激烈，争论得很厉害。于是就开全体学生大会来表决：到底响不响应遵义发出的通电。湄潭校区学生自治会的主席担心他势力孤单，不敢一个人承担。于是选了一个5人主席团，其中就有谢学锦，还有一个女同学孙增垕。主席上了主席台，会没开多久就被台下的一片嘘声给轰下来了。后来谢学锦替代他做了主席，采取各种手段把会场控制住了。这个会连开了两天两晚，进行了激烈的辩论，进步力量最终胜利了，因为男同学是势均力敌的，但女同学几乎全部进了浙大剧团，所以全都站在进

---

① 宗道一、袁红、孙芳等采访整理：我的大学时代。参见：宗道一主编，《中国蘑菇红云的幕后》。北京：中国财政经济出版社，2005年，第69-70页。

② 同①。

步力量一边。之后，谢学锦就接到了军统的恐吓信："谢学锦，限你 10 天之内离开湄潭——铁血除奸团"。他和大家商量应该怎么办？大家一致认为：绝对不能走，因为一走就会失踪，被军统秘密除掉的。所以他没有理睬，依旧待在湄潭，但设法将进步的书籍分散隐藏起来了。

逃到重庆、休学

1945 年暑假时，谢学锦忽然产生了一个念头：逃到重庆，回到父母身边去。他想到了一个可以逃走的好办法。他知道设在重庆的国民政府资源委员会有很多子女在浙大附中读书，他们每年暑假都开来几辆卡车，把这些学生接回重庆度假。因为资源委员会的人都知道他，于是他跟资源委员会押车的人说好了，清晨 6 点他就上了车，坐在许多中学生的中间，这些中学生站在他的四周。一路上他都很小心。在途中，司机跟押车的人吵架、打架时，他生怕他们把事情闹大，把他给暴露了，于是他拼命劝架。在劝架过程中他的钢笔被打断了，但总算把他们劝住了。晚上住店时，他一个人躲在屋里，闭门不出。就这样平安地到了重庆，回到了父母身边。

快开学的时候，正当他迟疑回不回湄潭去的时候，比他高两个年级的浙大物理系同学胡永畅[1] 找到了他，说："你不能回湄潭了。"为什么呢？因为他们的物理老师束星北[2] 在军统的办公室偷看到了军统准备抓人的黑名单，上面有谢学锦的名字。束星北立刻把这事告诉了胡永畅了，叫胡赶紧通知他：他不能回湄潭了。得知这个消息后，谢学锦想办法到医院里开了个证明："患了肺病"，休学。这样，他就留在重庆了。

---

[1] 胡永畅，1922 年生，1943 年浙江大学物理系毕业。历任中国科学院上海办事处副主任、中国科学院华东分院秘书长、中国科学院上海分院副院长、中国科学院副秘书长、院党组成员，浙江大学校友会总会副会长。

[2] 束星北（1905-1983）：江苏邗江人。著名理论物理学家。先后就读于之江大学、齐鲁大学、美国堪萨斯州拜克大学、加州大学旧金山分校、英国爱丁堡大学（在该校获硕士学位）、剑桥大学和美国麻省理工学院，1931 年回国。1932 年 9 月，束星北应聘到浙江大学任教，前后在浙江大学工作生活了 19 年。他是李政道的物理启蒙老师，王淦昌的好友。

休学在重庆期间，谢学锦到小龙坎动力油料厂工作了一年。抗日战争期间，由于日本人的封锁，汽油供应紧张。动力油料厂是为缓解汽油供应紧张而建立的：它裂解植物油，用以生产类似柴油的油料，以供给卡车做燃料。这个厂的总工程师是后来成为中国科学院院士的钱保功[1]。

送妹妹到解放区

谢学锦唯一的妹妹谢学镆从小就深受他的影响，她说："我哥哥那时整天就是抗日呀，反对国民党、蒋介石，支持共产党、延安，他脑子里全是这个。他这个思想从小就影响我。"谢学锦到重庆时，谢学镆正在内迁到成都的金陵女子大学上学。她有个很要好的同学和朋友并且思想很激进的杨廷英，在金陵女大上了半年就到重庆进了红岩村八路军办事处。

抗日战争胜利后，国民党蒋介石要消灭共产党，打内战，共产党和广大人民群众坚定地反对蒋介石的内战阴谋，因此国共双方摩擦不断。于是，在美国的调停下，国共两党决定在 1945 年 8 月在重庆进行和平谈判。共产党为了尽一切可能争取和平，决定派遣毛泽东、周恩来、王若飞到重庆和国民党进行和平谈判。可是美国人讲英语，解放区没什么人会讲英语，没法谈。美国驻华大使马歇尔说，没关系，我用飞机送三批会讲英语的大学生到延安，帮助你们参加和谈。于是，马歇尔要在成都和重庆挑选一批懂英语的大学生送到延安解放区去。

杨廷英立即将这个消息告诉了在成都的谢学镆。她随即赶到重庆，找到谢学锦商量去解放区的事，得到哥哥的大力支持[2]。

妹妹要去解放区，这事不能让父母，尤其是母亲知道，因为怕他们担心。于是兄妹俩放出消息说：她已买到飞机票，要回南京去了。实际上，她正在秘密地准备投奔解放区，买一些漱洗用具等生活用品。1946年 4 月的一天傍晚，谢学锦和妹妹一起在沙坪坝上了矿产测勘处人员进

---

[1] 宗道一、袁红、孙芳等采访整理：我的大学时代。参见：宗道一主编，《中国蘑菇红云的幕后》。北京：中国财政经济出版社，2005 年，第 72 页。

[2] 谢恒访谈，2012 年 5 月 24 日，北京。资料存于采集工程数据库。

城的车，奔向他们久已向往的地方，而同车的人都还以为她要回南京去了。

夜，特别的黑。谢学锦拎着妹妹的小皮箱走在前面，她打着电筒跟在哥哥后头。在山坡上，他临时雇了一个挑夫。一路上兄妹俩谁也不说话，周围的一切是那么的寂静。他很担心妹妹，怕她到了解放区会受不了，吃不了苦。又觉得很高兴：她现在比自己还进步了，真是后来者居上。到了三岔路口，黑暗中隐隐约约地望见了那棵很高的黄桷树，传说中那里是"阴阳界"：往左拐是共产党的地区，是八路军办事处；往右拐是国民党的地区，是军统的魔窟，一不小心就会"自投罗网"。兄妹俩商量了一下，才确定继续往哪儿走。他终于把妹妹送到了，对上了暗号，两颗悬着的心终于着地了。到了红岩村，谢学锒怕自己英文水平不够，通不过，就让哥哥等着。她一进去，就接受考试。念了几句英文后，她就被录取了。临别时，谢学锒满怀深情地对哥哥说，她要改名字，就用她的小名"恒"。谢学锦把行李交给妹妹，看着她，看着这位金陵女大英语专业的一年级学生，自幼与她兄妹情深的妹妹，走进了八路军办事处，走上了一条光明之路。自此一别，天各一方，音信杳无，待到兄妹再次相见时，已经是三年多后在新生南京的一个剧场里了。

妹妹一走，谢学锦马上写了一封长信给在南京的父亲，告诉他妹妹已经到张家口解放区去了；但这件事不能让母亲知道。父亲接到信未免吃惊，但也只能听之任之。父亲很开明，想得通。他一直瞒着母亲，不让她知道，说女儿到四川外县教书去了。不久，二儿子谢学铨也投奔革命了。在那个时候，父亲就每天看报纸，非常关心战事。父亲对谢学锦说："我们家的命运都系在共产党身上了！"[1] 但是纸终究包不住火。有一天，母亲还是看出了其中的蹊跷。快要瞒不下去了，父亲只好说明真相。母亲大哭了一场，又大病了一场。

---

① 宗道一、袁红、孙芳等采访整理：我的大学时代。参见：宗道一主编，《中国蘑菇红云的幕后》。北京：中国财政经济出版社，2005 年，第 78 页。

毕业重庆大学化学系

日本投降后，随着汽油的进口量逐渐增加，小龙坎动力油料厂也就逐渐失去了存在的价值。这时候他想应该去念书，完成大学的学业了。

他想进重庆大学，父亲于是去找俞建章——著名古生物学家，时任重庆大学教务长、训导长和国民党书记长，新中国成立后任教长春地质学院。父亲对俞建章说，谢学锦在浙大已经念了两年物理系，两年化学系，就差毕业论文没做了，希望进重庆大学完成大学学业。俞建章听了笑笑，心想浙大那么有名的学校不上，却想跑这儿来。他心里明白是怎么回事，但他碍着谢家荣的面子，就说行吧，但对谢家荣说："你叫他别闹了。"就这样，他在 1946 年秋天进了重庆大学。

刚进重庆大学时，他非常谨慎，老坐在最后一排，一下课就赶紧跑，因为不希望认识这一班的人。之所以如此，一是因为他还在动力油料厂兼职，一边在那儿做事，一边在重大当学生，这是违反学校纪律的，所以下了课就赶快溜。班上同学看见来了一个新同学，老想和他套近乎，但总被他溜掉了。但他终究没能溜掉，还是被他们抓住了，认识了这些学生。他们中的钱德苏后来跟他是同事，还有一个女同学叫李卓美，现在是中山大学的教授。

在重庆大学期间，谨慎与躲避的另一个原因，也是主要原因，是想尽量躲开学生运动，不要惹麻烦了，好歹毕业。但最终还是没能忍得住，还是卷进去了。他经常去中央大学参加进步学生的聚会，最拿手的好戏是讲《基度山恩仇记》。他英文好，读英文版的《基度山恩仇记》，读后讲给参加聚会的同学听，一天讲一段，非常受欢迎。他还和徐铭曾①一起办了一个以基督教团契会的形式，由中共中央南方局青年组副组长赖卫民领导的培训班，并

---

① 徐铭曾，谢学锦浙江大学校友，在重庆时通过谢学锦的同学和谢学锦认识。中共地下党"六一剧社"负责人，从事军运、学运工作。新中国成立后，先后担任北碚玻璃厂厂长、重庆市玻璃公司经理、重庆市外贸局副局长、中国国际贸易促进会重庆分会副会长等职。现为重庆市玻璃行业协会名誉会长、重庆乌兹吉特国际经济有限公司董事长。

负责请在重庆的郭沫若、冯玉祥、邓初民、黄炎培、马寅初等名人来演讲。培训班办了一个月，非常成功。父亲主持的资源委员会矿产测勘处的办公楼就建在重庆大学里，谢学锦和父亲一起住在那幢楼里。日本人投降后，父亲随矿产测勘处一起搬回到了南京，整幢楼里就剩下谢学锦一个人住。于是重庆大学的许多进步学生都到这幢楼里来开秘密会议，印传单，印材料，油印机就放在他的床底下。轰轰烈烈的重庆反饥饿大游行，他是策划者之一。他还和《新民报》的记者程海帆取得联系。好几所大学和几所中学都动起来了，但还有几所中学没有动时，程海帆对他说："我们去鼓动他们一下。"于是他就和程海帆一起到几个中学去鼓动同学们起来参加游行。

反饥饿大游行中，重庆大学不如中央大学。中央大学的进步势力是非常强大，而重庆大学是三青团的势力大。那个时候重庆大学的自治会里头有一个干事会，一个理事会。干事会是一个咨询单位，理事会是一个执行单位。重庆大学三青团的人认为理事会重要，所以他们竞选的时候全力争夺理事会，对干事会就放松了。结果进步团体就控制了干事会。中央大学要游行了，重庆大学是要参加的，这个好像已成定局，大势所趋。但谁来组织这个游行呢？理事会认为理所当然应该是它，但理事会去组织这个游行可能就要搞破坏。中央大学因此非常忧虑。于是干事会就提出应该联合起来组织这个游行，因为联合起来，干事会人多，理事会就起不了作用了；理事会当然就反对了，说日常事务应该是他们干的。于是就开一次大会。由各班的班长参加讨论：是由理事会主持还是由理事会和干事会共同主持。谢学锦所在班的班长叫汪和卿，是赞成理事会、干事会合在一起搞的。他对谢学锦说："大家都不认识，别人不大认识你，我平常也不大活动，你冒充我去开这个会吧，你口才好能把他们说服。"谢学锦同意了。进到会场以后，他坐在了一个不起眼的地方。整个会议辩论很激烈。他最后发言，说，联合起来比单干要好，如果你真想要把这件事情干好，你就绝对不会反对，除非你心里头别有所思，心怀鬼胎。结果全场掌声雷动，把局势给倒过来了，成一面倒了。他则在掌声中溜出去了。他走了以后，一投票，就联合了。联合了，权力就被干事会夺过来了。重庆大学和中央大学一起非常积极地参加了大游行。

图1-13　谢学锦当年就读的重庆大学理学院大楼（装修中）

大游行进行了好几次，已经进入高潮了，一些人提出要进行街头宣传，宣传蒋介石政府的无能。谢学锦劝他们说，这个事做到一定程度就要适可而止，弄得太厉害恐怕就要出事了。但他们不听。果然出事了。一天晚上，国民党突然进行大逮捕。到各个学校逮捕头面人物。哪一个人住哪一间屋，睡哪一张床，叫什么名字，他们都很熟悉，都打听好了。他们走到汪和卿床边问他"你是不是汪和卿？"他说，是。马上就被带走了。平时本来就不住在学生宿舍的谢学锦，这时干

图1-14　在原国民政府资源委会矿产测勘处办公楼的旧址上修建的重庆大学幼儿园（谢学锦就读重庆大学化学系时就住这里）

脆进城，住到他的一个表舅张传琦家去了。表舅原来是资源委员会后勤部门的负责人，看见他来了，明白是怎么一回事。表舅把他领到一个房间，说："你就睡这间屋，把门关上；你在这儿多待几天吧，没有关系。但今天不能出来，就待在房间里——晚上我在家里请客，客人是重庆卫戍司令宣铁吾。"宣铁吾就是下令要抓他的那个人。躲了几天，等风头过了，他才回到学校去。汪和卿被抓去后提审时只是说："我那天只是上去说了两句话，我什么也没干。"没说出谢学锦冒充他的事，因为他平时的确什么事也没干，所以很快就被放出来了。汪和卿还挺得意，对他说："你那天讲得好。"他说："讲得好，可把你给弄倒霉了。"他说："没事，没事，被抓进去的这几天也挺有意思的。"[①]

在重庆大学时谢学锦有一个女朋友，叫冯兰芳。她家是广州的大富翁，日本人侵占广州时，家里其他人去了美国，但她和奶奶没走成。她又不愿意和奶奶住在广州，一个人走到贵州，又走到重庆。她是进步女青年，勇敢的积极分子，天天和谢学锦、徐铭曾等人在一起活动。抗战胜利后，家人到处找她，最后终于找到了她，要她回广州。回到广州后，谢学锦给她写信，让她寄了很多东西到重庆，吃的、穿的、用的、很多巧克力，还有西药奎宁、盘尼西林，还有衣物等。他们把这些物资送到了华蓥山游击纵队。当时华蓥山游击纵队有四个支队，其中一个支队的司令叫程怡文，后来牺牲在渣滓洞。他们把这些物资送给了他[②]。冯兰芳是他的初恋，谢学锦本来是要和她结婚的，但终因她家里拼命反对而没有能够终成眷属。她家很有钱，父亲娶了个姨太太，生了许多儿女。但她的父亲和母亲却只生育了她这么一个女儿，所以她母亲特别疼她，希望她嫁一个有钱的人，认为只有这样，她才能在家里站得住脚；要是嫁个没钱的，她在家中的地位就保不住，因此拼命反对她和谢学锦的婚事。尽管如此，冯兰芳还是希望谢学锦去广州，但他们最终没能走到一起：她希望他去广州，但他去了南京。

---

① 宗道一、袁红、孙芳等采访整理：我的大学时代。参见：宗道一主编，《中国蘑菇红云的幕后》。北京：中国财政经济出版社，2005 年，第 74-76 页。

② 徐铭曾访谈，2011 年 11 月 11 日，重庆。资料存于采集工程数据库。

中华人民共和国成立后冯兰芳一家去了澳大利亚，音讯断绝。后来她还想方设法联系上了谢学锦，两人也在国外有过几次接触。冯兰芳多次希望他移居国外，最后一次是在 20 世纪 80 年代末，她还劝谢学锦留在澳大利亚。但这时的谢学锦早已成家，和他的夫人养有五个儿女，他怎能抛弃家庭？更重要的是，他的事业在中国这片土地上，在国外的条件下，他不可能施展他的抱负与才能。为了家庭，更为了他的事业，他拒绝了她的建议[①]。

在重庆大学的日子里，谢学锦还和龙文成一起在《新民晚报》的副刊上做了一个"时代科学"专栏，每周一期。两人轮流在这个副刊上发表社论性质的科学评论文章，例如"休矣，张之洞精神"，批判张之洞科学技术救国的思想；和龙文成合作翻译发表了一本长篇连载《人人可懂的天文学》，只是因为后来去了南京，没有能够连载完。还用"丁迈"的笔名发表了许多短篇文章，诸如"阳光普照"、"洗衣盆里的化学"等。此外，谢学锦还和戴安邦合作，在电台上办了一个专栏，也是每星期一次；用"林野"的笔名在重庆的报纸上发表过《水车之歌》等文学作品。

就读重庆大学化学系期间，除了参加学生运动和社会活动，最主要的是读了"高等分析化学"这门课。浙江大学没有开这门课，重庆大学化学系的这门课由系主任梁树权教授讲授[②]，他的课讲得非常精彩，使他受益匪

---

① 谢学锦访谈，2011 年 12 月 3 日，北京。资料存于采集工程数据库。

② 梁树权（1912-2006），字德彬，号漱泉，山东省烟台市人。1933 年毕业燕京大学理学院化学系，获理学学士学位。他的毕业论文在北平地质调查所出版的《地质专报》上以中、英文同时发表，奠定了他一生从事分析化学的基础。同年梁树权入北平前农商部地质调查所任助理员，从事矿物、岩石的化学分析。次年去德国明兴大学化学系深造。他用了两学期的时间取得报考主试资格并通过考试。后随何尼斯密教授从事原子量测定。1937 年 12 月经该校化学系主任、1927 年诺贝尔化学奖获奖者维兰德教授主考口试及格，获自然哲学博士。1938 年，他感到国难深重，在奥地利维也纳大学分析化学系做博士后一学期后，即辗转经越南海防、河内、昆明抵达成都，后任华西协和大学理学院化学系副教授，兼国立中央技艺学校皮革科教员。次年秋应聘去重庆，在重庆大学理学院化学系任教 8 年，其中后 6 年兼任系主任，并先后兼任中央工校、兵工学校、复旦大学和交通大学等校教职。1955 年梁树权当选为首批中国科学院数理化学部委员，并曾先后任北京大学（20 世纪 50 年代）、中国科技大学（1958-1965 年）、中国科学院研究生院（20 世纪 70 年代）、上海工业大学与长沙国防科技大学（20 世纪 80 年代）以及西北大学（1991-2006 年）等校兼职教授。

浅，对他后来从事的勘查地球化学专业起了非常重要的打基础的作用①。

图 1-15　重庆大学毕业时的谢学锦（前排中）和钱德苏（前排左一）、汪和卿（前排左二）

过了多少年以后，谢学锦回忆他在进步学运中度过的大学时代时说：现在回想那一段生活，我觉得尽管养成了一些创新的能力，但是基本功还是不够扎实，在学校里没好好学。虽然后来弥补了，但是毕竟不如在学校里学好，要是我再进大学，我就要好好用功了。

对于他读了 4 年之久的浙江大学，他觉得浙大是所好学校，好就好在它兼容并包，允许学生泡茶馆。他说，他泡茶馆的时间比上课的时间多。那个时候，非常用功的人、非常不用功的和整天不上课的人，都能各得其所。后来有成就的、有出息的人，有非常用功的，也有非常不用功的，非常用功的人像郭可信②，他在学校里成绩非常好，后来成了院士；非常不用功的人当然就以他为代表了。

———————————

①　谢学锦访谈，2012 年 8 月 1 日，北京。资料存于采集工程数据库。

②　郭可信（1923-2006），福建省福州市人。材料科学家，晶体学家。1946 年毕业于浙江大学化工系，1947 年起在瑞典皇家工学院从事冶金学的研究工作。1956 年后，历任中国科学院金属研究所副所长、沈阳分院院长，北京电子显微镜实验室主任、研究员。中国科学院技术科学部学部委员，瑞典皇家工学院荣誉博士，瑞典皇家工程科学院院士。

第二章
从重庆到南京——迎接新中国的诞生

进入永利铔厂，参加护厂斗争

1947年秋，谢学锦从重庆大学化学系毕业。

此前一年，父亲谢家荣带领矿产测勘处发现了淮南新煤田，在中国地质学史上写下了光辉的一页。作为对此贡献的奖励之一，国民政府资源委员会决定派谢家荣到美国考察，并可带随员一名。母亲赶快给刚刚大学毕业的谢学锦又发电报，又写信，催他赶快回南京：她已经给谢家荣说妥，带他一起去美国。但父亲对此事没有什么兴趣，接到出国决定也没积极行动；谢学锦也是一样，母亲催促他立刻去南京，他却和徐铭曾一起跑到北碚温泉区玩去了。从北碚温泉区回到市内后，又和徐铭曾、顾以健，陈秀兰、陈秀霞、蒋玲玲等一大群人一起继续玩，开朗诵会，演《王大娘补缸》之类的戏，观众也就是十至二十人的小圈子。为了演《王大娘补缸》这出戏，他还特地去育才学校，观摩这出戏的演出。回来后，他扮演补缸

匠老头，陈秀云扮演王大娘①。这样玩
到 1948 年，父亲给永利铔厂②写了一
封信，推荐他到永利铔厂工作，得到
永利铔厂的同意，他这才从重庆到了
南京，翻开他人生新的一页。

图 2-1　在永利铔厂工作时的谢学锦

进入永利铔厂后，先是在水厂值
班，做软化水的工作，后来到化工研
究部工作，在实验室做各式各样的工
业分析工作。

在永利铔厂工作期间，谢学锦又
认识了一些进步人士。永利铔厂的厂
长叫李承干，是一位非常正直的进步
人士③，南京解放前夕，他坚决反对将
永利铔厂迁往台湾，组织、成立了一
个 5 人小组，协助他保住这个厂。谢学锦和沈钧儒的侄子就在这个 5 人小
组里。

这个厂在长江北岸，周围有很高的围墙，围墙上都有电网，非常牢
固。但是很多工人住在厂外的一些平房里，每天进厂来上班。淮海战役之

---

① 谢学锦访谈，2012 年 8 月 1 日，北京。资料存于采集工程数据库。

② 现今南京化学工业有限公司的前身。1930 年代由我国化学工业开拓者和奠基人范旭东创
建的永利铔厂，当时的设计规模为日产合成氨 39 吨、硫酸 120 吨、硫铵 150 吨、硝酸 10 吨，是
中国第一座化学肥料厂，侯德榜先生任厂长。1937 年，该厂建成投产，生产出我国第一包"红三
角牌"硫酸铔（即硫酸铵，当时称肥田粉）。

③ 李承干（1888-1959），早年留学日本，加入同盟会。北伐军攻克南京后，到南京任金陵
制造局工务科长，潜心研究枪械、弹药制造，制造局改兵工厂后，任厂长。抗战初期，金陵兵工
厂西迁重庆，改为兵工署二十一兵工厂，仍任厂长。他在兵工企业 20 年，其中任厂长 17 年，由
少将升至中将军衔。他研制的宁造 24 式马克沁重机枪、82 迫击炮等武器，性能精良，享誉兵工
界，曾获国民政府嘉奖 9 次。他坚持洁身自好，清廉平淡。当时国民党规定各兵工厂的职员都要
加入国民党，但他拒绝加入。由于蒋介石悍然发动内战，1947 年 3 月他毅然辞去厂长职务，以兵
工署副署长身份赴美考察工业。1948 年回国后，任南京永利化工公司协理兼永利铔厂厂长。南京
解放前夕，他积极组织职工开展护厂斗争，拒绝将铔厂迁往台湾。中华人民共和国成立后，首任
国家计量局局长，第一、二届全国人大代表，人大预算委员会副主任委员，第一、二届全国政协
委员，中国民主建国会中央常委，全国工商联中央执行委员会委员等职。

后，永利铔厂就开始变得危险了，因为怕国民党的散兵混进厂来抢东西。这样，工人住在厂外就成了厂里最大的不安全因素。于是5人小组讨论决定：把这些工人都搬进厂来居住——动员每一个职工让出一间房给工人们住。5人小组的成员们挨家挨户地做工作，晓以大义，说服许多高级的职员让出房间来给工人住。总工程师谢为杰是技术上和行政上的领导，带头把工人们请到家里来住，带动所有的人都这样做。待到所有工人都搬进厂里居住后，将厂的大门封锁起来，电网通上电，并囤积粮食，发枪给工人自卫。因此，永利铔厂一直很安定，直到南京解放。

协助父亲保护矿产测勘处

永利铔厂的护厂工作做得很出色。这时候，地下党组织找到谢学锦，要他到南京去，到矿产测勘处协助他父亲反对将矿产测勘处迁往台湾、保护矿产测勘处设备和资料。

1948年9月25日中央研究院第一届院士会议推定伍献文、邹方钧、沈宗瀚和谢家荣4位院士于1949年1月前往新西兰出席太平洋科学会议①。但作为矿产测勘处处长的谢家荣如果在这时候出国，群龙无首，矿产测勘处可能就会乱了，就会被国民党弄到台湾去了。为此地下党做了许多工作。他们希望谢学锦到矿产测勘处去，帮助他父亲做工作，保护好矿产测勘处。

谢学锦回到家里对父亲说："你最好不要去开那个会。一开这个会整个机关就乱了，大家都卷铺盖各自走掉了。你是不是就不要去开这个会了？"

父亲说："我不去开会可以啊，你是不是来陪我啊？你来陪陪我，好不好？"

"好的，我回来陪你。"他说。

---

① 首都几个盛会。《矿测近讯》，1948年9月号，第91期，第111-112页。

"那好，那我就不去了。"父亲爽快地回答他。

于是，他赶紧回到永利铔厂搬行李回家。父亲叫了一个工友帮他去搬行李。

他刚一回到永利铔厂，长江就被封锁了，永利铔厂的船也不能开了。没办法，他只得叫工友扛着行李到公路上去拦车：先到浦口，再从浦口过江。等他们拦了一辆卡车赶到浦口码头时，浦口码头的铁门也已经上锁，最后一只船就要开了！

"怎么办？"工友问他。

"赶快爬过去。"

工友把行李放在地上，托他先往上爬。一个国民党兵立刻跑过来问："干什么的？"

"我送大少爷回家。"工友说。

那个兵一看，"大少爷"一身西装笔挺，不敢再问了。他俩赶快翻过铁门，上了船，回到了南京城内的矿产测勘处。

回到南京以后，他帮父亲出主意，首先是设法把一些贵重的仪器、资料保护好。此前美军在南京南城曾有过一座仓库，美军撤走后，这座仓库交给了资源委员会。矿产测勘处和资源委员会交涉，把仓库拿了过来。这座仓库很结实，防空条件很好，他们就把贵重的仪器设备和地质资料都运到里边去了。

那时候物价飞涨，到市场上买东西用的金圆券都是一大捆、一大捆的，甚至要用大旅行袋来装。今天领到的钱明天就不值钱了。所以钱一到手，父亲谢家荣就动员一些人出去买银圆（袁大头）回来，每个人都分给几个，以求保险。另外还制作沙包防弹。

为了处内的安全，他们动员、组织全处的人值夜班。主编申报馆中国地图的地图专家曾世英夫妇，住在处外，觉得很担心，谢家荣给他们腾了房子，让他们也搬进矿产测勘处机关来住。谢学锦和父亲、曾世英3个人甚至还一起值一个夜班，防止坏人的破坏[1]。

---

① 谢学锦口述，宗道一等整理：向地球深处探宝（勘查地球化学家谢学锦院士口述）。资料存于采集工程数据库。

正是这些周密的措施，使矿产测勘处人心安定，仪器、资料和一切财产得到了有效的保护。

1949 年 4 月 23 日，人民解放军占领南京。谢学锦和父亲谢家荣一起迎来了南京的解放，矿产测勘处最终完好无损地回到了人民手中。

进出西南服务团

1949 年 4 月，南京解放后，谢学锦自然要回到永利𨱏厂去，但是回不去了。因为当初为护厂而成立的 5 人小组曾向厂长李承干建议颁发过一条规定：永利𨱏厂的任何一位职工都不许在此非常时期离厂，如果离开了，就不能再回来了。就是不许人走，但是他走了，尽管走的理由很充分。虽然他去找了华东军政委员会，委员会介绍他去见永利𨱏厂的军代表，但军代表对他说："永利𨱏厂是一个私人厂，还不能和国营厂同等对待。你们自己制定了这么一条规定，我现在不好违反；违反了，以后我不好说话。"又说："你不要着急，先回南京先等一等再说。"他只好回到南京。

南京解放不到两个月，中国人民解放军第二野战军受命解放大西南，随之决定从中央和老区选调一批新闻、邮电、财经、公安等方面的干部，同时在上海、南京招收大中学生、青年职工，组建"中国人民解放军西南服务团"随同解放大军西进，每解放一个县，就留下一个中队负责接管和政权建设。消息一经传出，随即在上海、南京、苏南、安徽等地掀起了一股"南下热"，万余进步青年报名参加西南服务团。永利𨱏厂回去不了，谢学锦转而报名参加了西南服务团，加紧研究西南地区的工矿企业，搜集这方面的资料，并编写了大批材料。1949 年的夏天，他有两个多月着解放军军装，别人见了他，都惊讶而又羡慕："哎呀，你也加入解放军了！"

但到西南服务团快出发时，他忽然决定要从中退出来，因为他觉得，新中国成立后主要应该建设新中国，他应该在建设新中国方面贡献自己的聪明才智和力量。于是他找到南京军管会的主要负责人万里，对他说了自

图 2-2　南京解放后与妹妹谢恒和弟弟谢学钫（左）、谢学铮（右）

已的想法。万里[①]听了他的想法后说："你这个想法很好。我立刻批。"就这样，他退出了西南服务团，转而进到了一个他真正应该进去的天地，为他日后在科学的道路上驰骋选择了正确的道路。

恋 爱 结 婚

谢学锦的夫人叫李美生，湖北沙市人。她是谢学锦妹妹谢恒在成都华西坝金陵女子大学的同学。谢恒和她在同一个年级，谢恒读的是外文系，而李美生开始读的是音乐系，后来转到社会系，再后来在精神病院工作，做所谓 Social Work（社会工作）。虽然不在一个系，但她们俩非常好，李美生还把自己的衣服借给谢恒穿。南京解放没多久，谢恒回到家里和家人

---

① 　时任南京市军事管制委员会财委副主任、经济部部长、建设局局长。

团聚。同时她还在黄华①的领导下从事外交工作。一天，谢恒送解放军的一个精神病人去精神病院治疗。被李美生一眼就认出来了：哎，那不是谢学镁嘛！两人分别多年后重逢，自然分外的惊喜。谢恒将她带回家里，介绍给了谢学锦。谢学锦很快就和李美生在南京正式结为连理了。对他们的结合，谢学锦的父母亲都很高兴，其时，正当南京栖霞山铅锌矿被发现，谢家荣将儿子与李美生的结合与栖霞山铅锌矿的发现相提并论，视作双喜临门的两件大事。

图2-3　谢学锦和李美生1950年8月在南京结婚时和父母的合影（自左至右：谢家荣、谢学锦、李美生和吴敬侬）

---

① 其时黄华任中共南京市委委员、南京市军管会外事处处长，主持接收国民党外交部、向各国原驻华使节宣布中共中央的建交原则。

第三章
开创中国的勘查地球化学

创立大规模操作快速分析流水作业法

还在永利铔厂的时候，谢学锦就读了华盛顿（H. S. Washington）的经典著作《岩石化学分析手册》（*Manual of the Chemical Analysis of Rocks*），后来父亲又让他读了克拉克（F.W. Clarke）的《地球化学数据》（*Data of Geochemistry*），从而对地球化学有一点了解，有了点兴趣，尤其对矿石分析特别感兴趣。因此，在退出西南服务团之后，他想，永利铔厂进不去了，那就进父亲的单位矿产测勘处吧。于是他又去找了华东工业部办公室，请求他们下调令，把他调到了矿产测勘处。

谢学锦到了矿产测勘处，进实验室一看，设备很差。那时，江西的一个公司（从美国）买了一大批药品、化学试剂、玻璃器皿和许多很好的仪器设备，上百箱的东西，刚刚运到上海，上海就解放了，但江西还是国统区，因而被扣在上海的仓库里。他知道了这件事，便让矿产测勘处打了个报告给华东工业部，要求将这些东西批给矿产测勘处。为此，他亲自去上海，找到了他的浙大校友、时任华东工业部办公室主任的张哲民[1]。从这个处走到那个处，"啪、啪、啪"几个公章一盖，那些东西就成了矿产测勘处的了[2]。然后，他冒着国民党飞机轰炸的危险，到仓库里挑选了许多仪器和全部化学药品运回南京，充实矿产测勘处的实验室。

在南京工作的那段时间，正处在新中国国民经济恢复时期，大规模经济建设开始的前夜，全国开展了规模空前的地质勘探工作，地质工作量急速增加，需要进行的化学分析工作量也大大加大，如何提高化学分析的工作效率以适应这种形势，就成了摆在地质部南京化学实验室面前的当务之急。

谢学锦和他的同事们从1950年冬天起，就着手对南京实验室的化学分析进行改革。化学分析工作包含化学分析方法和操作过程两个方面。当时在化学分析界讨论最多的是简洁、快速的分析方法，而对操作方法的改进极少讨论。为了提高工作效率，他们除了注意选择快速分析方法之外，还注意了对操作方法的改进。最先采用的是分工合作的办法。使这种方法，南京珠江路实验室创造了一个3人小组7小时分析150件铁矿样品的记录，虹桥实验室也创造了一个3人小组1天分析100件铜矿样品的记录。在此基础之上，他们参照美国福特汽车公司创造的流水线作业法，把化学分析的工作分解成不同的工序，进行流水作业，大大提高了化学分析的工作效率。例如，1952年底，一个8人小组用7小时20分钟的时间完成了270件铜矿石样品的分析。

这种流水作业法又是建立在大规模操作法和快速分析法的基础上的。所谓大规模操作法就是在同一时间、同一种操作大规模并进的方法，即同时测定几十件样品中的同一种化学成分的方法。他和钱德苏1953年在《科学通报》3月号上发表的"大规模操作快速分析流水作业法"系统总结了

---

① 张哲民（1918- ），浙江吴兴人。1940年毕业于浙江大学，同年秋在重庆参加中共南方局领导下的社团工作和地下情报交通工作，1948年加入中国共产党后，在上海市地下党做接管准备工作。新中国成立后，历任华东工业部办公室主任、机械工业部基建局副局长、第一汽车制造厂建厂委员会副主任、建筑工程部直属工程公司副经理、经理、建筑工程部第一工程局局长、科技局副局长、局长兼建筑科学研究院院长、国家建委建工局、科技局局长、国家建工总局副局长、建设部科技委常务副主任等职。

② 谢学锦口述，宗道一等整理：向地球深处探宝（勘查地球化学家谢学锦院士口述）。资料存于采集工程数据库。

南京实验室进行的这种化学分析改革。这种大规模操作快速分析流水作业法在地质部系统的实验室取得了非常好的效果，并且形成了传统，直到今天，中国的地球化学分析能力在快速、高质和廉价方面仍然领先世界。美国地质调查所前地球化学实验室主任赵畯田博士因此建议："在中国境内成立世界性地质样品测试中心。"①

然而，在实验室工作了一段时间后，谢学锦有点不高兴了。为什么呢？因为地质研究人员把实验室的人当工具。他们一来就说，给你几件样品，赶快给我分析。地质人员是主导人员，实验室的人是次要的，辅助性的。

他不满足了，想要自立门户了。

中国勘查地球化学的首次试验

刚好这时候，父亲谢家荣读到了 T. S. Lovering 等人 1950 年发表在《经济地质》（*Economic Geology*）上的一篇文章："Dispersion of Copper from the San Manual Copper Deposit. Pinal Country，Arizona"（September 1，1950，Vol. 45 No. 6：493–514），介绍用地球化学方法在美国一个铜矿区找矿的工作。父亲的眼光是很敏锐的，他对谢学锦说："这个方法将来可能很有前途，你是不是去试试？"

谢学锦去读了那篇文章。文章介绍了一种新方法，将新近合成的一种叫做 dithizone（双硫腙）的蓝色的试剂，加入到含铜的溶液中，一摇荡溶液就变成紫红色的了。美国人使用一支带塞有刻度的 100 毫升量筒来做这个实验：在含铜溶液中加进柠檬酸铵，再加入几毫升的双硫腙试剂，然后摇动量筒，溶液就变成紫红色了；他们做了一个不同含量的标准系列，用以进行比较，就能测定含铜溶液中铜的含量了。可以用这种方法在野外现场测定样品的铜含量。

---

① 赵畯田 1993 年 7 月 8 日致谢学锦的信。参见：谢学锦，《面向 21 世纪的地球化学——谢学锦院士从事地球化学研究 50 周年》。北京：地质出版社，2002 年，第 516 页。

双硫腙是那时新近合成的，价格很贵，国内还买不到，但在他不久前从上海仓库里弄来的那些药品里有。这使他非常高兴，立即拿来做实验，很成功。但他觉得美国人使用的设备太过笨重，就设法将它加以改进，使它变得比较轻便。

接下来，1951 年夏，他受父亲的派遣，与和他在同一实验室的同事张佩华一起，去安徽安庆月山的一个铜矿区踏勘，为开展中国的第一次地球化学探矿实验做准备。张佩华是上海人，一向是做室内工作的，从未见过大山，到野外一看见山就头痛，一到山上就两腿发软，还得人搀扶着，但他的实验做得很好。谢学锦和他一起把美国人的带塞有刻度的 100 毫升量筒改成了带塞有刻度的 25 毫升试管，用双硫腙试剂测定了大量样品的铜含量，效果非常好。由于张佩华再也不愿上山，所以到了同年 9 月正式进行我国勘查地球化学的第一次实验时，与他合作的便是毕业于中山大学、当时在南京当教师的徐邦梁。他们把快速分析设备带到了安庆月山的山上。这次实验采集了土壤、水系沉积物和植物样品，并在野外用双硫腙比色分析了铜。

在安庆月山工作期间，他们首先在一个叫犁头尖的地方的铜矿废石堆上发现了一种生长茂盛、开紫红色花的小草，而且基本上只生长这种小草，其他植物很少生长。这种现象引起了他们的注意。随后，在月山地区的十多个废矿堆和矿渣堆上也都发现这种小草生长茂盛。进而发现了好几处既没有废矿堆又没有铜矿露头的地方，这种小草也生长得很茂盛，经过分析发现，这几处的土壤都含有极高的铜。之后，又在铜牛井、杨柳凹、小圆坝、铁铺岭等地观察到同样的情况。这些事实显示，这种开紫红色花的小草与其生长地区土壤中的铜含量关系密切。后经鉴定，这种植物叫海州香薷。将海州香薷的根、茎、叶、花分别烧成灰后进行分析的结果表明，铜主要含在根部，其含量一般在 1% 左右，最高可达 3%。铜矿的指示植物——海州香薷由此被发现[①]。

父亲谢家荣知道了这件事后，非常高兴，立即给他写了一封信，信中

---

① 谢学锦、徐邦梁：铜矿指示植物——海州香薷。《地质学报》，1953 年，第 32 卷第 4 期，第 360-368 页。

说，看来你做科学研究将来会有远大的前途，因为你有新的思路。本来是让你去像外国人做的那样做土壤和水系沉积物测量的，你却发现了地下矿藏的指示植物；看来你思路比较开阔，很有创新能力。

1951年冬，谢学锦在一个学术会上报告了海州香薷的发现。日本地质学家筱田恭三①听了这个报告后，给予了高度的评价。他对谢学锦说：这是了不起的发现，理论与实用的前景都不可估量。后来，筱田恭三在长江中下游的许多铜矿区都发现了海州香薷的分布，并写了报告。

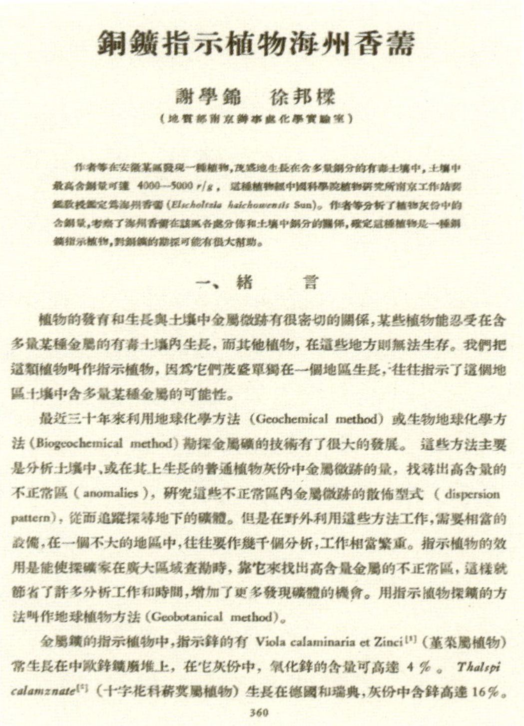

1952年3月1日，筱田恭三著文"铜矿指示植物'海州香薷'之发现及其探矿应用上之重要性"，指出："矿产地质勘探局谢学锦及协助工作的徐邦梁二人于1951年秋在以安庆西北17

图3-1　中国勘查地球化学首次实验在安徽安庆月山地区发现的铜矿指示植物海州香薷

铜鑛指示植物海州香薷

谢學錦　徐邦樑
（地質部南京辦事處化學實驗室）

作者等在安徽某區發現一種植物，茂盛地生長在含有多量銅分的有毒土壤中，土壤中最高含銅量可達 4000~5000 r/g，這種植物經中國科學院植物研究所南京工作站裴鑑教授鑑定其爲海州香薷（Elsholtzia haichowensis Sun）。作者等分析了植物灰份中的含銅量，考慮了海州香薷在該區各處分佈和土壤中銅分佈的關係，確定這種植物是一種銅鑛指示植物，對銅鑛的勘探可能有很大幫助。

一、緒　言

植物的發育和生長與土壤中金屬微跡有很密切的關係，某些植物能忍受在含多量某種金屬的有毒土壤內生長，而其他植物，在這些地方則無法生存。我們把這類植物叫作指示植物，因爲它們茂盛單獨在一個地區生長，往往指示了這個地區土壤中含多量某種金屬的可能性。

最近三十年來利用地球化學方法（Geochemical method）或生物地球化學方法（Biogeochemical method）勘探金屬鑛的技術有了很大的發展。這些方法主要是分析土壤中，或在其上生長的普通植物灰份中金屬微跡的量，找尋其高含量的不正常區（anomalies），研究這些不正常區內金屬微跡的散佈型式（dispersion pattern），從而追蹤找尋地下的鑛體。但是在野外利用這些方法工作，需要相當的設備，在一個不大的地區中，往往要作幾千個分析，工作相當繁重。指示植物的效用是能使探鑛家在廣大區域查勘時，靠它來找出高含量金屬的不正常區，這樣就節省了許多分析工作和時間，增加了更多發現鑛體的機會。用指示植物探鑛的方法叫作地球植物方法（Geobotanical method）。

金屬鑛的指示植物中，指示鋅的有 Viola calaminaria et Zinci[1]（堇菜屬植物）常生長在中歐鋅鑛廢堆上，在它灰份中，氧化鋅的含量可高達 4 %。Thalspi calamznate[2]（十字花科薪蓂屬植物）生長在德國和瑞典，灰份中含鋅高達16 %。

360

图3-2　谢学锦、徐邦梁发表在《地质学报》第32卷第4期上的文章"铜矿指示植物海州香薷"

---

①　筱田恭三，日本地质学家。日本侵华时期，有不少日本学者、技师被派到中国的工矿，搞经济侵略。日本投降后，谢家荣从日本技师里挑了几个有学识的人到矿产测勘处协助工作。筱田恭三便是其中的一个，是从马鞍山铁矿挑来的，时任矿产测勘处顾问。

公里（千米）的月山为中心用精密微量分析，实施地球化学探矿，发现了一种特殊野草'海州香薷'与土壤中含铜份有密切之关系。此种野草最嗜好铜分，与其他野草因铜之毒素作用而难以生长者不同，故可利用其能在含铜土壤中孤立丛生之条件作为发现铜矿床的初步探矿指针。"[1]

接着，中国勘查地球化学首次实验的成果正式发表，《地质学报》第32卷第4期刊发了谢学锦、徐邦梁的"铜矿指示植物海州香薷"。

中国的勘查地球化学由此正式奠基。

筱田恭三回到日本后发表了一篇文章，对谢学锦和徐邦梁的上述发现极尽赞赏，并预言中国一个新学科的诞生[2]。这是国际学术刊物对中国化探首次实验的首次反应。

经历"三反"运动

1951年底"三反"运动开始时，虽然在南京的地质单位已经在地质工作计划指导委员会成立后改组成了南京办事处，但"三反"运动仍以原矿产测勘处、地质调查所和地质研究所为单位分别展开，并且由于各种各样的复杂原因，原由谢家荣领导的矿产测勘处被列为重点。南京市委领导南京地质单位的"三反"运动，派出了以南京市政府副秘书长朱启銮为组长的"三反"运动工作组，进驻矿产测勘处，又从原中央地质调查所和原中央研究院地质研究所的科技干部中抽调了一部分人充实矿产测勘处的"打虎"队伍。这样，以工作组为核心和骨干，有学生、工人和外单位科技干部参加的"打虎"队伍便很快组织起来，展开了对"老虎"们毫不留情的斗争。

---

① 筱田恭三：铜矿指示植物"海州香薷"之发现及其探矿应用上之重要性。安徽省安庆市，华东工业部马鞍山矿务局技术室。存全国地质资料馆，档号：2480。

② 殷维翰：我所认识的谢学锦院士。参见：谢学锦，《面向21世纪的地球化学——谢学锦院士从事地球化学研究50周年》。北京：地质出版社，2002年，第511页。

1946 年谢家荣运用地质理论发现淮南八公山新煤田后，曾获得国民党政府财政部和资源委员会 20 万美元外汇的奖励，但谢家荣将这笔钱全部用来购买了钻探设备。南京解放前夕，为防止金圆券迅速贬值给机关与职工造成损失，谢家荣决定购买一些黄金（以确保公款保值）与银圆（发放职工工资），并将购得的黄金分散保管，此事只有少数人知道。新中国成立后，分散保管的黄金全都收了回来，但当初不知情的人便怀疑其中有鬼，认为黄金被一部分人私分"贪污"了，谢家荣本人更不知道"独吞"了多少黄金。工作组想尽各种办法，采取了可能采取的一切措施，千方百计追查黄金的下落，务求取得突破。采取的措施主要有：南京地质探矿专科学校停课两个月，组织学生"打虎队"，要学生干部在"打虎"中充分发挥模范带头作用，接受组织的考验；工会将工人组织起来，向"贪污分子"作坚决斗争；广泛动员家属子女同"贪污分子"划清界限。

　　有些人为了表现，暗地里就去"揭发"，胡说八道。把当初为了保护矿产测勘处而运到美军仓库里去的资料和仪器，说成是运了好多车"袁大头"（银元）和金条到那里去，后来都不见了。运动的矛头主要指向原矿产测勘处总务科长殷维翰和主要的技术骨干，实际上真正的目的是要扳倒谢家荣。

　　一些人承受不住工作组的逼、供、信，"主动"交代了"贪污"罪行。工作组喜出望外，又是大喇叭广播，又是会议表扬，用"典型"带动一般。但他们一会儿承认、一会儿否认，今天承认，明天翻供，弄得工作组毫无办法。

　　为了给"打虎"斗争制造声势，1952 年 3 月 9 日在原中央大学礼堂召开了南京市文教科技界斗争贪污分子的宽严大会。会上对坦白交代比较彻底的"贪污分子"免于处理，大"贪污犯"殷维翰则因"态度恶劣"、拒不交代"罪行"，被当场逮捕，关进监狱。

　　一些科技骨干经受不住强大的压力，纷纷承认"贪污"了多少两黄金。几天时间下来，便有 10 多人承认"贪污"了数量不等的黄金。承认了"贪污"，就要交出赃物，但他们哪里退得出来？例如地质科长郭文魁"坦白交代""贪污"了 10 两黄金，害得夫人把家里照相机、缝纫机都拿出来上缴了，窟窿仍然无法补上。

谢学锦也不想吃眼前亏，也"坦白交代"了"贪污"罪行，被关在了二楼房间里。但他不甘心这样被冤枉，决心逃出去找人把事情说清楚，因为关在里头说不上话。

他利用上厕所的机会，观察地形，筹划着行动。一天晚上，他决定付诸实施。他把被单抽出来，撕成一条一条的，再将其打结接在一起。把一些衣服弄成一个假人躺在床上的样子。等到看守他的人睡着后，他便从房间里溜了出去，找了个靠墙角的厕所，把准备好的布条拴在厕所外面下水管上，拽着布条沿着下水管溜了下去。不巧，刚刚下去一点点，布条就断了，摔了下去。他从地上爬起来，只觉得腰有点痛，"噌"地就起来了。然后，小心翼翼地避开大院里巡夜的，翻墙出去，雇了一辆三轮车回到家里。夫人一看见他逃了回来，立刻说："不行，不行，你不能回来，你得赶快回去。"母亲对他说，她有好多朋友在市委，可以帮他。马上就又把他送回去了。等他回去以后，那个看守还不知道他逃走的事；进屋一看，床

图3-3　原国民政府资源委员会办公楼（南京解放后军管会拨给矿产测勘处办公，谢家荣先生在一楼左侧、谢学锦在二楼左侧办公，"三反"运动中谢学锦曾被关在这栋房子二楼的房间里）

上"躺"着的是衣服，才明白是怎么回事，气坏了[①]。

矿产测勘处"三反"一个重要目的是要查清黄金下落。但事情的真相是：为公家分散保管的黄金，全部收回了，上缴了；所换银圆是为了防金圆券贬值作为职工工资发放的，与"贪污"完全沾不上边儿！运动中千方百计启发"老虎"们揭发谢家荣，但谢家荣在这件事上做得无可指责，自然不了了之。这段时间在北京的谢家荣自然被冷落，但他每天依旧上他的班，利用这段被冷落的时间学起了俄文。

1952 年 5 月 10 日，毛泽东主席在中央转发的《中南局"打虎"新计划》中写了一段很重要的批语，强调指出："现当'三反'运动进入法庭审判、追赃定案的阶段，必须认真负责，实事求是，不怕麻烦，坚持到底，是者定之，错者改之，应降者降之，应升者升之，嫌疑难定者暂不处理，总之做到如实地解决问题，主观主义思想和怕麻烦的情绪，必须克服。这是共产党人统治国家的一次很好的学习，对全党和全国人民都具有很大的意义。"[②]

矿产测勘处三反运动最后定案的时候，宣布：某某某，原来承认贪污多少，现在查清了，零；某某某，本来承认贪了多少，现在查清了，零……被抓的人全都查清楚了，没问题。

"三反"以后的谢学锦，继续在矿产测勘处工作。

这时候，大连的化学物理研究所给谢家荣发来了聘书，聘他去那里工作。

大连化学物理研究所当时也是一个很有名气的研究所，去还是不去？他刚刚进入的地球化学探矿领域，在国际上也还只是处在初期阶段，虽然已经有了 30 年左右的历史，但当时能够查到的文献也只有不过 40 多篇，在国内就更不用说了，是一处未开垦的"处女地"。父亲已经告诉他，这个领域将来可能是很有前途的。父亲是中国地质界的大师，他的话是不会错的。而且他刚刚做了中国的第一次地球化学探矿实验，发现了铜矿指示

---

① 谢学锦口述，宗道一等整理：向地球深处探宝（勘查地球化学家谢学锦院士口述）。资料存于采集工程数据库。

② 毛泽东：转发中南局打虎新计划的批语（1952 年 2 月 17 日）。参见：《建国以来毛泽东文稿》，（第 3 卷）。北京：中央文献出版社，1989 版，211 页。

图 3-4　1953 年农历正月初一（2 月 6 日）地质部化探室同志摄于北海九龙壁（自左至右：前排：孙德江，谢学锦，李善芳，陆苏民；中排：沈永直，谷文富，郑康乐，冬天有，刘兴民，李国祥；后排：康继本，马耀臣，□□□，梁咸度，朱义武，杨泗麟）

植物，也尝到了化探的甜头。一张白纸好画画，在这个刚刚兴起的领域内工作，大有用武之地，更容易出成果。思来想去，他决定继续留在他已经进入的这个领域内施展自己的才能，婉言谢绝了这个著名研究所的聘请[1]。

1952 年底，刚成立 3 个月的地质部在地矿司内成立了一个地球化学勘查机构——地球化学探矿筹备组。1953 年初，谢学锦奉调北京，进入地球化学探矿筹备组，3 月，筹备组改为地球化学探矿室，简称化探室[2]。

在艰难曲折中前进

到了北京，他有一阵子很不快活，因为南京实验室的设备非常好，到了北京新成立的部门，拿几张办公桌拼起来做试验，设备质量非常差。

---

① 谢学锦口述，宗道一等整理：向地球深处探宝（勘查地球化学家谢学锦院士口述）。资料存于采集工程数据库。

② 朱炳球，李善芳，张立生：中国勘查地球化学史料汇编。参见：谢学锦，等，《二十世纪中国化探（1950-2000）》。北京：地质出版社，2009 年，第 432-433 页。

1953 年 5 月到 9 月，地质部化探室去陕西省安康县牛山做了一个地球化学探矿实验。当时地质部苏联专家组中有一位苏联专家叫罗吉诺夫（Н.Ф.Рогинов），他听了陕西一个人的报告，看了他的标本，断定牛山这个地方有一个很大的斑岩铜矿。但谢家荣看了标本，说："这根本就不是。"与罗吉诺夫发生了争执。

罗吉诺夫建议在牛山进行当时苏联使用的"铜量测量"，就是系统采集测区的土壤样品，用吹管分析方法测定其中铜的含量。他认为这是评价斑岩铜矿经济价值的有效方法。

地质部领导人下令，让刚刚成立的化探室去牛山工作。化探室所有人都去了。他们在 6 平方千米的范围内，采集土壤样品，用双硫腙现场比色分析铜的方法做实验。结果证明，牛山矿点没希望。

后来罗吉诺夫到了牛山视察，化探室负责人沈时全下山接待，并随后通知谢学锦和周树强下山去向罗吉诺夫汇报。

盛夏的牛山，天热得像火炉。谢学锦和周树强决定晚上下山。没想到那天晚上有月食，走到半山上，月亮不见了踪影，漆黑一片。他们只得高一脚，低一脚，在山上摸黑前行。好不容易，远处出现了老乡家里的灯光。老乡听到了他们登山鞋下面的铁钉撞击地面发出的响声，提着灯笼过来，问："你们是不是山上探矿队的？你们走错路了，到我们家来歇歇吧。"在老乡家里坐了一个多钟头后，月亮又出来了，他们才又下山。等走到山下时天已经亮了。

见了罗吉诺夫，他们对他说，铜的含量只有几十个 ppm[1]，没有开采价值。罗吉诺夫认为"那是因为你没有做吹管分析，做了吹管分析就知道了。"他们于是将含量最高的样品给了他，但他终究也没有能够吹出高含量来。化探室后来写了一个报告，否定了这个矿点，就这样否定了一个"权威"的意见[2]。

从牛山回来，化探室在北京分两批招收了 24 名高初中生，举办短期化探培训班，由谢学锦等人授课。他用自己翻译的苏联地球化学家谢尔盖

---

[1]　1ppm，即百万分之一，亦写作 10^{-6}。

[2]　谢学锦口述，宗道一等整理：向地球深处探宝（勘查地球化学家谢学锦院士口述）。资料存于采集工程数据库。

耶夫（E.A.Cepreйeв）的《地球化学探矿法》做教材，为短训班讲课，培养化探人才。

牛山工作之后，谢学锦和其他一些同志一起去了中条山铜矿峪，仍然使用双硫腙比色法，分析从浅井中采集的岩石样品，用以评价地表出露的矿体，圈定的地球化学异常与其后钻探圈定的矿体非常吻合，取得了很好的效果。

但是，与在牛山和中条山的顺利进展不同，化探室1954年8月在甘肃白银厂的工作却不顺利。那个时候苏联也只有少数人在做化探工作，在白银厂工作的苏联专家是地质学家，不是化探专家，并不懂得化探。苏联地质专家听了汇报以后，自己不懂，却说这个工作没有必要做。只要苏联专家说没必要，那里的勘探队马上表示不欢迎化探室的人。被勘探队赶走，使化探室的很多人泄气了，觉得化探就是野外抓一把土，回来弄弄瓶瓶罐罐（化学分析），成不了什么气候，都想改行，连当时的化探室主任也闹情绪，责怪谢学锦，说："就是因为你一个人想要出名，把大家的前程都给耽误了。"但化探室上面的物探局副局长周镜涵出来做工作，支持谢学锦的意见。他说："一个新的事物，成功和失败都不要紧，但是我们必须坚持探索。"这样才把这个队伍稳住了。这就是地质部化探室的所谓"八月风波"①。过后谢学锦琢磨，虽然每前进一步都很艰难，但还有周镜涵的支持；虽然得不到在白银厂工作的苏联专家的支持，但他认定父亲的话不会有错：化探是很有前途的。得出的结论是：一定要坚持下去。

1954年冬，正在艰难的时刻，谢学锦正式担任了地质部化探室的主任。

他有些胆怯，对父亲说："我是学化学的，一点不懂得地质，怎么去领导化探室？怎么能够把工作做好呢？"

"你应该发挥你学化学的所长。对地质你只需要'纸上谈兵'。"父亲这样对他说②。接着，父亲又拿来一张地质图，教他怎么读地质图。

---

① 谢学锦口述，宗道一等整理：向地球深处探宝（勘查地球化学家谢学锦院士口述）。资料存于采集工程数据库。

② 同①。

"你用不着到野外去具体认识什么东西，你做地球化学工作不需要认识具体的岩石和矿物。"父亲接着说。

父亲最后用英文对他说了一句让他终身铭记的话：Be not lost in detail！（不要迷失在细节中）。

和父亲的这次谈话对他一生的工作起了决定性的作用。而那句"Be not lost in detail"，"影响了我的一生。"谢学锦说[1]。

他遵照父亲的指引，决心深入到这个"将来可能很有前途"的领域。

恰巧在这个时候，他看到苏联人用化探方法找石油非常有效，已经出版了几本专著，而且成立了一个专门的局，叫做石油地球化学探矿局，有200多支队伍在全苏各地进行工作。

既然对金属矿化探有这么大的分歧，石油化探又这么有希望，他便提出一个口号，叫做"以石油养金属"，就是把大部分队伍改搞石油化探，只保留一个队做金属矿化探的研究工作。他读了苏联 В. А. Соколов 等人的几本石油化探专著，然后去讲课，训练工作人员，开始工作。

1955 年春，新中国开始全国范围的大规模的石油普查工作，父亲谢家荣在地质部第一次石油普查工作会议上作了题为"石油及天然气矿床的普查"的报告，提出了"在全国含油区和可能含油区内进行大规模的全面的地质普查是十分必要"的战略方针，其中就有专门的一节论述油气矿床的"地球化学的找矿标志"。谢学锦作为地质部普查委员会委员在这次会议上作了题为"石油普查的地球化学方法"的学术报告。报告介绍了 7 种普查石油的地球化学方法：气量测量法、岩心气测量法、沥青测量与发光沥青测量法、水化学法、壤中盐法、细菌法及氧化还原法和这些方法的综合使用。同年由地质出版社出版、谢家荣与黄汲清主编的《普查须知》中，收录了他写的一节"几种试验沥青及水化学指标的野外方法"[2]。

第一次石油普查工作会议结束后，他主持并先后安排了甘肃老君庙、

---

① 谢学锦访谈实录，2011 年 12 月 3 日，北京。资料存于采集工程数据库。

② 谢学锦：几种试验沥青及水化学指标的野外方法。参见：地质部普查委员会编：《普查须知》。北京：地质出版社，1955 年，第 194−205 页。

华北临清、青海柴达木、四川龙女寺、纳溪、新疆克拉玛依等地的石油化探试验，干了两年，也取得了一些效果[①]。

正在这个时候，苏联开了一个专门的石油化探会议的消息传来。听到这个消息谢学锦太高兴了，他认为苏联开了石油化探工作这么一个会议，一定有许多新进展、许多新信息，可资借鉴。但等到他把这个会议的资料弄到手，一看，糟了！这个会议全盘否定了化探找石油的方法。他们全盘否定的理由是：化探找石油方法的理论基础是，油气矿床中的石油、天然气及与之有关的其他物质，像甲烷、乙烷、丙烷等，能够从油层穿过覆盖层垂直地上升至地表来，在上升的过程中，这些微量的油气物质可以与岩石、土壤和水中的各种成分起作用，发生各种化学和生物化学的变化，全面地研究这些变化，就能根据这些变化的线索追踪到地下的油气田。但是地质学家们认为如果要有一个不透气的盖层才能够把油气保存起来，那么，如果漏气，油气就保存不了。因此说油气化探的理论基础是荒谬的。会议的决议说 В. А. Соколов 坚持的是错误观点，开始批判他，并作出决议要撤销石油化探局，解散那 200 多支石油化探队[②]。苏联老大哥的情况如此，恐怕中国的石油化探工作也会由此跌入低谷。

但是这个时候，国内金属矿化探方面的实际效果渐渐好起来了，冶金部门的更加好。于是谢学锦又转过来搞金属矿的化探了。但他坚持保留一个石油化探队，继续研究下去，因为谢学锦坚信，石油化探还是很有前途的。

挫折，曲折，没有什么大不了的。科学发展的道路从来就不是平坦的。他知道："在科学上没有平坦的大道，只有不畏劳苦沿着陡峭山路攀登的人，才有希望达到光辉的顶点。"[③] 谢学锦对化探的信心一点也没有动摇。

---

① 吴传璧：中国油气化探 50 年。《地质通报》，2009 年，第 28 卷第 11 期，第 1573 页。

② 谢学锦口述，宗道一等整理：向地球深处探宝（勘查地球化学家谢学锦院士口述）。资料存于采集工程数据库。

③ 马克思：1872 年 3 月 18 日，《资本论》法文版序言。参见：《马克思恩格斯全集》（第 23 卷）。北京：人民出版社，1972 年，第 26 页。

被划为右派

本来，早在南京解放前夕，在永利铔厂的时候，谢学锦就已经成为党员发展对象。永利铔厂前面提到的 5 人领导小组中有 3 个人是党员发展对象，一位是沈钧儒的侄子，一位叫李俊，还有一位就是谢学锦。前面两人都相继入了党，就谢学锦没入。他说："我还不够资格，还应该再努力。"

1957 年反右运动之前，他又被列为党的发展对象了。1956 年，正是知识分子大批入党的时候。那一年，邹光华（她后来是物探局局长）找到他，希望他入党，对他说："你是不是有顾虑？你和沈时全①之间有些矛盾，如果你怕让他做介绍人，可以请何局长（何善远，当时是物探局副局长）当你的介绍人。"原来，谢学锦跟沈时全常常拍桌子。一拍桌子，其他人都吓跑了，让他们两个人在那儿吵，谁也不来劝架。谢学锦对邹光华说："让我考虑一下吧。"

那时候物探局局长是顾功叙，是一位地球物理专家，何善远是副局长；顾功叙在科学院有工作，不常来地质部。论资历，虽然谢学锦只有 33 岁，但顾功叙之下就是谢学锦了。谢学锦非常怕的是什么呢？原来，当初成立地质部的时候，地矿司下面有一个物探处，一个化探处。后来成立了物探局，但没有设化探局。物探局下面设立了物探研究所，顾功叙兼任所长，业务包括化探。沈时全被调到物探局后，谢学锦被调到物探研究所负责化探工作。谢学锦担心自己入了党以后，要服从组织安排，顾功叙又不常来物探局，这样不只化探要自己管，物探也要管，两摊子他就得全管了。自

---

① 沈时全（1924-2016），1946 年 5 月在北京大学学习期间加入中国共产党。1950 年 1 月至 1952 年 9 月在重工业部办公厅工作，担任何长工代部长秘书。1952 年 9 月—1966 年 6 月历任地质部行政组、教育司、地矿司科长、副处长、处长、地质部地球化学探矿筹备组组长、物探局化探科科长等职。1975 年 9 月—1980 年 4 月任中国地质科学院情报所业务负责人。1980 年 4 月起历任地质矿产部科技局处长、副局长，地质矿产部科学技术高级咨询中心常务副主任、地质矿产部科学技术顾问委员会秘书长（正局级）。1994 年 6 月离休。

己主攻的是化探，如果兼管物探，又得去看不熟悉的东西，深入学习又会浪费本应投入到化探上的时间。他希望多做具体研究工作，不愿意当官。也就只因为这个原因，他不愿意入党。

他这样思考了两天后，回答邹光华说："我觉得我还不够入党条件，还需要好好学习，再等一等。"

"这很遗憾。我们本来希望你能够承担更多的责任，你不入党，那就不好办了。"邹光华说。

邹光华的这句话让他心里忐忑不安。有一天在顾功叙的办公室里，刚好邹光华也在场，大家一起聊天的过程中，他说了一句："其实我不入党，也可以做事。层层领导都要党员，好像没有这个必要吧。"

到了"大鸣大放"的时候，要党外人士给党员提意见。他正要出差，平时非常器重他的周镜涵非要他留下不可，说："你一定要留下来提意见。"

谢学锦当时是小组长，领导一个小组的大鸣大放。因为谢学锦跟党内领导人的关系都很好，私人感情不错，他认为小组里有些人说话太过火，把领导骂得一塌糊涂，实在不应该，于是，谢学锦就和稀泥。到后来，储安平发表那篇"党天下"①的文章后，他那个小组里有人为之叫好，但谢学锦觉得储安平的话说得有点过火。后来有人问谢学锦："我们都不知道储安平是谁，你知道不知道？"他回答说："当然知道了。他在新中国成立前办过《观察》，文章写得非常好，是一个党外的英才。"

"大鸣大放"的时候，先是在所里头谈，后来请谢学锦到部里去谈。虽然他挺不愿意去，也还是去了。谢学锦坐在会场上，一直没发言。

会议快结束时，部长助理李轩对谢学锦说："哎，你怎么还没发言？你发个言吧。"他这才讲了两点：一点是研究工作计划性不能太强，因为研究工作往往有出乎意料的发现，计划性太强了不好，要给研究人员一定

---

① 储安平（1909-1966），江苏宜兴人。民国时期著名评论家，《观察》社长和主编。新中国成立后曾出任新华书店经理、光明日报社总编、九三学社宣传部副部长等职。1957年6月1日储安平在统战部座谈会上发表《向毛主席周总理提些意见》，次日，《人民日报》《光明日报》在显要位置刊登。

的自由度，他爱干什么就干什么；另外一点是，出国去参加学术会议，最好是写论文的人去，不要没有写论文的人去，写论文的人倒不能去。这后一点当然是有所指的，指的就是他从前的老搭档——跟他在南京实验室里共同工作过的陈四箴，当时是南京实验室的主任。当初在南京试验室，他们俩相处得很好，后来谢学锦被调到北京，最终进了物探所；陈四箴也被调到北京，当了中心试验室的主任。一次在苏联举行分析化学会议，提交论文的殷宁万没能去，没有交论文陈四箴却去了，因为他是主任。他说的就是这件事。

反右派运动开始的时候，物探所还让谢学锦进了核心领导小组。到了地质部批判他父亲谢家荣的时候，所里对谢学锦说："你是不是暂时不参加核心小组了？回避一下。"那时所里的运动已经快要结束了，他是核心小组的，小组的计划他都知道，还有两个人需要再批判一下，定案，就算结束了。但就在批判他父亲谢家荣的第二天，陈四箴到部里去发言，说谢学锦和谢家荣唱的是一个调子。陈四箴这个发言在"快报"上一登出来，地质部政治部马上打电话到物探所，查问他现在是什么状态。物探所吓坏了，马上把批判那两个人的事情全都停下来，转而批判谢学锦了。他在会上一一反驳了陈四箴说的话，批判进行不下去了。停顿了整整一个星期。这期间，所里就整顿"右倾"思想。最后，邹光华把他说的"不要层层领导都要党员来当"的话说出来了，说这跟储安平的"党天下"是一个调子，尤其是他还说过储安平"是一个党外的英才"。这就是"重大突破"了——找到了"反党"言论；而他的"反苏罪状"是现成的——反对苏联专家，跟苏联专家顶嘴。

除此之外，他的实验室对面有一个厕所，经常往外漫水，他曾经说过："怎么连一个厕所都管不好。"有人就说了，这句话可厉害了，说连一个厕所都管不好，不就是反对党的领导吗！

于是，他和他父亲一样被划为右派了[①]。

[①] 1979年1月18日中国共产党国家地质总局党组《关于谢学锦同志右派问题的改正结论》全文如下：

"谢学锦，男，现年55岁，上海市人，家庭出身自由职业，本人成分学生，大学毕（转下页）

　　那时候，所里的领导、局里的领导，他们也搞不清楚划为右派意味着什么，更不知道后果是什么。当天在会上宣布他是右派分子之后，副所长冯善俗马上找他谈话，对他说："虽然你犯了这么大的错误，但是工作还得做，你还得做你的领导工作。"

　　当时他是室主任，每星期开一次例会，然后各组在会上汇报研究工作。汇报以后看看还有什么问题，大家讨论，提出解决办法。他还照样召集开会。这样过了几个星期之后，忽然有一天有人贴出大字报来，说：谢学锦这个右派分子，人还在，心不死，还在那里想要向党夺权。于是马上采取措施，撤销他的室主任职务，换一个行政干部来领导。

　　后来，整个地质部所有的右派分子都"下放"了，就3个人例外：一个谢家荣，一个李春昱①，他们被称为"翁文灏的哼哈二将"：一个是矿产测勘处处长，一个是地质调查所所长；还有一个，就是谢学锦。谢学锦本

　　（接上页）业。1949 年 11 月参加革命工作，1952 年来物探局物探所工作，任 7 级工程师。1958 年 1 月划为右派分子，由 7 级工程师降为 9 级工程师，现仍在物探所工作。

　　"根据中共中央〔1978〕55 号文件精神对谢学锦同志 1958 年划为右派分子的言论进行了查证，现结论如下：

　　"谢学锦同志在整风'反右'斗争中，对储安平的看法问题，三反问题上说了自己的看法和意见。不是右派言论。至于对苏联的一些看法上并没有错。根据中共中央〔1978〕55 号文件精神和《划分右派分子的标准》规定，划谢学锦为右派分子属于错划，应予改正。决定撤销 1958 年 1 月地质部物探局整风领导小组划谢学锦同志为右派分子的结论，恢复原技术 7 级工资待遇，工资自 1978 年 10 月开始执行。"

　　"此外，地质科学研究院革命委员会 1979 年 10 月 18 日书面通知物探所改正谢家荣的右派问题，全文如下：

　　"陕西蓝田物探所：

　　"你处谢学锦同志的父亲谢家荣同志右派问题，根据中共中央 1978 年 55 号文件精神，国家地质总局党组决定，予以改正，恢复政治名誉，恢复原工资待遇。你处如有其右派问题的证明材料请自行销毁。此致敬礼"。

　　① 李春昱（1904-1988），河南汲县人。区域地质、构造地质学家。1928 年毕业于北京大学，1937 年获德国柏林大学博士学位。1938-1942 年任四川地质调查所所长，1942-1949 年任原中央地质调查所所长。新中国成立后历任东北地质矿产调查总队总队长、中国地质工作计划委员会委员、渭北煤田普查大队队长、地质部北方总局总工程师、全国区域地质测量局技术负责人、中国地质科学院地质研究所研究员。1980 年当选中国科学院地学部学部委员。早年与谭锡畴在四川盆地和川西高原进行长期地质矿产调查，其预测的中梁山煤矿经钻探得到证实。20 世纪 50 年代领导陕西煤田地质勘探工作。60 年代参加组织领导全国区域地质调查工作，有诸多贡献。70 年代倡导并参加板块构造研究，是中国板块构造学说研究的主要代表人物之一。

来是要被下放到四川省地质局物探队的，但周镜涵力保[①]，说"要留着老母鸡下蛋"，为中国化探培养人才。这样，谢学锦才被留了下来[②]。

　　谢学锦不能做领导工作了，但还让他做技术工作。谢学锦壮志未已，仍然一门心思开展地球化学研究工作，很快开始了热液矿床原生晕的研究。

---

　　① 周镜涵，时任地质部物探所副所长，后任地质部物探局副局长。
　　② 谢学锦口述，宗道一等整理：向地球深处探宝（勘查地球化学家谢学锦院士口述）。资料存于采集工程数据库。

第四章
与苏联学者并驾齐驱的原生晕研究

脚 踏 实 地

矿体或矿石都长在岩石中，是在当时的经济技术条件下能够为人们开采、利用的岩石，而其周围的不能够为人们开采、利用的岩石则称为围岩。矿床形成时，成矿流体在地下深处，将铜、铅、锌等成矿元素在某个位置上卸载富集成矿，其残余的流体还会继续向上升几百米甚至上千米，在矿体或矿石四周的围岩中继续卸下残余的成矿元素或与之有关的化学物质，形成一个圈，像圣者头上的光环一样，其中的成矿元素或与之有关的化学物质浓度远远超过围岩中相应元素或物质的浓度，这样一个圈就是所谓原生晕。原生晕找矿法研究主要在已知矿床（特别是深埋地下、没有露头的盲矿）的钻孔中和地表进行系统采样、分析，以勾绘出原生晕围绕矿体的三度空间分布。根据所得的结果在未知区进行地表工作，以找寻盲矿。

谢学锦进入勘查地球化学领域时，这种原生晕找矿法在国际上只有

10 多年的历史，主要在苏联使用。苏联做得最好的是 Н. И. Сафронов。在国内，最早研究原生晕找矿法的就是谢学锦，早在 1954 年时，他就主要依据苏联的文献，在《地质知识》杂志上发表了《原生晕找矿法》的文章[1]。

西方学者认为原生晕没有什么意义，因为他们发现，原生晕在很短的距离内，变化就非常大，难有规律可循。西方国家在其原生晕研究的早期文章中，都是这种观点，所以在西方，原生晕的研究没有能够发展起来[2]，直到 20 世纪 80 年代，西方的原生晕研究都是非常落后的。

原生晕真的在很短的距离内变化就非常大，因而没有规律可循吗？谢学锦不大相信。他知道，英国人 J. S. Webb 在做地球化学图时，曾经用过一种移动平均法。可以用这种方法平滑数据，以研究数据分布的趋势。他决定将这种移动平均法用来进行原生晕的研究，看看究竟会是什么情况。利用钻孔岩心分析资料进行研究的结果表明，利用 5 点移动平均法对数据进行处理后，在相当范围内，原生晕的变化还是非常有规律的。

在物探所主任工程师赵文津的大力支持下，1959 年在物探所内成立了由谢学锦和邵跃负责的原生晕方法研究组，制订了一个庞大的原生晕研究计划，正式开始了原生晕的研究。按照这个计划，1959 年 6—8 月，谢学锦与程敬慈赴湖南桂阳县黄沙坪锡石－铅锌矿区、邵跃和何式章赴辽宁凤城县青城子铅锌矿区、陈洪才赴安徽贵池县铜山矽卡岩铜矿区，分别进行工作：仔细研究地质情况、拟定和部署样品的采集和分析。他们在 3 个矿区共采集了土壤、岩石（含地表基岩和钻孔岩心）样品约 3500 件。

谢学锦在认真研究了上述矿区的原生晕后，得出了一些非常重要的结论，并将这些结论充分反映在他 1960 年 3 月写成的《铅锌及铜矿床中原生晕的初步研究（初稿）》中。这些结论中主要有[3]：

（1）所研究矿区的盲矿带或盲矿体上方的地表基岩中都存在金属异

---

[1] 谢学锦：原生晕找矿法。《地质知识》，1954 年，第 5 期，第 37—40 页、42 页。

[2] 谢学锦访谈，2012 年 8 月 1 日，北京。资料存于采集工程数据库。

[3] 谢学锦：铅锌及铜矿床中原生晕的初步研究（初稿）。存地同上。

常，但极少有矿化，说明原生晕方法比肉眼更能有效地找寻盲矿；

（2）不同类型矿床中原生晕的形态与分布模式各不相同：在黄沙坪矿区，矿化晕与矿化带的范围大致相符，但很不均匀；在青城子矿区，矿化晕与无矿晕都呈线状分布，且相互分离；在黄沙坪东南和铜山，矿化晕范围远大于矿化带。

（3）不同类型矿床原生晕的组分特征各不相同：①黄沙坪锡石－铅锌矿：东部铅锌矿体四周的矿化晕中含 Pb、Zn、As，Cu 出现在矿体下盘，东南部矿体四周的矿化晕中含 Pb、As、Zn、Mn、Mo、Sn，Cu 出现在下盘；原生晕组分的水平分带非常明显，且与矿床的分带相吻合；②青城子铅锌矿：矿化晕中含 Pb、As、Zn、Cu 及 Ag，可以根据 Pb、As 及 Cu/Pb 比值区分矿化晕与无矿晕；③贵池铜山铜矿：矿化晕中含 Cu 、Zn 及 As，Zn 及 As 在矿化带上盘，Cu 在下盘，原生晕组分的垂直分带明显。

（4）不同矿区原生晕对找寻盲矿的意义：

①黄沙坪锡石－铅锌矿：根据土壤中 Pb、As 的异常圈出有远景的地段；根据地表基岩中 Pb、As 异常圈出矿化带的大致位置；根据地表基岩中 Pb、As、Zn、Cu 、Mn、Mo、Sn 等指示元素的组合特征，初步推测地下盲矿带的矿石组分及分带特征；研究普查钻孔中的金属含量变化形式及组合特征，可以确定未见矿钻孔附近有无盲矿存在，减少漏掉盲矿的可能性。

②青城子铅锌矿：根据土壤中的 Pb 异常能大致圈定矿化带的位置；根据地表基岩中 Pb、Zn 及 Cu/Pb 比值圈出含矿断裂带；根据 Pb、As 及 Cu/Pb 比值的综合评价指出最可能的盲矿地段；综合评价钻孔中的 Pb、As 及 Cu/Pb 比值，区分矿化晕与无矿晕，结合地表地球化学异常与地质观察，指导钻孔定位。

③贵池铜山铜矿：根据土壤中 As 及 Cu 的异常圈出最有远景的地段；在山地工程中分析基岩样品中的 Zn、As 及 Cu，检查土壤异常的可靠性；根据钻孔岩心中 Zn、As 的含量变化，预测下方有无盲矿存在。

青城子矿区的巨大成功

依据原生晕方法研究组的研究结论，确定青城子矿区以 Pb 含量大于 300ppm、As 含量大于 100ppm 及 Cu/Pb 比值小于 0.2 的地球化学异常与有经济价值的矿化有关。

青城子矿区的赵家南沟发育煌斑岩脉和成矿前的断裂带，是该地地质上已知的良好的找矿标志，但冶金 106 地质队在该地打了几个普查钻孔都没有见到矿，使得该地进一步的勘探工作无从下手。1959 年底，应用上述地球化学指标对该区的勘探工作进行重新评价。

在赵家南沟 13 号勘探线上的一个未见矿普查钻孔中，重新取岩心样进行分析，发现了两段异常高峰。上面的一段位于煌斑岩脉下盘与厚层大理岩的接触带上，下面的一段位于厚层大理岩中的断裂带上。两段异常高峰都符合 Pb 含量大于 300ppm、As 含量大于 100ppm 及 Cu/Pb 比值小于 0.2 的条件，下面一段的异常强度更高。考虑到该区盲矿的一般产状，在沿断裂带方向上距此孔 100 米处布置了一个钻孔，施钻的结果在上部煌斑岩脉下盘的厚层大理岩接触带上发现了不够工业品位的铅锌矿化，而在下部厚层大理岩的断裂带中发现了铅锌工业矿体。

这个钻孔的成功给了人们极大的鼓舞。接着应用同样的方法检查过去未见矿的钻孔，新发现了好几个铅锌盲矿体，大大扩大了青城子矿区的远景，指出了新的找矿方向。

为此，地质部和冶金部于 1960 年 4 月在青城子联合召开了全国原生晕找矿现场会。出席会议的不仅有地质部和冶金部各省的地质机构以及各研究机关，还有大专院校的代表。会议由地质部地质科学研究院朱效成副院长主持，会上系统介绍了青城子矿区原生晕找矿方法的研究成果，交流了生产工作中的经验，统一了认识，一致认为原生晕找矿方法是一种多快好省的新方法、新技术，可以大大提高地质工作效率，节约大量勘探工程，因而需要采取各种措施，加以推广。

青城子现场会上的报告，包括与青城子有关的几个报告和一篇总结性的报告，即《热液渗滤晕的几何模式与组分特征》[①]，基本上都是谢学锦写的。但因为是"右派"，谢学锦不能在会上作报告，他只能先给代讲人讲解，再由代讲人作报告[②]。

青城子现场会后的几年中，又在青城子矿区及其外围运用原生晕找矿法进行了大量详细的地质和钻探工作，发现了更多的盲矿体。

由于青城子铅锌矿床发现于20世纪40年代，到60年代已经濒临枯竭，似乎它将要"寿终正寝"了。而以赵家南沟盲矿的发现为开端的原生晕找矿法的成功使这座即将关闭的矿山得以起死回生。

赵家南沟盲矿的发现更开创了原生晕找盲矿的历史，是化探在中国地质界的极大成功，它因此后来被写进了中文的勘查地球化学教科书中。

没有能够出版的原生晕著作

青城子现场会后一个月，即1960年5月，谢学锦又写成了一本近10万字的专著《原生晕找矿方法的理论基础与工作方法》[③]，内容包括：原生晕研究的历史与现状；原生晕的形成与晕的几何模式；原生晕的组分特征、原生晕形成的因素；蚀变晕、地表附近原生晕的变化；原生晕找矿的工作方法、应用的快速分析方法；资料整理、原生晕方法在普查勘探工作中的应用；原生晕找矿工作的实例和原生晕找矿工作今后的任务。

接下来的三年中，他又和项目组的同志们一起赴几个矿区进行进一步的研究，足迹遍布长江中下游地区的安徽铜陵铜官山、凤凰山、狮子山铜矿区、广东曲江县大宝山铜多金属矿区、广东仁化县凡口铅锌矿区、湖南桂阳县黄沙坪铅锌矿区、辽宁开原县关门山铅锌矿区、辽宁凤城县青城子

---

① 谢学锦：热液渗滤晕的几何模式与组分特征。资料存于采集工程数据库。
② 谢学锦访谈，2012年8月1日，北京。存地同上。
③ 谢学锦：原生晕找矿方法的理论基础与工作方法。存地同上。

铅锌矿区、河北承德寿王坟铜矿区和内蒙古索伦山铬铁矿区等。

科学研究离不开深入的调查，和此为基础而进行的认真思考和缜密研究。青城子现场会后，又在青城子外围进一步开展工作。青城子矿区在现场会之前做的是钻孔工作而不是地表工作，利用钻孔岩心取样分析，发现了前缘晕，然后打钻，在深部打到了盲矿。后来在矿区外围，采集地表岩石样品进行分析，却发现不了异常。这是为什么呢？经过深入的调查和认真的思考后，谢学锦发现，青城子地区地表出露的都是比较坚硬的围岩，不含矿，

图 4-1　1960 年 5 月完成的专著《原生晕找矿方法的理论基础与工作方法》

采集和分析这样的岩石样品当然发现不了异常；含矿的岩石、有异常的岩石都风化了，都变成土壤了，因此在比较低洼的地方采集风化而成的土壤样品，发现了异常。关门山等几个邵跃负责的矿区，此前地质学院也已经在那里做过工作，他们在关门山已知矿上拉了一条剖面采样，结果什么异常也没有发现。谢学锦到矿区考察，发现这里风化作用强烈，岩石一碰就碎，碎石之间、岩缝里都是红土。他在合作社商店里买了一个漏勺，用它做筛子，把碎石块筛掉，分析筛出来的岩缝里的红色碎末，发现了显著的异常[1]。

后来采用这样的方法，又经钻探验证在铜陵凤凰山宝山陶地段、狮子山大团山地段及冬瓜山地段，发现了大的铜矿床。

与此同时，在青城子现场会后，有更多的研究单位和生产单位开展了原生晕找矿方法的研究与实践，并在许多地区成功地找到了盲矿体，例如

---

① 谢学锦访谈，2012 年 8 月 1 日，北京。资料存于采集工程数据库。

在东北的杨家杖子、关门山、河北的寿王坟、广东的大宝山，以及在安徽、浙江、湖北、云南、四川等省也有许多实例。

在从1959年开始的几年里，他领导研究组从事的原生晕研究，不仅有采用原生晕找矿法找到盲矿的许多成功案例，而且在原生晕理论研究领域也取得了丰硕成果，主要有：

（1）与苏联的勘查地球化学家各自独立地进行了对矿床原生晕几何特征的研究。由于采集和分析了许多矿床的大量地表基岩与钻孔岩心样品，因而获得了描述比国外文献更加清晰的热液矿床原生晕的三度空间图像，提出并规范了原生晕几何形态、规模、内部结构的统一描述方法和术语[①]。把一个简单地围绕矿体四周的原生晕分成前缘、尾部、毗邻及侧面部分几个部分：（图4-2）。

前缘异常：指成矿流体在离开主要沉积成矿地点后，残余流体继续沿着通道系统前进时所形成的异常。对倾斜矿体而言，它往往是自矿体上翘之处沿构造带延伸方向上的金属高含量带。当时西方国家将此称为渗滤晕，苏联的文献称之为矿上晕。

尾部异常：指成矿流体在尚未到达沉积成矿地点之前，在流体通道中形成的异常。对陡倾斜矿体而言，它往往是沿矿体向深部方向延伸的金属高含量地带。

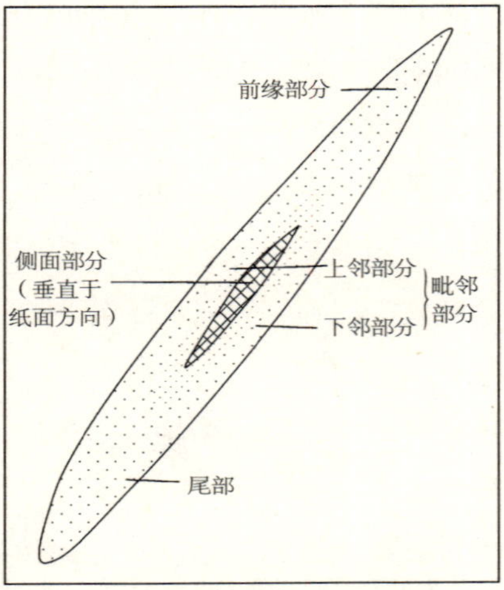

侧面异常：指沿矿体走向延伸方向上的金属高含量地带。

按照形态，原生晕大致可以分为两类：线状晕和非线状晕。线状晕发育于致密围岩的孤立通道（狭窄的断层或裂缝）中，其特点是在前缘部位可以延伸数百米（特别是主要成矿元素），但很窄，一般只有几米至10～20米；非线

图4-2　单一原生晕的几何模式

---

① 谢学锦：《区域化探》。北京：地质出版社，1979年，第19-21页。

状晕则赋存于宽阔的破碎断裂系统、层间裂隙带或多孔性岩石中，最简单的是带状晕和等量度晕。

原生晕按照各部分发育的规模及其与矿体空间位置的关系可以分为同心晕与偏心晕；并不围绕矿体四周的原生晕则称为离心晕。

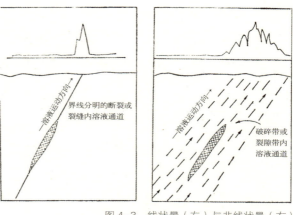

图 4-3　线状晕（左）与非线状晕（右）

单一晕与复合晕：单一矿体四周的晕称为单一晕。当若干个矿体四周的晕相互连接在一起时，则称为复合晕。在许多情况下，单一晕与复合晕具有相似的形态特征，只是范围有所扩大。但在某些情况下，复合后的晕的形态特征有所改变。若干矿体四周的线状晕复合后可以形成内部结构极不均匀的带状晕。若干等量度晕复合成的复合晕具有复杂的形态，而且不

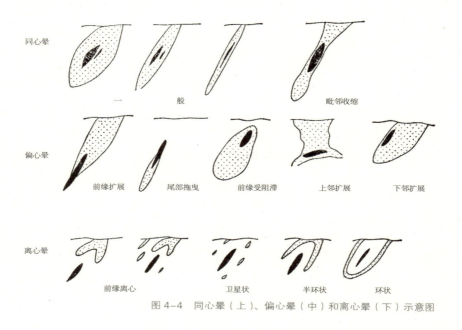

图 4-4　同心晕（上）、偏心晕（中）和离心晕（下）示意图

再是等量度的。

简单晕与复杂晕：若干原生晕是在一个通道系统内的，称为简单晕。当有几组通道系统相互交叉时，成矿流体在其中运移的结果，就形成了复杂晕。

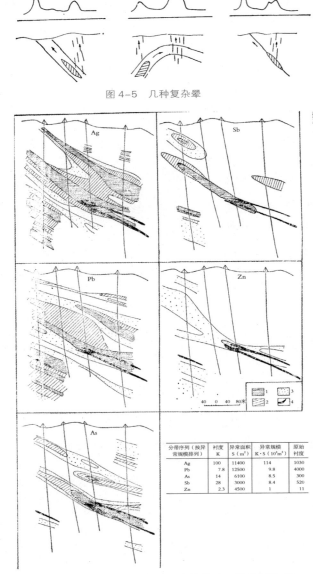

图4-5　几种复杂晕

晕的内部结构：原生晕是不均匀的，存在着以矿体为中心向外浓度递减的趋势。按浓度梯度的变化可以划分为三个浓度带，从矿体边缘向外依次为内带、中带和外带，由内向外，元素含量逐渐降低。这种浓度分带在矿床勘探阶段判断晕与矿体的关系时非常有用。图4-6是辽宁青城子厚层大理岩中钴锌矿四周的原生晕的分带。

这些描述方法和术语在国内得到广泛的使用，为更广泛而深入的研究以进一步完善原生晕找矿法和解释推断方法奠定了基础。

（2）发现了原生晕的各种组分分带现象，获得了若干显明的例

分带序列（按异常规模排列）	衬度 K	异常面积 S（m²）	异常规模 K·S（10⁴m²）	原始衬度
Ag	100	11400	114	1030
Pb	7.8	12500	9.8	4000
As	14	6100	8.5	300
Sb	28	3000	8.4	520
Zn	2.3	4500	1	11

图4-6　辽宁青城子厚层大理岩中钴锌矿四周的原生晕
（1－内带；2－中带；3－外带；4－矿体）

证，总结归纳了通用的分带序列、矿石组分与原生晕组分之间存在的规律性关系，据此可以分辨矿致异常与无矿异常，预测盲矿的深度和矿石的组分特征。

苏联学者 A. A. Беус 和 C. B. Григорян 根据苏联的资料进行综合研究，提出了这样的原生晕"典型分带序列"：Ba—（Sb，As_1，Hg）—Cu_1—Cd—Ag—Pb—Zn—Sn_1—Au—Cu_2—Bi—Ni—Co—Mo—U—Sn_2—As_2—Be—W。

这种分带有轴向分带、横向分带和纵向分带之分。在序列前端的元素，如 Ba、Sb、As、Hg、Ag 等主要发育于晕的前缘部位，而序列后端的元素，Bi、Ni、Co、Mo、Sn、W 等则主要发育于晕的尾部。在大多数情况下，横向分带与纵向分带是一致的，前缘元素的晕往往比尾部元素的晕更为宽阔。

谢学锦依据自己和小组研究所获得的资料而得出的原生晕分带序列与苏联"典型分带序列"基本上一致，但发现 Cu_1、Cd 和 Au 的位置不一定恰当[①]。

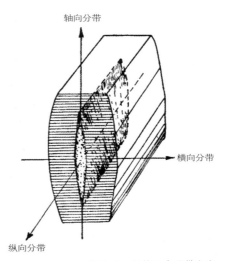

图 4-7 晕的几个分带方向

（3）对热液矿床原生晕的指示元素进行了研究，并得出有意义的结论。除 Cu、Pb、Zn 外，还研究了 As、Hg、Ag、Cd、Mn、Fe、Se、Ga 等元素，特别是对作为铅锌及多金属矿床指示元素的 Ag 和 As，使用了灵敏度极高的分析方法，获得了大量第一手资料，取得了比国外更大的进展；对 Hg 作为铅锌矿床指示元素的研究也获得了一些新的有意义的结论。

（4）制定了一系列分析岩石中微量元素的快速比色方法、斑点方法及光谱半定量方法，在分析领域内最突出的进展有三：①研究了半定量光谱分析误差的理论分布，使用水平电极撒样法，并设计了各种读谱识辨率的

---

① 谢学锦：《区域化探》。北京：地质出版社，1979 年，第 21—25 页。

设备，从而使光谱方法在识辨率、重现性及灵敏度大大提高，达到了可与化学方法相抗衡的水平，从而大大提高了半交量光谱分析法在原生晕研究中的作用；②研究使用冷酸和冷的柠檬酸盐提取岩石中的 Cu、Pb、Zn，获得了很好的地质效果，使得分析方法更加简便快速，并为研究晕中金属的存在形式提供了新的资料；③制定了一些灵敏度极高的分析方法，即 Hg、Se、Cd 的比色法，Ag 的光谱半定量法，对研究这些元素在原生晕中的特征起了很大作用。

（5）提出了对裸露地表的基岩岩石中的异常及残积土异常的评价准则，包括根据多元素异常组分特征推测矿化类型，根据异常面积评价矿化规模，根据异常面积与地表矿化出露情况判断矿体被剥蚀的水平，根据前缘晕与尾部晕元素的比值及原生晕内部结构推测矿体埋藏深度等。

（6）制定了根据地表异常及钻孔中异常追踪盲矿的原则与程序。

上述研究与应用的成果在当时与苏联同处在国际领先水平，是西方国家不能望其项背的。但是，非常遗憾的是，《原生晕找矿方法的理论基础与工作方法》一书并没能出版。

但是，截至 1963 年，关于原生晕的研究成果只零星散布于国内外文献中，国内的研究成果大多没有发表，至于它的理论基础则无论是国外还是国内，都还没有进行过系统的探讨，工作方法也没有发表过完整的叙述。这种情况对于原生晕的研究和在生产中的应用无疑都是非常不利的。

有鉴于此，谢学锦决定撰写一本专著，全面、系统地阐述国内外，尤其是中国在原生晕理论研究和生产实践中所取得经验与成就，并在 1963—1964 年间，写出了共九章 16 万字的《地球化学岩石测量的理论基础与工作方法》的专著。

专著写好了，交给了当时的一位负责人，地质出版社请他审查，这位负责人压了一年多，不予理睬[1]。最后在众多人的传阅中，稿件丢失了几乎一半（现在找到的只有第一、第五、第六、第七、第九章[2]），使这

---

[1]　谢学锦口述，宗道一等整理：向地球深处探宝（勘查地球化学家谢学锦院士口述）。资料存于采集工程数据库。

[2]　谢学锦：地球化学岩石测量的理论基础与工作方法。存地同上。

部在当时是该领域内与苏联并列世界领先水平的著作最终没有能够出版，仅其第五章“工作方法”与第七章“资料整理与解释推断”合起来以“地球化学岩石测量的工作方法与解释推断方法”为题，由《物探化探研究报导（道）》（内部资料）1965年第5期刊载，得以保存下来，成为中国20世纪六七十年代化探工作者必读的文章和工作手册。

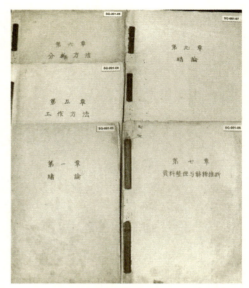

图4-8　仅存的《地球化学岩石测量的理论基础与工作方法》手稿

物探化探研究报导

（内部資料）

5

1965

地質部地球物理探矿研究所編

地球化学岩石測量的工作方法与解釋推断方法

謝学錦　邵　跃

工作方法

原生暈方法在普查找矿中应用的时間还很短，目前生产工作者还只能根据自己的經驗及文献上的知識来安排工作。在制定完整的工作規范的条件尙未成熟前，把文献上有关这方面的資料与我們已有的一些經驗加以整理，对于今后原生暈找矿工作的开展无疑是有好处的。

試驗研究工作

在目前情况下，在每一地区开展工作时，事先的試驗研究非常必要，即使在将来制定了詳細的工作規范，这种研究工作仍旧无法被其他工作代替。矿床原生暈以及其他类型的原生异常往往是复杂的，每个地区的情况都会有所不同。往往会有难以预料的因素影响了某一地区原生异常的一般特征。如果事先对該地区的这种因素未加掌握，在布置工作及进行解释推断时就具有一定的盲目性。因而选定已知地点进行事先的試驗研究，然后再在其四周条件类似的未知地区进行工作，这种从已知到未知的工作方法是較正确可靠的工作方法。对已知地区原生暈了解的詳細程度往往是在类似的未知地区找矿成敗的关鍵。

这种工作方法不仅是合理的而且也是具体可行的。原生暈方法的作用主要是找盲矿，而盲矿在絕大多数情况下应在已知矿地区的外围找寻，因而在实际工作中，选取进行事先試驗研究工作的地点往往并不困难。

在这类工作中应該研究已知矿床原生暈的各种特征，包括形态、延伸特征及延伸方向、寬度、强度、均匀性、浓度梯度变化与矿体空間位置关系，以及暈中組分的特征等等。研究的詳細程度随暈的复杂性及工作任务的难易而有所不同。

根据这些研究資料，結合工作者过去的經驗及知識来决定在其后的生产工作中所选用的工作方法，如采样技术及采样对象、采样网的布置、分析方法以及所用的指示元素。

应該运用那些能获得最好地质效果的工作方法，但同时必須要有經济观点。要在可以获得同样地质效果的情况下，选用工作量最小、最經济并最节約时間的工作方法。这些都必須依靠已知矿地区的事先試驗研究工作才有可能确定。

在事先的試驗研究中还可以大致估計到原生暈方法在該一地区可能起的作用以及可以解决的問題，从而决定它与其他普查勘探方法如何配合使用。

— 1 —

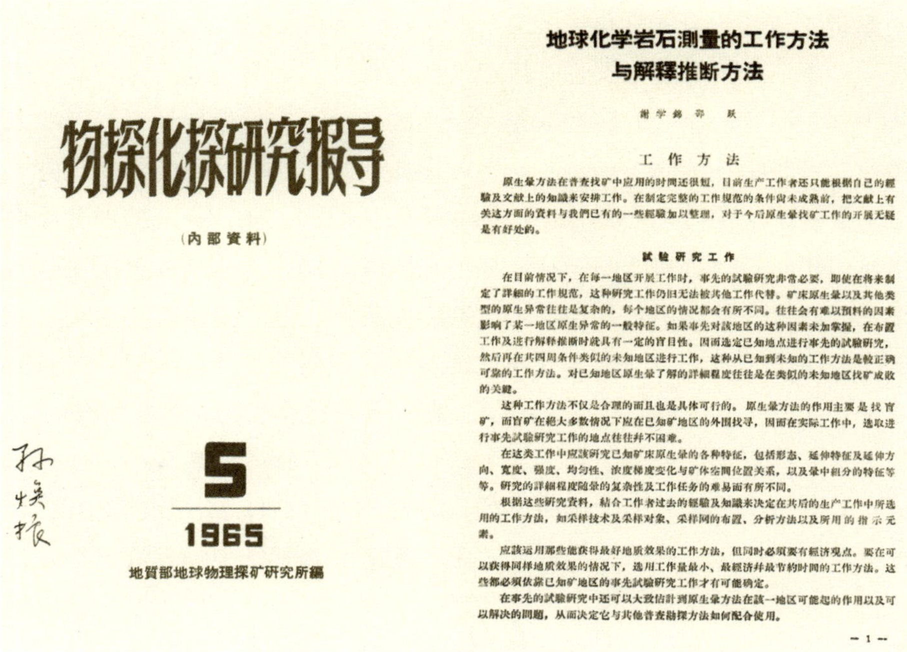

图4-9　刊载《地球化学岩石测量的理论基础与工作方法》第五章和第七章的《物探化探研究报导（道）》1965年第5期

第五章
走在世界前列的区域化探全国扫面计划

　　《地球化学岩石测量的理论基础与工作方法》写完了，全国掀起了利用原生晕找矿的高潮，地质部系统和冶金部系统都在做这件事。但是，谢学锦不满足。父亲"Be not lost in detail"的教诲总在他脑海里回荡，提醒他要清醒地看到细节在全局中所处的地位。十多年的工作使他充分认识到，尽管原生晕的研究获得了巨大的成功，但它仍然处于一种战术地位，只是跟在地质工作后头走，就是在地质资料已经很丰富的基础上进一步找矿，不过是一种辅助性的找矿方法而已。他认定，勘查地球化学这门科学应该取得战略地位。他要把勘查地球化学从战术手段提高到战略的高度，把这确定为自己一生努力的目标。他一生最大的抱负就是要使地球化学找矿方法成为战略性的、指导全局的方法，能够迅速覆盖几千、几万平方千米的方法。所以，他不满足于原生晕研究取得的成功，尽管是轰动学界的成功。在用原生晕找矿法找寻盲矿的热潮中，他毅然决定转动方向盘，将他学术研究的车轮转向他梦寐以求、规模宏大、令世界震惊的领域：弄清元素周期表中几乎所有元素在中国大地上的分布状况，使勘查地球化学成为地质找矿的引路者。然而，要实现这一目标就需要进行大规模的、全国范围的区域化探——地球化学填图。他知道，这条道路是漫长的，艰辛的，但他同样知道："在科学的道路上，是没有平坦的大路可走的，只有在那崎岖山路上勇于攀登不畏劳苦的人们，才有希望到达光辉的顶点。"

四川山区的调研

国际上的区域化探始于 20 世纪 50 年代。最早的是苏联的索洛沃夫（А.П.Соловов）等人于 1950 年在哈萨克斯坦中部开展的 1 : 5 万土壤金属量测量工作。当时开展这项工作的思路是先进的，因为它试图摆脱化探在矿产勘查中的从属地位，让它在普查中发挥独特的作用。他们以 500m × 50m 的网度，采集土壤样品（平均采样密度为 80 个 /km²），以半定量光谱分析方法进行分析。这种分析方法在当时也是胜任的，足以发现 Cu、Pb、Zn 等许多成矿元素在矿体附近的强异常，故而取得了很好的找矿效果。但苏联接着推行的 1 : 20 万路线金属量测量，采样密度大致为 5 个 /km²，这样的采样密度使大部分样品中成矿元素（除 Cu、Pb、Zn 外）的含量用半定量光谱分析方法都检测不出来，其严重的系统误差也难以实现使化探成为战略性方法。

中国的区域化探开始于 20 世纪 50 年代中期。当时世界上还只有苏联和中国执行这样大规模的、全国性的区域化探计划，使用的就是上述苏联的 1 : 20 万路线金属量测量。1956 年中苏合作队在南岭、大兴安岭及秦岭地区进行的 1 : 20 万区域地质调查中都顺便开展了同比例尺的路线金属量测量：沿着间距为 1 ～ 2 千米的地质观测路线，按照 100 ～ 200 米的间距，采集土壤样品，用半定量光谱分析方法分析 20 ～ 30 种元素的含量，挑选很高的异常值标在地质图上。其后在全国每一幅 1 : 20 万区域地质填图中都同时进行了同比例尺的这种路线金属量测量工作。

但此时英国人韦布（J.S.Webb）及其同事根据他们在非洲许多地区的研究成果得出了这样一个结论：水系中的细粒沉积物中的元素含量可近似于其上游汇水盆地中岩石或土壤中的平均含量。

有鉴于此，当中国地质系统沿用上述苏联的路线金属量测量时，谢学锦就曾经给地质部写过报告，建议用水系沉积物测量取代路线金属量测量，但当时强调学习苏联，这个建议未被采纳。只是到了后来，来了一位名叫克拉斯尼科夫（В.И. Красников）的苏联专家，他特别推崇水系沉积物测量；因为他的推崇，地质部终于批准了这方面的研究[①]。于是有了1958—1960 年在南岭地区和川西北地区开展的 1∶5 万水系沉积物测量、1960—1962 年在燕山地区开展的 1∶20 万水系沉积物测量[②]。

虽然如此，但这些水系沉积物测量工作并未引起人们足够的重视。

四川省地质局物探大队于 1960 年开始进行"米易幅"宁南地区 900km² 范围内水系沉积物测量，直到 1964 年，采样、分析与制图工作全部完成。依据他们的测量结果而圈出的异常发现了冷水沟大型锡矿床，成为当时区域化探质量最好的样板。听到这个消息，谢学锦立即决定专程赶往四川调研"米易幅"的经验。从 1965 年 6 月至 1966 年 1 月，他率领一个由 4 人组成的西南化探调研组前往成都和西昌地区，先在四川地质局物探队了解历年工作情况，整理拉拉厂资料，后到会东、德昌南场山，亲临野外现场，参加异常检查，再到西昌与野外队共同整理资料，编写异常检查报告。经过认真的调查研究，谢学锦发现了一个非常重要的问题，即样品分析的质量问题是影响区域化探成败的关键。

"米易幅"采集的水系沉积物样品先是由四川省地质局的某个地质队的实验室用垂直电极方法进行分析，质量要求按三倍相对误差衡量。利用这些分析数据圈出了 33 处异常，对其中 17 个异常进行检查的结果，取得了良好的成效。

在冷水沟锡矿的发现过程中谢学锦曾经建议进行的冷提取现场分析起了重要作用。

但在异常检查中发现了一些很重要的问题。例如，冷水沟大型锡矿床是仅靠在一条长 700 米的小支沟中的两个异常点发现的，而在许多已知铜矿点附近却没有发现异常。此外，在资料整理过程中还发现样品批次之间

---

① 谢学锦访谈，2012 年 8 月 1 日，北京。资料存于采集工程数据库。

② 谢学锦、任天祥、奚小环、张立生：中国区域化探全国扫面计划卅年。《地球学报》，2009 年，第 30 卷第 6 期，第 702 页。

有显著的分析偏倚。因此，物探队决定：使用水平电极撒样法以提高分析灵敏度，采用扇形减光板及计算尺以改进读谱质量，并进行较严格的质量控制，将该图幅的所有样品由队的实验室重新进行分析。对重新分析取得的数据作了相对误差统计，若按一倍相对误差要求，多数元素的分析合格率在85%以上，其中Pb、Ni、B、Ti等元素的分析合格率在75%以上；若按二倍相对误差要求，则所有元素的分析合格率都在95%以上。因此应当认为，重新分析的质量是比较好的。

按照重新分析所得的数据圈出了86处异常。同样的样品，用改进了的分析技术，多发现了53处异常，是原来发现异常数的2.6倍。特别是铜异常，用原来的分析数据只圈出了1处异常，用改进后的分析数据圈出了27处异常。使用重新分析的数据圈出的Sn、Pb、Zn异常的远景也较之原来大为扩大[1]。

由此可见，分析质量的好坏对于填图质量有多么的重要，对于找矿效果又有多么大的影响！因此，改进分析技术，提高分析质量，控制和消除各种分析偏倚，是区域化探工作中亟待重视和解决的问题——这就是他四川米易之行得出的最重要的结论。因此，尽管当时杨泗麟等对样品进行的水平电极撒样的半定量光谱分析完全合符当时规定的质量要求，并与当时国际上的区域化探分析水平不相上下，但谢学锦在调研报告中仍然首次指出：区域化探今后要发挥更大作用的关键在于分析技术的革新，即必须从快速半定量光谱分析转向快速定量光谱分析，并使用原子吸收、比色等其他多种方法分析那些光谱分析灵敏度达不到要求的元素[2]。

区域化探需要分析成千上万的样品，需要花费很长的时间。当时苏联人和美国人都采用半定量的光谱分析方法，为的是可以做得很快，但是所分析出来的许多数据都是不能用的，解决不了实际问题。而英国人开始用定量的方法来做地球化学填图，这给了他很大启发，他认为中国也可以使用这一套定量方法。在四川调查后，他的这种信念更坚定了：一定要使用定量的方法，相当密集地分析很多元素，才能解决大面积探矿的问题。他

---

① 谢学锦：四川米易幅化探分析中取得的经验教训。1965年。资料存于采集工程数据库。
② 同①。

在米易之行后所写的《西南山区化探调研报告》中指出：

> 分析及时是化探工作能否取得效果的关键之一。过去受苏联规模影响，在生产工作中完全依赖光谱分析，今后在地形切割交通不便的中高山区，似应逐渐使轻便的化学分析获得发展。
>
> 第一步改革是在异常检查工作中应用冷提取分析，或设立临时的化学分析站……
>
> 第二步改革是在区域水系测量中应用冷提取方法及化学分析方法分析那些"探途元素"。在流动着的采样组中可配备轻便冷提取分析箱分析 $\sum M$，在几个采样组中心的临时化学分析站（亦须搬家数次）中可用冷提取方法分析 Cu、Mo、Ni，用化学分析方法分析 As 及其他在本区有意义的探途元素[①]。

在四川米易工作的时候，他还深切体会到了当地地形的险恶，地质队的同志送他们出山时，常常走了整整半天，居然还能看得见他们的身影——那山路太难走了！因此他认识到"冷提取分析箱及化学分析站的轻便化是个很重要的问题。目前在四川推广冷提取分析及化学分析到现场的重要障碍是现有设备笨重复杂及方法上的某些缺点。"所以他在会东地区曾买来小孩喝牛奶用的塑料奶瓶，将其加装一个头，制成"挤瓶"，用它添加试剂，拼凑了一套冷提取设备，在现场进行了 300 多个分析，在实践中摸索到了一些经验，在冷水沟大型锡矿床的发现中起了作用。

经历"文化大革命"

1966 年春天，"文化大革命"刚开始后不久，正在成都出差的谢学锦

---

① 谢学锦：四川米易幅化探分析中取得的经验教训，1965 年。资料存于采集工程数据库。

被电话、电报催回北京。回到北京百万庄大院里的物探所内，看到的是满墙批判"资产阶级反动学术权威"谢学锦的大字报。

8月8日，地质部地质科学研究院内发生了所谓"八八暴动"。那天上午，地质科学研究院内的所谓"资产阶级反动学术权威"，一个个都被机关红卫兵揪了出来，拉到院内，跪在地上示众。

在受到连续多日的批判后，8月13日（星期六）夜里，谢学锦的父亲、中国地质界的一代宗师谢家荣给他相濡以沫45年的夫人留下一张字条："依妹，我先走了，望你保重"，服下大量安眠药，独自睡在客厅的床上离开了人世。8月14日早晨，谢学锦方知父亲去世了。他立即打电话通知了妹妹谢恒。父亲留下的字条母亲没看见。他和妻子、妹妹谢恒、妹夫胡定一①见了，谁都没有出声。"父亲是自杀！"这是他们最不愿意看到的。妹妹谢恒说："应当交给组织。"他和妹夫都反对，并一致决定，立刻烧了父亲留下的字条，不能让其他任何人知道。机关红卫兵要求把他父亲的遗体送到医院，由医生解剖鉴定。遗体从医院拉出来的时候，父亲遗体上解剖的刀痕也没有缝合。医生虽然似乎是要"划清界限"，但却签下了"谢家荣死于心脏病"的鉴定书。

父亲亡故之后，母亲搬到妹妹谢恒家里住了。一个月以后，母亲给他妹妹留下一张字条："我回百万庄了，今天晚上你不要来。明天早上你们来看看我。"谢恒下班回家见了字条，立即连夜赶到百万庄的母亲家里。门被反锁着；敲门，没有任何反应。她急匆匆找到了哥哥谢学锦。等他们开得门进去，一切都晚了：母亲穿得干干净净，神态安详，追赶谢家荣去了。身旁一盒阿胶压着一张字条，是这样写的："女儿：我走了，去追赶你的父亲，他得有人照顾。留下一筒阿胶，这种药，你可能用得着。另外，有几个小箱子放在你家里，你们兄妹5人，一人一个。上面都贴好各人的名字了。父母没有遗产给你们，箱子里装的是过去的一点小东西。权当纪

---

① 胡定一，四川重庆人。1944年参加新民主主义青年社，1948年加入中国共产党。1946年毕业于中央大学社会学系，曾任冀中解放区救济总会翻译。新中国成立后，历任驻印度大使馆三等秘书、驻英国代办处二等秘书、外交部西欧司科长、驻加纳大使馆一等秘书、外交部非洲司处长、驻英国大使馆参赞、驻旧金山总领事、驻美国大使馆公使、驻英国大使。

念吧……"。① 母亲也以父亲同样的方式告别了人世！

　　父母就这样在"文化大革命"开始的那几十天期间受到本不应该有的冲击后离去了。这使谢学锦一直很忧郁，这种忧郁一直伴随他到现在。但人到中年的谢学锦觉得，总还要活下去，还要往前走，不能绝望，希望是在于未来的。

　　新中国成立以来，谢学锦已经经历过"三反"、"反右"，现在又碰上"文化大革命"。这时少年时代的博览群书给了他力量。他想起了《双城记》中的名言："It was the best of times, it was the worst of times, it was the age of wisdom, it was the age of foolishness, it was the epoch of belief, it was epoch of incredulity..." 认识到现实就是这么一个时代，非常矛盾的时代。他也认识到，人的一生总是痛苦和欢乐混在一起的；在经历痛苦的时候，心里要想到的是 "not enjoyment and not sorrow"（我们注定不能只是享乐和悲伤）。所以他一生特别喜欢他小时候读到的至今都能流利地背诵的 H. W. Longfelow 的 *A Psalm of Life*（朗费罗的《生命赞歌》）：

　　Tell me not, in mournful numbers,（不要对我倾诉哀伤，）

　　"Life is but an empty dream!"（"人生不过梦一场！"）

　　For the soul is dead that slumbers.（人的灵魂一旦空虚，则同行尸走肉别无两样。）

　　And things are not what they seem.（要努力探询事物表征下的真相。）

　　Life is real! Life is earnest!（人生是真切的！人生是实在的！）

　　And the grave is not its goal;（其归宿并非坟场；）

　　"Dust thou art, to dust,"（"你本是尘土，必归于尘土"，）

　　Was not spoken of the soul.（只是躯壳，而非灵魂。）

　　Not enjoyment, and not sorrow, Is our destined end or way;（我们注定不能只是享乐和悲伤；）

　　But to act, that each to-morrow,（在崭新的每一天，奋发图强）

　　Find us farther than to-day...（超越今天，造就辉煌）……②

　　————————————

　　① 谢学锦口述，宗道一等整理：向地球深处探宝（勘查地球化学家谢学锦院士口述）。资料存于采集工程数据库。

　　② 诗的中译文为本书作者参考多人的翻译修改而成。

他终生铭记这首诗。但他不认为是"not enjoyment，not sorrow"，而是"both enjoyment and sorrow"，既有享乐，也有悲伤。他说，人总要工作。他非常谦虚地说他自己并不十分努力，喜欢懒散而不喜欢勤奋，但他总是坚持让每个明天都比今天有一点进展，几十年过去，回首已是集腋成裘。

曾经有人问谢学锦："你在最痛苦的时候有没有绝望过？"

他说：没有。什么叫绝望？他不懂得。他说，他看了很多历史书，觉得整个人类的发展就是这么个样子，必须正视它。这世界上有很多痛苦的事情，他觉得世界大概就是这个样子，只好泰然处之，无须悲哀。他说自己平生经历的事情，很少为之掉眼泪。但有时候看书却非常伤心地落泪，替古人担忧。他记得启功说过，翻开整部历史，一半是脑袋给割断了的事。整个历史都是很残酷的。不能因为残酷就绝望。残酷中孕育着希望。他说，大仲马在《基度山恩仇记》里最后说得好："所有人类智慧凝结为两个词：等待和希望。"他很欣赏朗费罗那首诗的最后一句："Learn to labor and to wait"，学着边工作边等待。虽经无数坎坷，他的抱负和希望依旧。他就是用这样的人生哲学来支撑他的一生[1]。

因此，在父母相继悲惨辞世之后的痛苦岁月里，他还惦记着在米易深山中的体验。在1966—1969年间，先是指导夫人李美生设计制造了一套轻便的冷提取分析箱，后又和其他同志一起对之加以改进，先后研制成功了LT-1型、LT-2型和LT-3型冷提取分析箱，更多地采用了聚乙烯塑料制品，试剂瓶增加了具有弯嘴的内压盖，可有效防止液体试剂泄漏，试管架也改成带孔的塑料盒，使之尽可能轻便。1967—1980年间，共批量生产了500多套LT-3型冷提取分析箱，举办冷提取方法技术推广培训班多期，受训人员达400余人次。在青海、江西、湖北、吉林、贵州等省都用冷提取分析箱找到了工业矿床。冷提取分析技术及分析箱也因此而获得1978年全国科学大会奖。

"文化大革命"中期，时至1969年9月物探所内迁到陕西蓝田薛家村，军代表进驻。让他感到非常奇怪的是，军代表对他非常好。

---

[1]　谢学锦口述，宗道一等整理：向地球深处探宝（勘查地球化学家谢学锦院士口述）。资料存于采集工程数据库。

“看了你过去的材料，觉得你过去一直都是非常好的，怎么突然变坏了？我就弄不明白。”军代表对谢学锦说。

“我也没弄明白。”谢学锦回答。

“你现在努力改造一次，完全有希望变成一个真正的好人。”军代表说。

军代表随后派他去看管“五一六”分子。这使他大伤脑筋。尽管他对“五一六”分子很客气，但那些“五一六”分子仍然状告军代表，说派个右派分子看管他们，是什么阶级路线？于是，军代表通知他：“现在决定让你去金山劳动。”

在金山农场劳动一段时间后，又让他回到薛家村去烧锅炉，白天，他去锅炉房烧锅炉，满脑子想怎么把锅炉烧好。但晚上回到家就看专业书和当时能弄到的文献资料，时刻关注着国内外勘查地球化学的发展现状和趋势。

在薛家村烧锅炉的日子里，地质科学研究院根据国家计委地质局的指

图5-1　“文化大革命”期间物探所金山农场所在的槐树坪打麦场（谢学锦曾经在这里劳动数月。而今当年的铁皮房已经失去，唯有这打麦场和那棵老核桃树见证那段历史）

图 5-2　"文化大革命"期间槐树坪的饮水取自山下的小山村（经图中的小路挑水上山，每挑一趟费时约 1 小时，1971 年谢学锦曾出现在挑水者行列中）

图 5-3　陕西蓝田金山镇槐树坪（曙光公社槐树坪生产队，谢学锦在金山农场劳动时的住地，原房已拆除）

图 5-4 陕西蓝田薛家村原物探所锅炉房旧址（谢学锦曾于 1971—1972 年间在这里烧锅炉。期间他翻译了 H.E. 霍克斯和 J. S. 韦布的《矿产勘查的地球化学》）

示，决定组织有关单位参加"简明地质词典"的编写工作。多年来，化探界对化探名词的使用非常混乱，这对于化探的发展非常不利，必须要有一本工具书来改变这种状况。谢学锦在烧锅炉的间隙时间里，编写了有 125 个词条的《化探名词解释》，于 1972 年 8 月由物探所印刷成册，纠正了化探名词使用的混乱情况。

地球化学探矿到这时虽然已经有 40 多年的历史，但世界上还没有很好的介绍化探知识的教科书。虽有苏联国立莫斯科大学 1963 年出版的萨乌科夫（А.А.Сауков）和瓦利亚什科（М. Г. Валяшко）的《有用矿产的地球化学探矿方法》，但内容稍嫌简单，实际资料也不是太多，相比之下美国人 H.E. 霍克斯（Hawkes）和英国人 J.S. 韦布（Webb）合著 1962 年出版的《矿产勘查的地球化学》（*Geochemistry in Mineral Exploration*）比较系统地阐述了化探的理论基础与工作方法，特别是大量引用了 H.E. 霍克斯所著《地球化学探矿原理》（*Principles of Geochemical Prospecting*）和苏联学者 И. И. 金兹堡（Гинзбург）的《地球化学勘探原理》（*Принцип Геохимической Разведки*）这两本经典而又权威的书中总结的观点，收集了大量非洲、北美及东南亚不同地质地理条件下的化探工作资料和苏联 20 年化探工作的经验，对我国矿产勘查中的化探工作有着重要的参考价值。

谢学锦决定将《矿产勘查的地球化学》一书译成中文。也是在薛家村烧锅炉的日月里，他每天晚上在煤油灯下翻译这本书，并在翻译过程中为此书出版以后 10 年中取得的新进展以及此书中个别内容不妥之处加了译者注，用了将近一年的时间，在 1972 年夏天译完了这本 40 多万字的著作。1974 年物探所将此书内部出版。

在逆境中，在受到不公正对待的日子里，谢学锦养成了倔强的矢志不渝的性格，为了勘查地球化学事业，不管遇到多大的困难，他都义无反顾地往前走。所以许多"右派"随着时光的流逝到后来都棱角磨尽，但他完全不是这样，棱角没有磨掉，时光也没有耗费掉。因为别的人觉得没希望了，他却不管有希望、没希望，都坚持一直走下去。他说："看见这世界上有很多痛苦的事情，我觉得世界大概就是这个样子，只好泰然处之，无须悲哀。"他很欣赏朗费罗那首诗的最后一句"Learn to labor and to wait"（学着去工作和等待）[1]。

正是因为他的矢志不渝，他始终都站在这个领域的最前沿，因而这个领域离不开他。所以，当他还是"摘帽右派"的时候，物探所又让他出来做化探室主任；即便是还没有"摘帽"的时候，他到各省去工作，别人也都听他的。所以，他曾经在电视节目《大家风范》里谈及权力与权威的分别。他说：一个人不需要有权力，但是需要有权威。你有了权力，没有理想，没有思想，没有能力，没有本事，你这个权力就好像挂在墙上的鞭子，使不上劲。而如果你有了靠能力支持的权威，尽管你没有权力，也能得到人们的支持。

"文化大革命"后期，又让他干他的业务了。尽管去许多地方工作，都是其他人做技术负责人，他做部下，但真正的工作还是离不开他，还得由他来做。例如，在广东大宝山，工作规模很大，许多人都是从广东各处的地质队抽调来的。他们每天早晨排成一大排，谢学锦向每个人交代工作：今天你怎么做，你需要注意什么。"技术负责人"就坐在他旁边，一言不发。

他深深懂得，人的一生只有三天：昨天，今天，明天。只看见昨天，无异于生命停滞不前；只看见今天，在顺境中忘乎所以，在逆境中颓废，就不会有明天；只看见明天，它永远都只悬在空间。只有珍惜今天，在任何时候都朝着既定的目标奋力向前，为明天可能有的机会做好准备；

---

[1] 谢学锦口述，宗道一等整理：向地球深处探宝（勘查地球化学家谢学锦院士口述）。资料存于采集工程数据库。

当机会真的到来的时候，才能抓住机会，施展自己的才能，创造美好的明天。

邵阳化探学习班开始的转折

机会终于来了。1973 年 5 月国家地质总局生产组和科技组在湖南邵阳举办由各省主要化探骨干和物探所主要化探科研人员参加的为期 40 天的化探学习班，聘请几位化探权威讲课，介绍新的化探知识和方法技术。谢学锦在受聘之列。

在邵阳学习班上，他系统地介绍了国内外寻找铬铁矿的情况与经验、国外化探的现状（包括加拿大各种不同景观区的化探工作情况、各种统计学方法在化探工作中的应用），并针对国内化探名词使用的混乱情况作了如何统一定义地质词典中的化探名词的报告。这次学习班上介绍了许多用化探方法找到矿的实例，这使他觉察到化探找矿即将打开新局面。学习班结束后，他便到全国各地宣传化探找矿的效果。

1973 年 11 月底，他专程赶赴江西省物探大队作了题为"地球化学探矿的现状和展望"的学术报告。此时江西已经根据 1∶5 万金属量测量圈定的异常发现了朱溪铜矿。谢学锦建议他们不要满足于此项成果，要加快步伐，采用 1 个采样点 $/km^2$ 的水系沉积物测量开展新一轮 1∶20 万区域化探工作。

物探所化探室在鄂明才的组织领导下于 1974 年成立了以李明喜为组长、谢学锦为技术核心的区域化探组，开始了区域化探发展的战略研究和在江西、浙江等地的试验。同年 1 月，江西省物探大队成立了区域化探分队，按照他的建议，开展江西省的 1∶20 万区域化探，首先在赣东北的德兴地区开展方法技术试点研究工作。

1974 年 2 月，又根据谢学锦的建议，由江西、浙江、安徽三省承担"皖浙赣三省区域化探方法试验"项目，在皖浙赣（赣东北、浙西北和皖西南）边区 13000 多平方千米的面积上开展了以采样密度和采样粒级试验为主要内容的区域化探方法试验工作。工作以平均 1.5 个采样点 /km² 的采样密度采集一二级水系中水系沉积物，取过 60 目筛的细粒级部分作发射光谱分析。同年 10 月，他亲赴江西省德兴地区检查野外工作[1]。试验结果，不仅发现 1：20 万路线全局量测量（第一代区域化探）存在不足之处，而且圈出了一批值得进一步工作的化探异常。

福州会议和黄山会议

福州会议

1975 年 4 月在福州召开全国第一次区域化探经验交流会。会上介绍了江西、浙江等省区域化探研究及大面积试点所取得的成果，引起各省巨大的反响。这些成果主要有：

（1）编制了皖浙赣边区 Cu、Pb、Zn、Ni、Co、V、W、Sn、Mo、Bi、Ag、As 12 种元素的地球化学图，为研究区提供了新的找矿线索，发现了包括浙江冶岭头金矿在内的一批有价值的矿（化）点，为基础地质、成矿规律、地球化学研究提供了新资料。

（2）发现和研究了过去半定量光谱分析存在的严重的系统误差及其对辨认地球化学模式的影响，取得了处理这类误差的经验。

（3）提出了区域化探的一种新的异常评价方法。

（4）积累了应用统计学方法研究区域化探数据的经验。

谢学锦在此次会议上作了题为《区域化探数据处理与解释推断》的报告。报告以浙江郭村—遂安地区 1：10 万水系沉积物及重砂测量的资料为例，讨论了采用移动平均法、多重总体分解法、趋势分析法、因子分析法等各种方法进行化探数据处理。针对①地球化学数据的区域性分布及其与

---

① 朱炳球、李善芳、张立生：中国勘查地球化学史料汇编。参见：谢学锦等，《二十世纪中国化探（1950-2000）》。北京：地质出版社，2009 年，第 467 页。

区域地质和成矿之间的关系；②从区域分布中分辨出局部的变化特征，并从中区分出与矿化有关的异常及由其他原生和次生因素引起的异常；③对有意义的异常进行排队或评序，以挑选最有远景的异常做进一步的详查，等问题。

谢学锦在报告中根据对浙江郭村－遂安地区水系沉积物测量工作的分析，进一步肯定在 1∶20 万水系沉积物测量中用 1 个采样点 /km² 的采样密度以减轻野外劳动强度、减少分析与资料处理的工作量是可行的，同时指出了许多元素分析灵敏度不够、分析误差的消除与抑制将是在未来的区域化探工作中必须加以解决的两个重要问题[1]。

在"皖浙赣三省区域化探方法试验"项目研究取得成果后，1975 年冬天在浙江省莫干山举办了为期 5 天的全国区域地球化学短训班。在这个学习班上，他将 H. E. 霍克斯和 J. S. 韦布的《矿产勘查的地球化学》中的内容、"地球化学岩石测量的工作方法与解释推断方法"和皖浙赣三省试验研究取得的成果结合起来，讲解区域化探问题，特别指出了当时水系沉积物测量分析使用的光谱半定量分析方法的问题和由此造成的图幅拼接问题。

在 1975—1978 年间，谢学锦规划并组织实施了物探所的"我国山区区域化探方法研究"项目，该项目包括三个主要课题：①皖浙赣三省区域化探方法试验；②第一代 1∶20 万区域化探资料整理利用方法研究；③区域化探工作手册编写[2]。他亲自负责第三个课题的研究。这是一项事关我国未来实施化探扫面的战略和方法技术的研究，实际在 1973—1974 年间就已启动。通过该项子课题谢学锦和同事们广泛研究了世界各国区域地球化学勘查和地球化学填图的文献与图集，分析了它们的优点和不足，特别是看到了世界各国当时未认识到或未予认真考虑的地球化学填图中的两个关键问题，即①由于缺乏分析质量监控，使数据缺乏相互对比的基础；②由于各国分析元素不统一，有的分析元素很少，加之一些痕量和超痕量元素检测限定得太高，致使信息量不足。该子课题以及整个项目在实施期间对

---

[1] 谢学锦：区域化探数据处理与解释推断。《物化探研究报道》，1978 年第 3 期，第 1 页。

[2] 朱炳球、李善芳、张立生：中国勘查地球化学史料汇编。参见：谢学锦等，《二十世纪中国化探（1950–2000）》。北京：地质出版社，2009 年，第 471 页。

各省不断地进行考察，搜集相关资料，同时将研究成果在一些省试点，并将研究和试点结果在一些全国会议上进行交流讨论[①]。

同时，谢学锦时刻关注着国际上区域化探的进展，思考着中国的区域化探问题。他了解到，英国人韦布等的研究目标并不仅限于找矿，同时还分析水系沉积物中的多种元素为基础地质、农业及环境研究提供基础性资料[②]，由此引入了多目标地球化学填图的新概念。

谢学锦敏锐地感觉到，样品中多种元素的分析是多元素地球化学填图的核心技术。了解到进入70年代后，西方国家的分析技术有了迅猛的发展，出现了一些自动化程度高能同时分析数十种元素的高精尖仪器，如直读式光谱仪、ICP光源直读光谱仪、X射线荧光仪及中子活化分析仪器等，这些仪器的出现并被引入到勘查地球化学工作中，为进行大规模的区域化探创造了条件。同时在数据处理与制图方面计算机已成为许多学科中数据处理与制图必需的工具，区域化探也在其中。西方已开始实施了一些正规的填图计划，1973年北爱尔兰地球化学图册正式出版了。

由于1973年的石油危机，美国和加拿大都制订并实施了全国铀资源评价计划，其中包括以水系沉积物及湖积物测量为主的区域化探计划。西方矿业公司的勘查地球化学家在研制测定单个或同时测定少数几个元素的比色或原子吸收方法时，对方法的灵敏度或检出限甚为重视，但政府机构对于国家性地球化学填图中使用的多元素分析方法却忽略了这个问题。原因是支付更多人力经费不足。在这种情况下，他们于是信赖可同时测定数十种元素的大型仪器。并认为虽然个别元素信息量不足，但可由多元素信息得到补偿。

但谢学锦发现，西方国家信赖甚至迷信单一先进大型仪器时，却忽略了这样一个事实：这些仪器一方面对许多地壳丰度值很高的元素具有过高

---

① 谢学锦、任天祥、张立生：区域化探全国扫面计划。参见：谢学锦等，《二十世纪中国化探（1950–2000）》。北京：地质出版社，2009年，第20页。

② 参见：Webb J S, Nichol I. and Thornton I: The Broadening Scope of Regional Geochemical *Reconnaissance. Proc. 23rd Int. Geol. Conger.*, Prague, 1968(6): 131–147; Webb J S, Lowenstein P L, Howarth R J, Nichol I and Foster R: Provisional Geochemical Atlas of Northern Ireland. Appl. Geochem. Res. Group, *Tech. Comm.,* 1973(60)。

的灵敏度，而地球化学填图却并不需要；而另一方面，偏偏对一些在找矿与环境研究中至关重要的痕量和超痕量元素（如 Au、Ag、Hg、Se、Sb、Mo、W、Sn 等）的灵敏度严重不足。西方国家样品分析的另外一个问题是分析检出限太高。分析灵敏度的不足和分析检出限太高所造成的后果是分析数据的不能对比和很多异常发现不了。这是西方国家区域化探工作中的严重缺陷。

国外地球化学填图，尤其是北爱尔兰地球化学图册的出版，进行区域化探全国扫面计划的思路逐渐在他的脑海里浮现了出来。

黄山会议

1977 年 7 月国家地质总局在黄山召开了以 1：20 万区域化探资料整理利用为主的全国第二次区域化探工作经验交流会，与会代表 190 人。谢学锦在会上发表了题为"当前区域化探若干问题的探讨"的重要演讲。

他在这篇演讲中着重指出[1]：

（1）国内外近 20 年来的经验证明，必须使用地球物理与地球化学方法高效率地扫描大片面积，尽快地舍弃大片没有希望的地区，尽快地缩小找寻的目标，在短期内获得很大的找矿效果，我们要根据我国自己的特点，在促使找矿工作现代化过程中走出我国自己的道路，需要对区域化探给以特殊的重视和加强。

（2）我国已完成的 300 余万平方千米的 1：20 万路线金属量测量资料，由于采样介质、采样布局和采样方法的严重缺陷及光谱半定量分析使大部分元素达不到应有检出限，并缺乏有效分析质量监控，致使这份资料可利用程度较低，仅对 Cu、Pb 等少数元素有利用价值，但这些资料中仍然还蕴藏着大量的找矿信息，因此，尽可能用最简单的方法，争取在 2—3 年内完成"重新整理已有的 1：20 万区域化探（主要是路线金测）资料具有重要的战略意义"。

---

[1]　谢学锦、任天祥、张立生：区域化探全国扫面计划。参见：谢学锦等，《二十世纪中国化探（1950-2000）》。北京：地质出版社，2009 年，第 20-21 页。

（3）区域化探的采样密度和采样布局必须革新，依据我国的具体条件，适用于我国的水系沉积物的采样密度为：一般山区，在数千、数万平方千米的大面积内进行快速扫描时，使用 1 ~ 2 个采样点 /km^2 的采样密度；在较小范围内，在区域化探圈定的远景区内进行半详查时，使用 4 ~ 5 个采样点 /km^2 的采样密度；在大片偏远地区有必要使用更稀的、1 个采样点 /10 ~ 20km^2 的采样密度；对于水系沉积物的采样布局，江西、浙江的大规模实践证明，必须遵循采样点分布尽量均匀和将采样点布置在二级水系中及一级水系口的原则。

（4）在区域化探技术革新中最具紧迫性的是分析技术的革新，这包括建立一个由快速定量光谱分析方法为主的多样化分析方法、标准化的工作方法和工作条件组成的区域化探分析系统以及一套分析误差监控方案，以提高分析的灵敏度、精度和分辨能力，消除或降低区域化探分析数据中严重的可变偏倚。同时要求统一并标准化地球化学图件的编制方法，使全国的地球化学图件可以进行对比研究和拼接。

是谢学锦依据四川米易幅和近几年在皖浙赣等地区的试点研究取得的成果，吸收了西方国家区域化探的经验，同时又针对西方国家的缺陷，提出了这些意见。这篇演讲和此前在福州会议上发表的《区域化探数据处理与解释推断》一起，为即将开展的我国第二代区域化探即区域化探全国扫面计划奠定的坚实的理论基础和技术基础。

由于谢学锦坚持不懈的努力，终于使有关领导认识到了区域化探在地质找矿中的重要战略意义，鉴于我国区域化探的现状，开展新一轮的区域化探工作已势在必行。1977 年 8 月 20 日，国家地质总局领导明确指示开展区域化探工作是带有战略性的工作，要把化探工作作为总局要认真抓的几个战役之一。根据黄山会议的建议，国家地质总局决定进行区域化探规划。这样，谢学锦梦寐以求的大科学计划——进行大规模的全国范围的区域化探，即中国地球化学填图，使勘查地球化学成为地质找矿的引路者，就已经水到渠成、即刻就要实现了。

1977 年冬他又应河南省地质局的邀请到河南讲学 4 天，先后在河南省地质局中心实验室、河南省区测队和河南省第一地质调查队就区域化探问题中的重要问题作了三次学术报告，极大地推动了河南省的区域化探工作[①]。

上海会议——区域化探全国扫面计划的确立

1978 年 1 月，在上海举行了一个对于中国地质界和勘查地球化学界具有重要历史意义的会议——国家地质总局区测及铁矿会议。谢学锦在大会上作了"区域化探——历史、现状、前景"的报告，向总局领导提出了在全国范围内开展第二代 1 : 20 万区域化探扫面的建议[②]。这个建议最终得到了国家地质总局的采纳，被正式纳入国家计划。

还在大会上散发了他起草的《区域化探全国扫面规划（草案）》。

他在这份《区域化探全国扫面规划（草案）》中提出，区域化探是"为争取地质工作战略主动权的一项重要措施"，要"作为地质工作的重要战役来打"，将全国划分为内地及沿海地区、边远地区两大部分，分别采取不同的方法进行扫面：在内地及沿海地区以水系沉积物测量为主、岩石测量为辅，采样密度为每平方千米 1 个点，为节省分析工作量，以 4 平方千米为 1 个采样单元，将每个采样单元内所采样品合并送交分析；在边远地区以低密度或甚低密度采集各类样品，采样密度为 5 ～ 40 平方千米 1 个点或更稀。

《区域化探全国扫面规划（草案）》提出，为了取得"数以千万计可以互相对比的地球化学数据"，"急需采取非常措施，改变化探分析面貌，采用多种现代化分析方法，并建立严密的、全国一致的分析误差监控系统"。扫面规划对 1978—1980 年和 1980—1985 年的研究工作作了详细的规定，对大规模开展全国扫面计划前的各项准备工作以及执行这项计划的预期成

---

① 谢学锦、任天祥、张立生：区域化探全国扫面计划。参见：谢学锦等，《二十世纪中国化探（1950-2000）》。北京：地质出版社，2009 年，第 21 页。

② 区域化探全国扫面计划即第二代化探扫面计划是由谢学锦提出和起草的，在将计划建议书的 40 份打印件交付会议时，按照张同钰副部长的建议，以谢学锦（物化探所）、李善芳、孙焕振（物探局）、方华（区测局）的名义提出。

果也有详细的说明。

《区域化探全国扫面规划（草案）》给出了下述的 8 年预期成果：

这项全国性计划的完成不仅可以类似地质图那样，出版百余册 1:50 万分幅的地球化学图册、大区的地球化学图册，以及全国性的地球化学图册，而且还建立了庞大的数据库（在化探专用的电算站中）和样品库，可以在今后长时期内供给各个地质领域的工作者，为了各种目的进行检索与研究。

它可以给出数以万计以标准化方法圈定的、可以在全国范围内进行对比的异常，这样就必然有可能更有效地筛选出数百个到数千个最有远景的异常，为找到数十到数百个大中型矿床（包括铁矿床）提供线索，给地质找矿打开新局面。

它可以使我们对地球化学省与各种类型的区域性异常有更深刻的全面认识（迄今为止，对这些异常的认识，无论国内外还只限于一些零星局部的资料）。对于这些在漫长成矿富集过程中逐步留下的印迹进行全面总结与研究，将会使成矿规律学与成矿预测提高到一个新水平。

它不仅可以把找矿活动迅速集中于最有意义的靶区，它的侦查与搜索作用还有助于为基础地质、地球化学、环境地质及化探研究本身搜索"问题"的地区，以便集中深入地开展工作。对获得不同地质构造单元物质成分的全面详细的资料，也有助于今后地质工作者去检验已有的观点和理论，进而提出新的观点和理论。

它对于区域地质学、地球化学及勘查地球化学的边缘科学分支——区域地球化学的发展将起强有力的推动作用。

它也将带动化探的方法与技术的进步，特别是可以带动不同自然地理条件下化探工作方法研究的深入以及化探分析技术的现代化，并使化探队伍迅速壮大。对成百成千化探异常验证的实践及时进行总结，将使异常解释推断与化探基础理论研究提到新高度。

这项规划的规模与取得资料的详细程度，在当前世界上已提出者之中也是不多的。我们在技术上一时难以弥补的差距（特别是在分析与数据处理自动化程度方面）要靠我们的辛勤劳动予以弥补。因而这项计划完成后，将使我国区域化探居于世界先进水平，并为地质科学许多领域的赶超提供条件与基础资料[①]。

这个规划为国家地质总局接受并组织实施标志着我国区域化探揭开了新篇章，为我国区域化探进入世界先进行列拉开了序幕。经过 3 年的试点研究修订后，1981 年 5 月，地质部以地质部地物〔1981〕280 号文的形式，正式下达了《区域化探全国扫面规划》。

指导区域化探全国扫面计划的实施

起草《区域化探内地及沿海重新扫面方法暂行规定》

上海会议一结束，国家地质总局即发出文件，决定在江西、浙江、安徽、广东、青海 5 个省进行区域化探全国扫面计划的试点工作。谢学锦则立即着手起草并于当年 4 月完成了《区域化探内地及沿海重新扫面方法暂行规定》[②]，其主要内容是：

在内地及沿海中低山及丘陵地区以水系沉积物测量为主，岩石测量为辅。每平方千米采集 1 ~ 2 个样品，并规定了采样布局有关原则。其中最重要的是采样点分布均匀，采样点主要分布在二级水系中及一级水系口上，每个样品应有它特有的控制汇水范围。避免不必要的重复和尽量减少空格。制定了一套不同于国内外以往做法易于检索的样品编号系统（即不沿水系编号，而是按方里网格子编号），制订了标准化的样品加工方案，

---

① 谢学锦：区域化探全国扫面规划（草案）。《物化探研究报道》，1978 年第 3 期，第 76-81 页。

② 谢学锦、任天祥、张立生：区域化探全国扫面计划。参见：谢学锦等，《二十世纪中国化探（1950-2000）》。北京：地质出版社，2009 年，第 22 页。

从而推动了我国无污染碎样机的研制与生产。

以 1 平方千米作为采样单元（小格），相邻 4 个 1 平方千米格子，即 4 平方千米为 1 个分析单元（大格）。将 4 平方千米格子内的组合样送交分析，以减少分析工作量。

规定了必须分析的 39 种元素，建议使用多方法多仪器分析系统进行分析，规定了各元素的检出限，分析精度及准确度。其中痕量及超痕量元素规定的检出限均在该元素地壳丰度值以下，其中 Au 达到 0.5 ～ 1ppb。

提出一套分析质量监控方案，制备一级及二级水系沉积物标准样，以监控分析批次之间、图幅之间及实验室之间的分析偏差。

规定了地球化学图的编制方法和标准格式。规定了异常查证方法及程度。还提出了野外工作质量和原始资料检查验收的方法和要求。

1978 年 5 月，国家地质总局物探组、科技组和生产组在北京联合召开了区域化探全国扫面试点协调会议，向各省、市、自治区地质局提出：按照上海会议的精神，加强化探工作领导，制定各省化探工作规划，并将开展试点工作的省份由 5 个增加为 10 个，新增加的省份有：河南、湖北、湖南、黑龙江和四川。会上讨论通过了《区域化探内地及沿海重新扫面方法暂行规定》（下简称《暂行规定》），并于 1978 年 6 月以国家地质总局地物〔1978〕493 号文的形式颁发，要求各省、市、自治区参照执行。它的颁发，使我国内地沿海各省大规模新一轮区域化探扫面得以有章可循地顺利进行 [①]。

在试行了 3 年多之后，根据 1981 年 7 月在北京召开的区域化探扫面试点图幅成果汇报会上提出的在试行中发现的问题，谢学锦又与其他同志一道于 1981 年冬对《暂行规定》作了修订和补充，针对区域化探全国扫面的基本任务、采样布局、样品加工、样品分析、地球化学图的格式、异常检查方法及程度及 1∶20 万地球化学图（册）说明书等方面出现的问题分别作了共 19 点补充规定，由地质部于 1982 年 4 月以地物〔1982〕198 号文的形式发出了《区域化探全国扫面规划内地及沿海重新扫面工作方法暂

① 谢学锦、任天祥、张立生：区域化探全国扫面计划。参见：谢学锦等，《二十世纪中国化探（1950-2000）》。北京：地质出版社，2009 年，第 22 页。

行规定的补充规定》。

此补充规定发出后，谢学锦又与其他同志一起根据各省、市、自治区在区域化探工作实践中的经验、1978—1985 年间进行的高寒山区、干旱荒漠区、半干旱草原荒漠区、岩溶区和热带雨林区等特殊景观区区域化探方法技术研究取得的成果，再次进行了修订和补充，最终形成了在 1985 年 2 月以地质矿产部地物〔1985〕57 号文的形式下发、1986 年 7 月由地质出版社正式出版的《中华人民共和国地质矿产部区域化探全国扫面工作方法若干规定》。此规定的发布，使区域化探扫面得以在特殊景观区及全国全面展开 [①]。

郑州区域化探训练班

区域化探全国扫面计划即将展开，但当时各省区地质局缺乏化探技术力量，对区域化探的新理论、新技术、新方法更不甚了解，对地球化学填图的思想、原理、工作方法也不熟悉。因此，在北京举行区域化探试点协调会议期间，与会代表一致建议举办一期以区域化探为中心内容的学习班，为各省区开展化探扫面培训技术骨干。国家地质总局接受了这一建议，并决定由河南省地质局承办这期学习班。学习班于 1978 年 7 月在郑州地质学校开学，历时两个月，有来自全国几乎所有省、市、自治区的 100 多人参加。谢学锦主讲区域化探，用时 1 个多月，全面、系统地阐述了他的学术思想、思维方式和勘查地球化学的新概念、新理论、新技术、新方法，详细讲解了区域化探全国扫面计划的目的、意义、技术要求和工作方法，包括在内地和沿海地区的水系沉积物测量及采样原则、边远地区的区域化探工作方法、区域化探样品的分析方法、分析方案、分析数据的误差及误差的监控、各种基本地球化学图与解释推断图与图件制作的标准化、区域化探异常的评价与评价的程序及方法、数据系统的电子计算机化等，并以大量生动的实例证明，新的区域化探扫面计划所取得的成果，不仅将会对地质找矿工作，而且对于其他地质学科也会产生难以估量的积极作用。他还

---

① 谢学锦、任天祥、张立生：区域化探全国扫面计划。参见：谢学锦等，《二十世纪中国化探（1950-2000）》。北京：地质出版社，2009 年，第 23 页。

回答了各省区学员提出的各种问题，对各省区的计划安排给予了具体的指导[1]。这期学习班为即将开展的区域化探全国扫面计划培训和准备了技术力量，为日后区域化探全国扫面计划的顺利完成作出了重要贡献。

谢学锦将这次讲课的内容充实后，于 1979 年 12 月由地质出版社以《区域化探——区域地质调查野外工作方法（第四分册）》为书名出版。此书系统地阐述了在中国进行大规模地球化学填图的理论、方法与技术，是实施区域化探全国扫面计划的工作手册和指南，在全国产生了重大影响，曾三次再版。

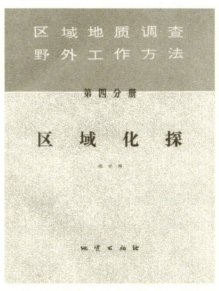

图 5-5 地质出版社 1979 年 12 月出版的《区域化探——区域地质调查野外工作方法（第四分册）》

虽然国家地质总局领导的决心下了，红头文件也下发了，但仍然有许多人，包括一些省地质局的总工程师却还是想不通，还是认为没有必要进行这样大规模的重新扫面，反对之声不绝于耳。于是谢学锦"周游列国"，宣传、解释进行区域化探全国扫面计划的必要性与重要性，并具体指导这一工作的进行。常常是未到一省区之前，有很多人反对或不理解，但经他讲解后都转而支持他的计划，使得区域化探扫面计划很快就在全国各省区蓬勃开展起来[2]。

区域化探样品分析方法的研究

《区域化探全国扫面规划》指出："取得这样大范围内数以千万计可以

---

① 谢学锦、任天祥、张立生：区域化探全国扫面计划。参见：谢学锦等，《二十世纪中国化探（1950-2000）》。北京：地质出版社，2009 年，第 23-24 页。

② 同①，第 24 页。

互相对比的地球化学数据，这在世界范围内都是最新的艰巨的奋斗目标。因而当前急需采取非常措施，改变化探分析面貌，采用现代化分析方法，并建立严密的全国一致的误差监控系统"。谢学锦在郑州的区域化探训练班讲课时就指出：

地球化学填图的想法提出后，对分析灵敏度的要求也进一步提高了，因为化探分析已不仅是从背景中去辨认矿异常，而且还要去辨认区域性异常与地球化学省，并全面研究元素的地理分布。这种研究所累计的资料将成为地质科学的基础资料。这样对化探分析的精密度，特别是准确度的要求也随之发生根本的改变。与此同时，高效率、快速、适于大规模操作的要求仍旧占有突出地位。因而现代区域化探要求对工作效率、精密度、准确度与灵敏度四个方面全面提高，并不断权衡得失，作出最好的抉择。按正规图幅进行全国性地球化学填图需要用一套快速定量的分析系统以取代半定量光谱分析。[1]

上海会议后仅仅两个月，1978 年 3 月国家地质总局物探组在江西向塘召开了区域化探样品分析问题汇报会议，讨论提高区域化探全国扫面计划样品分析的质量问题。因为谢学锦通过对国外进行的区域化探的研究发现，数据信息量不足是它们共同的缺陷之一，于是在会上他提出了区域化探全国扫面计划样品应测定的 39 种元素（32 种微量元素：Ag、As、Au、B、Be、Ba、Bi、Cd、Co、Cr、Cu、F、Hg、La、Li、Mn、Mo、Nb、Ni、P、Pb、Sb、Sn、Sr、Th、Ti、U、V、W、Y、Zn 和 Zr，以及常量元素：Al、Ca、Fe、K、Mg、Na、Si）及各元素分析的检测限和精密度的要求、质量监控及制备标准样等，并要求各元素分析的检出限必须降到其地壳克拉克值[2] 以下，以便能清晰地反映出背景信息。

---

① 谢学锦、任天祥、张立生：区域化探全国扫面计划。参见：谢学锦等，《二十世纪中国化探（1950-2000）》。北京：地质出版社，2009 年，第 24 页。

② 克拉克值：英文名称为 Clarke value。化学元素在一定自然体系（通常为地壳）中的相对平均含量，又称元素丰度。为表彰美国化学家弗兰克·威格尔斯沃斯·克拉克对地球元素化学做出的卓越贡献，国际地质学会将地壳元素丰度命名为克拉克值。

为了满足分析要求，在 1979 年 3 月各大区及几个重点实验室技术负责人的北京碰头会上，确定由西安实验室负责，联合沈阳、武汉、南京、兰州实验室，组成协作组，执行部 1979 年第 94 项科技项目"区域化探样品分析方法研究"，7 月由部科技司正式下达计划执行；国家地质总局物探局也同时执行同名项目。7 月，"区域化探样品分析方法研究"首次协作会在南京召开，谢学锦在会上详细阐述了区域化探的意义、目标、部署以及各个环节的技术要求，特别是对分析工作的要求。会议根据他的意见作出了几项重要决定：①区域化探样品所测定的所有元素的含量都必须是"全量"，以宏观上反映各元素在不同地质地球化学环境中的运移、富集规律，更便于全国范围内的对比研究；②根据参加研究工作的各实验室的技术装备情况，确定以发射光谱方法为主，辅以原子吸收分光光度法、极谱法、分光光度法、原子荧光光谱法、X 射线荧光光谱法等方法配套，并对各单位的研制内容做了明确的分工；③要取得准确可靠的分析数据，就必须选择正确的分析方法，对各单位提供的分析方法，都必须根据化探扫面第一批分析的 33 个元素分析灵敏度的原则要求，采用检出限、测定限、精密度、准确度等 4 个技术参数进行评定；④在 1980 年底前，提交试验研究报告[①]。

5 个协作单位在近两年的时间内，研究人员对 80 多个专题进行了研究，付出了辛勤的劳动，于 1980 年底圆满完成项目研究，提交试验研究报告 76 篇。项目研究的成果可以概括为：为满足所规定的 32 种微量元素、痕量元素和超痕量元素的分析检出限要求，制定了以发射光谱法为主体，配合原子吸收法、极谱法、比色法、选择性离子电极法等的多方法多仪器分析系统；用改进和完善了的光谱技术来提高分析仪器的灵敏度和精度。

在取得上述成果的基础上，西安、沈阳、武汉 3 个实验室分别与各自所在省的化探队紧密结合，选取了 1∶20 万陕西紫阳幅、辽宁开源幅、湖北竹山幅，进行开发应用试验，取得了优良的成果。

1979—1982 年，参加"区域化探样品分析方法研究"项目的各个实验

---

① 许嘉绩：良好的开端 坚实的基础。参见：张立生、王学求主编，《奋斗的人生 辉煌的事业——祝贺谢学锦院士 80 寿辰暨中国勘查地球化学 50 周年》。北京：地质出版社，2003 年，第 91-92 页。

室每年都在南京举行一次会议，交流经验，使分析方法得到不断改进，并不断有新的仪器进口。这个时期，国外已使用等离子发射光谱法，以代替普通的发射光谱方法，但他们单打一地使用这一种仪器，以为它可以用来同时测定 20 ～ 40 种元素。受其影响，国内也有人准备大批进口等离子发射光谱仪（ICP-ES），但谢学锦不赞成这种意见，他坚持认为，哪一种仪器，无论它有多么先进，也不可能用来测定所有要测定的元素，因而应该走多仪器、多方法分析系统的路子，并主张选择以 X 射线荧光分析（XRF）为主体，再配合其他各种适当的方法。他认为尽管等离子发射光谱法对一些痕量元素的灵敏度高于 X 射线荧光法，但仍达不到区域化探的要求，只能另用原子吸收法、原子荧光法或极谱法测量。但对微量元素 X 射线荧光法的准确度与精密度都优于等离子发射光谱。由于已经订购了几台等离子发射光谱仪，故从 1982 年起，分析方法和分析流程逐步统一成了两个多元素分析系统：以 X 射线荧光光谱法为主体的多元素分析系统和以等离子发射光谱法为主体的多元素分析系统；这两种仪器都能同时分析 24 种元素，并将检出限降至其地壳丰度值以下，而其余 15 种元素使用原子荧光法、原子吸收法或发射光谱法、极谱法、激光荧光法和选择性离子电极法 [1]。

同时，谢学锦还依据他发现的国外区域化探的另一个共同缺陷：分析数据缺乏有效的监控而不能对比，提出必须使用标准样进行系统误差的监控，以使分析数据可以相互对比，使得将来作出的地球化学图，省与省之间、图幅与图幅之间没有偏倚，能够拼接。将分析检出限降到地壳克拉克值以下，重视分析数据的一致性，并用标准样监控地球化学填图计划中的样品分析质量，这是中国在谢学锦指导下的首创，国外的地球化学填图计划没有这样的先例。

第一批 8 个水系沉积物标准参考样及其他标准样的研制

研制标准样意义非常重大，一方面对于分析方法的评价需要用标准样

---

① 谢学锦、任天祥、张立生：区域化探全国扫面计划。参见：谢学锦等，《二十世纪中国化探（1950-2000）》。北京：地质出版社，2009 年，第 26 页。

来核验；另一方面，为保证在执行区域化探全国扫面计划的几十年间，许多实验室使用各种不同的分析方法和仪器所获得的分析数据的一致性，也必须使用标准样来对分析质量进行监控。因此尽快研制出标准样就成了与区域化探样品分析方法研究同样重要同样紧迫的任务。世界上有不少岩石和矿物标准参考物质，但是缺少水系沉积物的标准物质。而水系沉积物调查作为一种标准做法在区域化探中起着主要采样介质的作用，因此，尽早研制出高质量的水系沉积物标准参考样就成了一项十分紧迫的工作。

1978 年 6 月，物化探所就在谢学锦的领导下，着手进行世界上首批水系沉积物标准参考样的研制，接着在 1980 年 4 月初地质部组成了以物化探所的谢学锦、鄂明才和测试所的李连仲、沈惠君为首，江苏、辽宁、湖北、湖南、陕西、甘肃、青海省地矿局中心实验室等 7 个单位为骨干的地质矿产部地球化学标准参考物质研究小组，后来又有属于地质矿产部、中国科学院、冶金工业部、核工业部等的 32 个单位参加进来。先后共有 41 个实验室参与了这 8 个标准样的分析定值工作。8 个样品随机分配给了每一个参加测试的单位，在 1980 年 5 月到 1981 年 4 月的一年间，取得大约 7000 个分析数据（每个数据为几次重复测定的平均值，测定次数约为 30000 次），提交给了物化探研究所，然后用计算机进行处理。此外，法国的法国地质地球物理和矿产调查局（BRGM）和加拿大的加拿大地质调查所（GSC）也提供了这 8 个标准样的分析数据。

首批 30 种元素的可用值于 1981 年发布。此后，又取得了这 30 种元素的更多分析数据和另外 25 种元素的新数据。1983 年，经地质矿产部科技司批准，发布了 52 种元素的推荐值。

研制这 8 个水系沉积物标准样，他们只用了差不多 3 年的时间，而在国外进行的许多岩石标准样定值工作一般得花费 10 年以上的时间。这些标准样不仅在地质和冶金部门，而且在中国科学院、教育、卫生、环保、石油、海洋等领域的数百个科研、教育和生产单位中，被直接用作多元素分析的标准，并被广泛用于分析质量监控、核验分析方法和分析仪器，取得了重要的经济和社会效益。这些标准样还以其高度的均匀性及定值的准确性享有很高的国际声誉，不少国外的机构来信来函要求购买，交换或赠送样品。这批标准样的研制成功对促进我国痕量元素分析技术的交流和发展起了重要作用，使我国许多实验室的分析技术达到了很高的水平。本项目因此于 1985 年获得地矿部科技进步奖一等奖①。

　　继 8 个水系沉积物标准样研制成功之后，由物化探所和测试所相关人员组成的研究组，在谢学锦和鄢明才的领导下，包括辽宁、江苏、湖北、陕西、甘肃、湖南和青海等省地质矿产局中心实验室在内的 45 个实验室的通力合作，完成了另外 18 个标准样即 GSD9-12（水系沉积物）、GSS1-8（土壤）和 GSR1-6（岩石）的研制工作。这 18 个标准样由物化探所在 1980—1983 年间采集和制备，总重量达 21.2 吨。在 1982 年 12 月至 1983 年 8 月，这 45 个实验室用各种方法对氧化物或元素的含量进行了 91000 次测定，提交了 20000 多个数据，经计算机处理后，得到了 7 种主要氧化物和微量氧化物的含量值和 34 种微量元素和痕量元素的可用值，并于 1984 年 5 月获得批准发布。此后的两年中，又集中力量测定了 Au、Ce、Cl、Cs、Dy、Er、Eu、Ga、Gd、Ge、Hf、Ho、I、In、Lu、Nd、Pr、S、Se、Sm、Ta、Tb、Te、Tl、Tm、Yb 26 个大多难于精确测定、文献中很少有数

图 5-6　1980 年谢学锦（站立者）和同事们在物化探所研究部署区域化探全国扫面计划工作

图 5-7　20 世纪 80 年代前半期区域化探全国扫面计划处于高潮时期，物化探所的夜晚灯火辉煌

---

　　① 谢学锦、任天祥、张立生：区域化探全国扫面计划。参见：谢学锦等，《二十世纪中国化探（1950-2000）》。北京：地质出版社，2009 年，第 27 页。

据可用的元素，累计得到了 155234 个分析结果，可以用作总共 72 种元素的推荐值或参考值。这 18 个标准样的研制成功不仅大大推动了区域化探全国扫面的工作，也促进了其他各行业分析工作的开展，因此该项成果于 1989 年同时获得了地质矿产部和国家科委的科技进步奖二等奖[1]。

分析质量监控方案的制订与研究

由于区域化探全国扫面计划所采集的大量样品要由各省区局的实验室各自使用不同的分析方案和分析仪器，由众多分析人员在长达几十年的时间内进行分析，在这样长的时期内，分析方法、仪器和人员都会不可避免地发生变更，因而如何尽可能地使所取得的分析数据始终保持一致性和可对比性就是一个在大规模开展工作之前必须解决的重大问题。因此，谢学锦在《区域化探》一书中提出要"制定一套误差监控系统"，"建立两级化探标准样"。"一级标准样用来监控和校正不同省份区域化探分析实验室之间的偏倚，以便全国的资料可以互相对比；二级标准样用来监控省内不同实验室、不同图幅或不同年份之间或一年之内季节之间、月之间、日之间的偏倚。"

谢学锦制订了区域化探样品分析质量监控方案。方案的基本点包括：①制备全国性的一级标准样，将其插在各实验室所分析的样品中间，以监控实验室间的偏倚；②制备各省自用的二级标准样，将其插入同一实验室不同批次、不同时间（月之间、季度之间和年之间）、所分析的样品和不同图幅的样品中间，以监控实验室内不同批次、不同时间、不同图幅的偏倚；③选定分析方法之前先分析一级标准样，务必使所用方法取得的数据与标准样推荐值的平均对数偏差相差不大，从而使全国许多实验室分析方法之间的偏倚减小到最小限度。④研制出可以发现由样品基质造成的偏倚的方法（这一点后来由于国外分析仪器日渐发展而得以解决）。

1981 年他提出了一项推广研究计划，建议由全国几个实验室用不同

---

① 谢学锦、任天祥、张立生：区域化探全国扫面计划。参见：谢学锦等，《二十世纪中国化探（1950–2000）》。北京：地质出版社，2009 年，第 28 页。

的分析方法同时分析同一幅图的水系沉积物样品中 24 种元素的含量，用各实验室取得的数据分别成图后，比较各个图的相似性，以进一步验证分析方法、方法配套方案以及质量监控方案的可行性。物探局采纳了这一建议，并和物化探所一起于 1982 年共同组织西安、武汉、南京 3 个中心实验室、广东区调队实验室和中国地质科学院测试所等 5 个单位分别用各自的配套方法共同对 1：10 万广东五华幅样品进行了开发研究试验。此项研究虽然也发现了个别元素的分析还存在问题，但总体上取得了令人满意的结果：用各实验室所得数据所成的图，绝大部分都非常相似，比预想的结果还好；而各种统计参量的研究也表明，各实验室数据的全面符合程度也是非常好的，从而证明了所制订的分析质量监控方案是切实可行的。谢学锦 20 多年后在西南五省（自治区、直辖市）进行 76 种元素地球化学填图时提出用虚拟地球化学图评定分析质量，该种思想和方法就是进行此项研究时埋下了种子[①]。

区域化探全国扫面计划的实施方案提出和人员培训完成后，分析方法、标准样研制、分析质量监控这些关键的技术问题又得到了解决，并立即编写成操作规程，加以推广，使看起来十分复杂的问题变得非常简单，为在开展大规模区域化探扫面工作准备了必要的条件，内地及沿海地区的区域化探扫面工作终于在 1983 年得以大规模展开。

边远地区占我国陆域面积 2/3 以上。它与内地及沿海地区不同，自然地理景观复杂，需要根据各自特定的景观条件分别研制特殊的工作方法。按照谢学锦的意见，中国大陆边远地区划分为下列地理景观区：高寒山区、干旱荒漠区、半干旱荒漠区、岩溶区、热带雨林区、黄土覆盖区、森林沼泽区、高寒草甸区、高寒湖沼区等。

边远地区化探扫面的工作方法试验研究工作从 1978 年开始。在1978—1985 年间先后完成了高寒山区、干旱荒漠区、半干旱草原荒漠区、岩溶区和热带雨林区等特殊景观区区域化探方法的技术研究，其他景观区的方法技术研究也在随后陆续展开。边远地区的扫面工作从 1985 年开始

---

① 谢学锦、任天祥、张立生：区域化探全国扫面计划。参见：谢学锦等，《二十世纪中国化探（1950-2000）》。北京：地质出版社，2009 年，第 28-29 页。

陆续展开。为进行如此大规模的区域化探扫面，各省（自治区、直辖市）根据地质部的要求成立了专门队伍——部分省成立化探大队、大部分省在物化探队或区调队中成立了化探分队，根据扫面规划并严格按照"区域化探扫面工作方法若干规定"的要求，有计划有步骤地开展扫面工作。到1990年年底，内地及沿海扫面工作已基本完成，1990年以后扫面工作主要在边远地区进行。各时期扫面工作进展如下[②]："六五"期间（1980—1985）完成区域化探扫面面积142.2万 km^2，"七五"期间（1986—1990）完成244.57万 km^2，"八五"期间（1991—1995）完成149.1万 km^2，"九五"期间（1996—2000）完成91.5万 km^2。截止到2000年年底全国共完成区域化探扫面面积627.4万 km^2。

数据处理、数据库与地球化学编图

谢学锦和其他同志一道，在1972年将趋势分析、判别分析、主分量分析、聚类分析、因子分析等数学方法引入我国地球化学勘查工作，在1972—1973年间，完成了"趋势分析"和"因子分析"计算机应用程序，并于1975年引入区域化探制图。但是研究发现，由于各种各样的原因，这些数学方法并不适用于区域地球化学图的编制。为了解决制图的标准化和多样化问题，谢学锦提出了基本地球化学图与解释推断图的概念[③]。基本地球化学图应能客观地以明显的方式反映不同元素的空间变化，而尽量不杂有制图者的主观意图，它包括保留全部原始信息的数据图和等量线图或色区图，而解释推断图件则可用各种方法对数据进行处理、加工、改造和取舍，使数据中蕴藏的某些信息得以突出，以便解决某些专门问题。这些概念都明确写进了区域化探扫面的"规定"和"规范"中。在地球化学图编

---

　　① 谢学锦、任天祥：中国区域化探全国扫面计划十年。参见：谢学锦，《面向21世纪的应用地球化学——谢学锦院士从事地球化学研究50周年》。北京：地质出版社，2002年，第375页。

　　② 谢学锦、任天祥、张立生：区域化探全国扫面计划。参见：谢学锦等，《二十世纪中国化探（1950-2000）》。北京：地质出版社，2009年，第40页。

　　③ 谢学锦：《区域化探》。北京：地质出版社，1979年，第91-96页。

制中还制定了统一的等量线间距、色区划分和图式、格式。使我国各个图幅地球化学图成为标准化的可以对比拼接的区域地球化学图。

为了区域化探扫面数据处理的需要，谢学锦在 1980—1981 年间与地矿部北京计算中心合作研制了 GC-81 区域化探检索与存储系统，该系统可以制作采样点位图、网格化数据图、等量线图、彩色等量线图以及用各种数学地质方法制作的推断解释图。其后又与中国地调局发展中心合作完成了"区域地球化学数据管理系统（GeoMDIS2000）"研究，形成了具有国际先进水平和自主产权的数据处理解释系统。

1993 年 9 月—1997 年 5 月，他与任天祥、向运川等进行了我国首次全国 1：500 万和 1：1000 万 39 种元素地球化学图编图。这次编图涉及已有地球化学数据的 837 幅 1：20 万图幅，面积 450 万平方千米。使用的数据分别为 100 平方千米和 400 平方千米的组合数据的平均值。图面上的数据点达到 25 个 /cm²。这次制作的小比例尺高分辨率彩色象元影像图，使人们能够站在更高层次上研究我国区域地球化学特征和不同层次的地球化学异常模式，为我国成矿区划、矿产预测、区域地质构造和环境评价提供了重要信息，不仅向世界展示了我国区域地球化学填图近 15 年来取得的巨大成果，也填补了全国 1：500 万和 1：1000 万地质图、构造图、矿产图、航磁图、遥感图等系列配套图件中地球化学图的空白。该图 1996 年在第 30届国际地质大会上进行了展示。在编图说明书中，对我国 Cu、Au、Pb、Zn、Ag、W、Sn、As、Sb、Hg、Cr、Ni、Co 等成矿元素的分布规律及其与成矿区带、地质构造的关系作了初步探讨，引起地质界和部有关司局的重视。许多项目、课题和专题利用这份资料进行了开发性研究，如"中国成矿体系与区域成矿评价"的研究[①]。只是由于保密等原因这份全国系列地球化学图一直没有公开出版发行。

---

① 谢学锦、任天祥、张立生：区域化探全国扫面计划。参见：谢学锦等，《二十世纪中国化探（1950—2000）》。北京：地质出版社，2009 年，第 34 页。

异常筛选与查证

谢学锦在扫面规划和战略研究中对区域化探异常评价与查证问题给予了相当的重视，提出要"研究地球化学省与各种类型区域性异常的特征"、"提出区域化探异常评价的一套定量准则"、"探索新的异常评价方法"、"更有效地筛选出数百个到数千个最有远景的异常，为找到数十至数百个大中型矿床提供线索，给地质找矿打开新局面。"[①]。他在《区域化探》一书中对区域化探异常评价的程序、方法（包括模式辨认、异常界线的划定、评价准则、初步筛选、异常检查）等都作了详细论述，提出了 9 条评价准则：①区域异常面积；②异常强度；③异常规模（即异常面积与强度的综合）；④元素组合特征；⑤元素分带特征；⑥地球化学省的存在；⑦有利的地质环境；⑧有意义的航空物探异常；⑨与已知有经济价值矿床之间的相似性[②]。这 9 条准则今天仍然适用。他特别强调异常面积及异常强度是评价的最主要的准则，即所谓"高、大、全"的准则，"高"即异常强度高，"大"即异常面积大，"全"即异常元素组合齐全、比较多。在 20 世纪 90 年代以前，我国区域化探扫面中异常的筛选与查证，基本上是按照谢学锦这个思路和方法进行的。根据这个基本指导思路，谢学锦与王继平、杨竹溪等在 1982—1985 年间研制了"快速评价与筛选多元素异常的计算机系统（RESMA）"，该系统对异常进行分类后，主要按NAP 值（即异常规模）来评序，从中筛选需要优先查证的异常。上述方法和思路在 20 世纪 80 年代区域化探扫面大规模开展的初中期以寻找露头矿为主的阶段，发挥了重要作用。这个时期（"六五"和"七五"期间）经异常筛选、查证共发现（或扩大）有经济价值的矿床 125 个，其中大型矿 17 个、中型矿 34 个，小型矿占 60%，在发现的矿床中 70% 以上是金矿[③]。

---

① 谢学锦：区域化探全国扫面规划（草案）。《物化探研究报道》，1978 年第 3 期，第 78 页。

② 谢学锦：《区域化探》。北京：地质出版社，1979 年，第 118-119 页。

③ 谢学锦、任天祥、张立生：区域化探全国扫面计划。参见：谢学锦等，《二十世纪中国化探（1950-2000）》。北京：地质出版社，2009 年，第 35 页。

新疆找矿战略

　　1984 年 5 月 24—27 日，新疆维吾尔自治区为准备开展国家重点科研项目新疆地质找矿的重大计划，在乌鲁木齐召开"新疆深部地质构造与成矿远景预测"讨论会，地质界院士、专家 200 多人与会。谢学锦在讨论会上提出应将项目改名为"加速查明新疆矿产资源的地质、地球物理、地球化学综合研究"的建议，得到宋汉良书记的赞同。

　　同年 9 月 15—21 日，参加在乌鲁木齐召开的"新疆天山地质矿产学术讨论会"，他在会上作了题为"新疆找矿的战略问题"和"新疆地球化学勘查的战略与战术研究"两个报告，指出：70 年代以来，勘查地球化学发展了一种"席卷全局"式的找矿思路，在不太长的时间内用高效率化探方法覆盖数十万平方千米或更大的面积，全面查明整个面积内多种元素含量变化，把多种成矿元素富集地段客观地圈定出来，然后对整个面积内取得的大量找矿信息进行"逐步筛选"，再择优从中挑出数个或数十个异常进行钻探验证。这就可以在较短时间内迅速而较有把握地找到经济价值较大的矿床。区域化探全国扫面计划就是这样一种战略思想在全国范围内的体现。即使在准备阶段，大规模试点与全面技术革新已使全国化探工作面貌一新，取得了显著的找矿实效，1978—1983 年已经根据化探异常线索找到了 80 个有工业价值的贵金属和有色金属矿床。

　　他对新疆地球化学勘查提出了这样的战略设想[1]：

　　（1）根据新疆的地理特点，结合各种化探方法的适用性，初步将新疆划分成不同的"勘查地球化学环境"，包括高寒山区、中高山区、中低山区、低山丘陵区、山前洪积裙，干旱荒漠残山及干旱荒漠平原等。这样划分考虑到的因素首先是地势，然后是覆盖物性质以及地表及地下水的分布。这些都是合理部署化探工作的最重要因素。

----

　　[1] 谢学锦：新疆找矿的战略问题。参见：谢学锦，《面向 21 世纪的应用地球化学——谢学锦院士从事地球化学研究 50 周年》。北京：地质出版社，2002 年，第 208-209 页。

（2）1985—1987 年将在这些不同勘查地球化学环境中分别进行试点研究，在西准、阿尔泰、东疆和天山 4 个地区选择地质成矿条件有利、交通方便、便于开发并有已知矿床或矿化点的 1∶20 万图幅作为实验点。试点工作主要是研究及挑选适用于这些环境的有效且快速的化探方法并制定其采样技术细节。在试点期间力争为找到有工业价值的矿床提供重要线索。

（3）从 1986 年或 1987 年开始，根据在不同勘查地球化学环境中研制及挑选的化探方法对北疆地区（准噶尔沙漠及东疆部分极干旱地区除外）分几个层次或水平进行区域化探工作。在地质条件有利、发现矿产可以迅速开发利用的地区，根据勘查地球化学环境分别采用低密度或甚低密度的化探方法；在天山地区，则用甚低密度或超低密度的地球化学测量迅速控制。预计 1986—1991 年可以控制住北疆约 50 万平方千米的面积。

（4）通过上述工作将陆续提出 10 ～ 20 个靶区进行详查与钻探验证。预计大规模钻探验证工作将从 1988 年开始。

（5）1992—1993 年将开始进行南疆地质成矿有利地区的超低密度地球化学测量。在此之前的适当时刻先进行方法研究的试点。

样品分析，制图及推断解释工作将紧密结合野外工作。

（6）在整个工作进程中采取科研—开发—生产一体化的做法。通过研究工作来指挥部署整个生产性测量工作的进行。研究成果迅速在较大面积内进行开发性研究并投入生产；在生产性测量中发现的问题及时研究解决；不同工作阶段的决策都通过研究工作作出；在生产性测量开始之前、进行之中及完成之后要进行一系列专题研究以更好地指挥生产。具体研究项目如下：

（1）北疆勘查地球化学环境分区与不同环境中区域化探工作方法的研究；

（2）北疆地球化学成图方案，地球化学图的编制及解释推断系统的研究；

（3）南疆超低密度化探方法的研究。

1985 年 3 月，国家计委和国家科委行文，将"加速查明新疆矿产资源的地质、地球物理、地球化学综合研究"列入国家"七五"期间重点科技攻关项目——国家新疆"305"项目正式启动。谢学锦被任命为项目技术委员会副主任委员并担任化探专家组的组长，负责地球化学调查和科研工作的技术指导和咨询。同年9月9日，在北京举行的"加速查明新疆矿产资源的地质、地球物理、地球化学综合研究"项目委员会技术委员会第一次工作会议上，以项目技术委员会副主任委员的身份向会议作了关于专家论证会情况和专家评议意见的报告。

1988—1990年，他亲自承担了"西准噶尔成矿区低密度化探方法应用研究及成矿区带圈定与优选"项目的研究工作。研究区属属中国北部荒漠半荒漠环境，制定了试验工作的细节，经过试验确定在区内8级以上大风天气平均60天的情况下，在沟谷及山坡上采集疏松物质的最佳粒度为4～40目或40～60目（在这种粒级内风成物只占0.21%～2.03%），分析39种元素而编制的地球化学图上，各种元素在空间上的含量变化非常显著，成功解决了风成物的干扰。项目对金分析的监控做了一些改进：在每批样品中都加入微细金分布均匀的标准样以监控金分析的误差，取得了很好的效果。他参加了异常检查，项目应用他指导研制的RESMA系统进行了大面积的地球化学数据处理，在国内外均属首创，得出了许多有科学依据的重要结论，有效地指导了找矿。项目研究最终在本区划分了6个成矿远景区，并筛选出了一批异常，经检查后，提交了6个重要的找矿靶区[①]：

（1）干特克Cu：异常规模巨大，在地表圈定了7条氧化矿体，平均品位0.5%～1.43% Cu，提交E+F级Cu、Au科研储量34.85万吨；

（2）扎哈Au：异常规模巨大，在地表圈定了3条金矿体，提交了E级科研储量13.997吨金；

（3）古德太Au：在地表圈定了长200米、宽14米的含金石英网脉带，拣块分析含Au0.3～16g/t，获E+F级Au科研储量6.44吨；

（4）巴依吐尔逊Au：地表发现了一组断续延伸200米、宽15米的石英网脉；

---

① 谢学锦等：西准噶尔成矿区低密度化探方法应用研究及成矿区带圈定与优选。科研成果报告。资料存于采集工程数据库。

（5）太乌勒斯特 Au：异常有一定规模，拣块分析 Au 最高达 13g/t；

（6）拉斯特 Cu：区域异常超过 400km^2，异常组合好，可望找到大型铜矿。

丰 硕 的 成 果

谢学锦所倡导并具体指导的区域化探全国扫面计划所取得的巨大科学成就、经济效益和社会效益已为国内外所承认。近 30 年来国外虽有 40 多项国家性或地区性地球化学填图计划，但其目标主要是取得元素空间分布的基础资料，只有中国的区域化探全国扫面计划将填图与找矿紧密结合。由于采取了一系列的技术革新措施，使中国的区域化探全国扫面计划在找矿上所起的作用，在国际上没有任何一项类似计划能望其项背。

依据中国地质调查局的统计，这项计划目前已经完成了中国大陆 700 多万平方千米的扫面工作[1]（见表 5-1，截至 2005 年的统计为约 674 万 km^2）。

表 5-1 各五年计划时期完成的扫面面积（km^2）

期　　间	1：20 万完成面积	1：50 万完成面积	总计完成面积
"六五"（1980—1985）	1022917	399129	1322046
"七五"（1986—1990）	2122890	322810	2445700
"八五"（1991—1995）	1143369	347909	1491278
"九五"（1996—2000）	697416	217664	915080
"十五"（2000—2005）	402607	60129	462736
总　　计	5389199	1347641	6736840

---

[1] 奚小环：多目标的地质大调查——21 世纪勘察地球化学的战略选择。《物探与化探》，2007 年，第 31 第 4 期，第 183-184 页。

截至 2005 年的统计，依据在这 700 多万 km² 面积上所取得的海量数据，除了获得上述理论上的重大成果外，还为解决我国的矿产资源发挥了重大作用：共发现各类地球化学异常达 58788 处，共检查了其中的 17623 处异常，在验证的 4218 处异常中有 3349 处异常找到了矿（见表 5-2）[1]。

表 5-2　各五年计划时期化探发现，检查，验证及见矿异常数

期　　间	发现异常数	检查异常数	验证异常数	见矿数
"六五"（1981—1985）	5711	2042	741	679
"七五"（1986—1990）	4260	1570	661	689
"八五"（1991—1995）	19870	3692	1074	756
"九五"（1996—2000）	17665	5648	1128	782
"十五"（2001—2005）	11282	4671	614	443
合　　计	58788	17623	4218	3349

截至 2005 年的统计，依据区域化探全国扫面计划提供的线索，经过进一步的工作后，共发现各类矿产地达 1947 处（见表 5-3）。在所发现的各类矿产地中，贵金属的效果尤其显著，这我们将在下一章中专门叙述。

表 5-3　各五年计划时期由化探提供的线索而发现的各类矿产地数 [2]

五年计划	总计	能源矿产地	黑色金属矿产地	有色金属矿产地	贵金属矿产地	其他矿产地
"六五"（1981—1985）	114		1	63	42	8
"七五"（1986—1990）	204			30	165	9
"八五"（1991—1995）	261			46	214	1

① 奚小环：多目标的地质大调查——21 世纪勘察地球化学的战略选择。《物探与化探》，2007 年，第 31 第 4 期，第 183-184 页。

② 《二十世纪中国化探》一书中的"区域化探全国扫面计划"（《二十世纪中国化探》，第 40 页）和谢学锦等的"中国区域化探全国扫面计划卅年"（《地球学报》，第 30 卷第 6 期，第 712 页）所引数据有误，本表所列为奚小环原文的数据。

五年计划	总计	能源 矿产地	黑色金属 矿产地	有色金属 矿产地	贵金属 矿产地	其他 矿产地
"九五"（1996—2000）	689	18	4	167	319	181
"十五"（2001—2005）	679	7	7	317	192	156
合　计	1947	25	12	623	932	355

　　虽然区域化探全国扫面计划在制订时的主要目标是为矿产勘查提供线索及选区，但那时也已经提出取得的数据"在成矿规律、基础地质、环境地质及地球化学研究中可获得应用"[①]。20世纪80年代以来，随着扫面计划的实施，化探扫面资料逐渐被用于农业和环境方面。例如，90年代初期李家熙和吴功建等的"区域地球化学在农业和生命科学上的应用研究"利用区域化探资料研究了区域地球化学特征对农业和人类健康的影响；湖南物勘院研究了 P、K 等营养元素及 Cd、Hg 等有害元素在湖南的分布，将湖南划分成五个农业优势区及三个劣势区，为湖南农业区划提供了依据；童霆利用区域化探扫面资料预测了鄂东南的地方病；蔡以评利用区域化探扫面资料研究了福建的环境污染及胃癌高发区的病因；吴锡生等研究了化探扫面资料在黑龙江、农业及地方病上的应用等。

　　除了上述将区域化探扫面数据应用于农业及环境问题的研究外，80年代后期还在郑州、杭嘉湖、珠江三角洲等平原地区，开展了以环境、农业为主要目标的土壤地球化学调查方法研究和试点填图。90年代末，中国地质调查局成立，以环境、农业为主的多目标地球化学调查计划列进了新一轮国土资源大调查部署之中，先后在珠江三角洲、江汉平原、成都平原、漳厦平原、南京地区、长春经济区等地进行了方法技术研究和试点填图。2002年3月4日，国土资源部与浙江省签署部省在多目标地球化学调查工作上的合作协议，开了部省合作进行农业地质环境调查的先河。谢学锦担任由12名院士和专家组成的"浙江省农业地质环境调查专家指导组"的组长，对这项工作进行了细心的指导。由于有区域化探全国扫面计划

---

① 谢学锦：区域化探全国扫面规划（草案）。《物化探研究报道》，1978年第3期，第78页。

20 多年的技术与经验的累积，开展顺利，效果显著，引起国家各级领导重视，促进了其后许多新的涉及农业、环境以及矿产勘查大项目的开展，取得了显著的经济效益和社会效益。

2010 年 7 月，他在为《中华人民共和国多目标区域地球化学图集》作序时指出：

> 我国的多目标区域地球化学调查迄今已覆盖我国各经济区 160 万平方公里的面积，其所取得的 3000 余万个高质量地球化学数据在土地开发利用与监管、农业生产、环境保护、资源勘查、全球变化及第四纪研究等方面的广泛应用，远远超出了传统勘查地球化学家的想象，深刻改变了传统勘查地球化学的内涵，充分显示了我国勘查地球化学解决国家重大需求的能力[①]。
>
> 中国的区域化探全国扫面计划，覆盖了如此大的面积，分析了如此多的元素，动员了如此多的实验室、地质队和如此众多的人员，按照同一思路、统一的方法，由政府部门统一管理和协调，联合进行技术攻关，将研究成果迅速推广运用，迅速取得如此重大的理论成果和巨大的社会与经济效益，这在中国地学界乃至国际地学界，都开创了将学院式研究转化为大规模工业化生产的先河[②]。

---

① 谢学锦：《中华人民共和国多目标区域地球化学图集》序二。北京：地质出版社，2010 年。

② 王学求：化复杂为简单——将学院式研究与工业生产密切结合的科学家。参见：谢学锦，《面向 21 世纪的应用地球化学——谢学锦院士从事地球化学研究 50 周》。北京：地质出版社，2002 年，第 551 页。

第六章
独辟蹊径找金矿

世 界 难 题

20 世纪 70 年代起，世界矿业持续萧条。然而，金矿勘查与开发却一枝独秀，日益兴旺。到 1984 年，全世界用在金矿勘查上的投资竟然占到了世界矿产勘查总投资的 60%，而矿业大国加拿大 1987 年矿产勘查 95% 的投资都花在金及其他贵金属勘查上 [1]。

虽然如此，但化探在金矿勘查中所占的份额却低得可怜。据美国《采矿》杂志 1986 年的统计，尽管金矿勘查占据了整个矿产勘查投资的大部分，但化探在其中所占的比例却微不足道：钻探占 50%，地质工作占 28%，物探占 16%，包括化探在内的所有其他方法总共仅占 6% [2]。

---

① 谢学锦：化探找金·国内与国外。《地球化学探矿实例》，1991 年第 4 集，第 1 页。北京：地质出版社。

② 谢学锦：金矿化探（二）——采样与取子样的难关。《国外地质勘探技术》，1988 年第 2 期，第 146 页。

世界各国将庞大的资金投入到金矿勘查中，但花在化探上的钱却非常之少。之所以如此，是因为在 20 世纪 70 年代之前，化探一直都只是找金的一种辅助手段，化探找金使用的主要是 As、Sb、Hg 等这样一些所谓指示元素。到 80 年代初，由于高灵敏度检测仪器的出现和使用，开始直接分析金，用金异常找金，其效果当然要比利用指示元素要好，因为它提供的是直接信息。然而，由于①当时还没有非常灵敏的、可以检出 ppb 级金的分析方法，金的分析费用非常昂贵；②在当时的条件下，由于"粒金效应"，要分析金就需要大幅度增加采集样品的重量：金被认为是在地表条件下，化学性质非常稳定且难溶于水的元素，主要以颗粒金的形式产出，但金颗粒的分布极不均匀，又由于金的延展性非常好，极难磨细，所以采集样品进行分析时，样品的代表性很难解决，分析误差极大，分析重现性也非常差。因此，在世界各国的区域化探项目中，绝大多数都没有把金列为必须分析的元素。

显然，要想取得化探找金的突破，就必须首先解决金的分析技术问题，将金的分析检出限降至 ppb 级，同时大大降低分析金的费用。

金地球化学研究和金矿化探发展的各个历史阶段，都与分析技术的进步密不可分。就国外的总体情况看，20 世纪 70 年代之前，文献上发表的金的地壳克拉克值为 4 ppb 左右。

他崇尚爱因斯坦"想象力比知识更重要"的名言。

苏联地质学家罗斯利亚科娃（H.A. Рослякова）和罗斯利亚科夫（Х.Я. Росляков）对苏联若干金矿床的研究给了他很大的启发。这两位苏联学者的研究发现，金矿床的区域性地球化学异常可达数百平方千米，比较小的也有数十平方千米，但这些区域性异常都很弱，其异常下限只有几个 ppb。谢学锦据此推想，金的地壳克拉克值应当更低，预测在 1ppb 左右①；这种大面积的微弱的区域性金异常应该不是由通常的颗粒金引起的，自然界中的金除了以自然金颗粒的形式存在外，可能还应当有大量超微细（亚微米级及纳米）颗粒的金存在，可能正是这种超微细颗粒金形成了金的区域性异常。

由此，80 年代初，谢学锦经过再三考虑，决定将 Au 列入区域化探全

---

① 谢学锦、侯智慧：金矿化探。《长春地质学院学报》，1987 年，第 7 卷第 4 期，第 363 页。

国扫面计划分析元素名单，并要求河南的陈绍仁尽快研制低检出限的快速Au分析方法。他的这一大胆预测与决策和其后针对这一问题的研究，解决了一个世界难题，取得了金矿化探方法技术和理论的突破，是中国得以创造了让世界瞩目的找金成果的关键因素之一[①]。

河南地质局试验室陈绍仁按照谢学锦的要求，开发出取10g样品溶样、活性炭富集、光谱分析测金的方法，使金的检出限达到了1ppb的要求。其后，蒋建华、陈方伦又对方法做了改进，使检出限降低至0.3ppb。这种被称为"化学光谱法"的金分析方法在区域化探全国扫面计划中发挥了巨大作用。其后，一些研究者发展了各种预富集金的方法，包括聚胺酯泡沫塑料富集、碲共沉淀富集及甲基异丁基酮萃取等，并与多种分析仪器搭配以提高分析灵敏度，例如，与石墨炉原子吸收分析法联结，实施低检出限的金量分析；利用预富集光谱分析和原子吸收分析，使检出限达到0.1ppb。这些高灵敏测试技术的开发和使用，不仅取得了化探方法找金的突破，而且可以不断对金的地球化学数据和理论作出补充和修订。

独 辟 蹊 径

众所周知，由于样品中存在颗粒金，在碎样过程中难以磨碎，使金在样品中的分布极不均匀，取子样分析造成很大误差，以致影响分析结果的重现性和可靠性。这就是困扰金矿化探的所谓"粒金效应"。受中国"以金找金"思路与做法的影响，加之80年代分析方法的进展，国外一些探矿分析公司亦开始降低分析检出限来找金，但粒金效应给他们造成了极大的困扰。国外的解决办法是取大样，即取几百克、甚至几千克子样来分析金，或采用几次取子样分析结果的平均值，或者采用重砂分析。但这样做既不方便，又不经济，妨碍着"以金找金"的广泛应用。谢学锦在区域化

---

① 谢学锦、王学求、朱有光、李善芳：金矿地球化学勘查。参见：谢学锦等，《二十世纪中国化探（1950-2000）》。北京：地质出版社，2009年，第99页。

探全国扫面计划中采用了与国外完全不同的办法，即绕开这一问题，通过两方面的研究，从理论和实践上解决了这一难题。

样品中金的粒度分布与超微细金的发现

粒金效应导致分析结果的重现性与可靠性都很差。因此，研究颗粒金在样品中的分布与分析可变误差的关系自然成为解决问题的重要途径。谢学锦、王学求[1]对不同含量范围的样品各进行三次分析，分别计算出分析误差，结果表明：金含量小于 10 ppb 的样品及金含量大于 100 ppb 的样品，分析重现性都较好，唯有金含量中等的样品分析误差起伏较大（表 6-1）。究其原因：在低含量（<10 ppb）样品中，不存在大颗粒金，取每一份子样进行分析，获得结果都一致；中等含量样品，既有大颗粒金，又有超微细金，而且大颗粒金较少，故在子样中分布不均匀，取子样时，如果取到大颗粒金，分析含量就会偏高很多，若取不到，分析含量就会很低；高含量样品中既有大颗粒金，又有超微细金，但大颗粒金较多，故分布较均匀，取每一份子样分析结果都会比较接近。这就从实验和理论上揭示出了"粒金效应"与样品中金含量分布关系的内涵。

表 6-1　样品中金含量与分析误差的关系[2]

样品含量，ppb	样品数	根据每个样品三次分析变差系数（RSD）之平均值 %
< 1	5	23
1 ~ 10	37	35
10 ~ 100	22	151
100 ~ 1000	8	68
>1000	3	20

① 谢学锦、王学求：金矿化探（三）：金的颗粒分布与取子样误差关系的研究。《物探与化探》，1992 年，第 16 卷第 6 期，第 422-432 页。

② 谢学锦、王学求：金矿化探（三）：金的颗粒分布于取子样误差关系的研究。《物探与化探》，1992 年，第 16 卷 6 期，第 421-432 页。

谢学锦等采用沈瑞平[1]的光谱矿物定量分析方法，计算出每一样品中金颗粒的大小及各种大小颗粒的数量（表6-2）。随后，又通过理论假设，计算颗粒金中的金含量占各个样品中金全含量的比例，推算出颗粒金和超微细金对样品中金总量的贡献。总体说来，在参与计算的金含量小于10ppb的样品中，超微细金的贡献介于62%～93%之间。金含量大于100ppb的样品中颗粒金的贡献达于80%以上（表6-3）。这样，就发现了一个被前人忽略的重要事实：化探样品中存在着小于5μm的超微细金[2]。

1989年在巴西举行的第13届国际地球化学勘查会议上，谢学锦报告了这一发现，引起极大震动。著名地球化学家、美国地质调查所的元老赵峻田（T. T. Chao）先生称："金的存在形态与提取，在个人的认识中，此一工作是阁下最大的在理论上与实用上的成就。过去所谓的专家走错方向，至今仍在迷途中。"[3]

表6-2　样品中颗粒金[4]的分布

样品号 金颗粒数 金颗粒大小 μm	R1	R2	D1	D2	R3	R4	S1	D1	R5	R6
5～10	61	25	324	143	485	130	81	20	410	12
10～20	—	—	—	—	2	—	1	3	14	26
20～30	—	—	—	—	—	—	—	1	6	17
30～40	—	—	—	—	—	—	—	—	—	5
40～60	—	—	—	—	—	1	—	—	1	3
60～80	—	—	—	—	—	—	—	—	—	1

R1-R6样品为岩石样品组合样，S1为土壤样品组合样，D1-D3为水系沉积物组合样。

---

① 沈瑞平：光谱矿物定量方法的基本原理。《地球化学》，1976年第4期，第251-255页；沈瑞平：光谱矿物定量方法的基本实验。《地球化学》，1977年第1期，第47-54页。

② 谢学锦、王学求、朱有光、李善芳：金矿地球化学勘查。参见：谢学锦等，《二十世纪中国化探（1950-2000）》。北京：地质出版社，2009年，第101-102页。

③ 赵峻田：1993年5月10日致谢学锦的信。参见：谢学锦，《面向21世纪的应用地球化学——谢学锦院士从事地球化学研究50周年》。北京：地质出版社，2002年，第515页。

④ 谢学锦、王学求：金矿化探（三）：金的颗粒分布取子样误差关系的研究。《物探与化探》，1992年，第16卷6期，第421-432页。

表 6-3　不同样品中颗粒金与超微细金对样品中金含量所作贡献 [1]

样品号	金全量 ng/g	颗粒金（>0.5μm）之贡献		超微细金（<0.5μm）之贡献	
				金含量	占全量之比例，%
R1	0.8	0.2	25.0	0.6	75.0
R2	1.6	0.6	37.5	1.0	62.5
D2	3.6	0.3	8.33	3.3	91.67
D3	6.4	2.4	37.5	4.0	62.5
R3	44.4	30.5	68.7	13.9	8.0
R4	21.1	19.7	93.4	1.4	6.0
S1	37.0	19.7	53.2	17.3	47.0
D1	18.5	11.9	64.0	6.6	36.0
R5	329	286.4	87.0	42.6	13.0
R6	2020	2429.0	85.0	428.0	15.0

绕开"粒金效应"的巧妙途径

有了金检出限在克拉克值以下（0.2 ppb）的分析方法，再加上自然介质中有超微细金存在这一惊人的发现，使谢学锦找到了一条绕开"粒金效应"的巧妙途径。这条途径就是：在区域测量中，不须过多考虑单个样品的高含量值；而是针对样品中超微细金造成的低含量异常，如果其面积、强度、异常结构、变化趋势及异常再现性与其中的浓集中心，这些参量都很稳定、可靠，就可以圈出与金矿有关的区域性异常，从而绕开了因注重高含量样品而带来的"粒金效应" [2]。

以此，他认为，不能满足于圈出金矿四周的局部异常，而一定要圈出和研究由超微细颗粒金引起的区域性金异常，这不仅是为扩大找矿靶区，更重要的是，要根据区域性金异常的规模来评价金异常的经济价值。为此，

① 谢学锦、王学求：金矿化探（三）：金的颗粒分布于取子样误差关系的研究。《物探与化探》，1992 年，第 16 卷 6 期，第 421-432 页。

② 谢学锦、王学求、朱有光、李善芳：金矿地球化学勘查。参见：谢学锦等，《二十世纪中国化探（1950-2000）》。北京：地质出版社，2009 年，第 102-103 页。

基于金的分析方法已经成熟，遂将金的分析检出限定为 0.3 ppb，以发现量虽微弱但面积很大、很稳定的区域性金异常，从而更清晰地勾画出金的区域背景，能在大面积范围内全面比较和筛选出可能最有价值的金异常。

将 Au 的分析检出限降至 0.3 ppb，这在全世界绝无仅有，其效果也是全世界独一无二的。以美国在阿拉斯加进行的区域化探为例，他们将 Au 的分析检出限定为 50 ppb，整个图幅上金的分析报出率只有 1%，这样低的报出率使得大金矿、小金矿、没有价值的小矿点所透露出的信息没有什么差别，彼此难以区分。反观中国各省金的地球化学图，由于有比阿拉斯加低了 100 多倍的分析检出限，分析报出率都在 90% 以上，甚至高达 100%，金的低背景区、高背景区、区域性异常及异常浓集中心的强度与规模的变化，在金的地球化学图上都一目了然，透露出了大量直接找金的信息。这是过去国内外金的地球化学图根本无法与之相比的。

试验结果表明，许多金矿都处在以 2 ～ 4 ppb 的异常下限值圈定的区域异常内。在区域异常内，以超过 4 ～ 8 ppb 的金含量作为异常检查区，在重复测量时有非常好的重现性。这就完全避开了"粒金效应"，使金的地质找矿工作发生了革命性的变化，并取得了突破性的进展。

采用这样的做法使中国的金矿化探取得了很大的成功。在区域化探全国扫面计划中，发现了一大批异常下限在 2 ～ 4 ppb 的区域金异常，面积可达几十至几百平方千米。把详查工作集中在大于 4 ppb 所圈出的浓集中心里，就会大大提高找矿成功率。这种新理念的实施，也为找矿理论、找矿技术和成矿理论等的发展提供了大量新信息与新思想。

谢学锦和他的学生们一起进行的金矿化探研究在理论上和应用上都取得了极大的成功，先后发表了"金矿化探"、"金矿化探（二）：采样与取子样的难关"、"金矿化探：特殊问题，不同做法"、"化探找金·国内与国外"、"地球化学样品中金颗粒分布与分析误差关系的初步研究"、"金矿化探（三）：金的颗粒分布与取子样误差关系的研究"，以及他以第 13 届国际地球化学勘查会议上所作报告为基础 1991 年发表在 *Journal of Geochemical Exploration* 第 40 卷上的论文 Geochemical exploration for gold：a new approach to an old problem（金的地球化学勘查：老问题，新做法）

和"非传统金矿化探的理论与方法技术研究"，系统地阐述了中国金矿化探的理论与方法体系。这个理论与方法体系，可以概括为：①自然界中的金除了以自然金颗粒的形式存在外，还存在着大量超微细（亚微米级及纳米）颗粒的金，正是这种超微细颗粒金形成了金的区域性异常；②广泛使用区域地球化学测量作为金矿勘查的首选方法；③降低金的分析检出限于地壳克拉克值以下（0.3 ppb），以便金的背景值能清楚地反映出来；④重视 2 ~ 4 ppb 所圈出的区域异常，详查集中于大于 4 ppb 所圈出的浓集中心；无论在区域测量，还是详查中都不要过多考虑单个样品的高含量值[①]。

按照谢学锦的上述思路，使用化探方法找金最早获得突破的是河南上宫金矿的发现。

1977—1978 年，河南区调队在熊耳山北麓 1470km² 的范围内开展水系沉积物测量，以 4 ~ 9 个样 /km² 的采样密度采集细粒级淤泥或细砂样品。样品重量 200 ~ 250 克，加工至 180 ~ 200 目。使用光栅垂直电极直接粉末法分析 W、Mo、Sn、Bi、Cu、Pb、Zn、Ag、Cr、Co、Ni、Mn、Ti、P 共 14 种元素，再将样品按照 1 个组合样 /km² 的要求，用化学光谱法分析 Au 和 As，其中 Au 的分析检出限为 0.5ppb。以 4km² 的窗口移动平均作图。用 2ppb Au 作为异常下限圈出的 Au 异常面积约 1000km²，用 4ppb Au 作为异常下限共圈出 4 处明显的区域性 Au 异常，其中上宫 Au 异常的面积约 150km²，在这个异常范围内用 8ppb Au 圈出的 Au 异常面积约为 50km²，用 20ppb Au 圈出的 Au 异常面积约为 13km²，用 40ppb Au 圈出的 Au 异常面积约为 9.7km²，异常的最大值高达 1100ppb Au。该异常规模大，分带清晰，浓集中心明显，并且具有多层套合的特点，是寻找大型金矿的有利靶区。

1980 年在 22.5km² 的范围内，以 100m×50m 的网度进行岩石地球化学测量，圈出了 Au、Ag、Pb、Zn 异常带，在异常带中心发现了北东向构造蚀变带，沿构造蚀变带采集了 27 个岩石拣块样，其中 3 个含金大于 3g/t。

在岩石测量异常浓集中心长 1500m、宽 300m 的范围内，以 100m×（5 ~ 10）m 的网度进行土壤地球化学测量，以 60ppbAu 作为异常下限，

---

① 谢学锦、王学求：金矿化探：特殊问题，不同做法。参见：《第四届勘查地球化学学术讨论会论文选编》。武汉：中国地质大学出版社，1991 年，第 83-90 页。

圈出了 4 条金异常带（均伴有 Ag、Pb、Zn、As 异常），其最高金含量分别达 14.69g/t、3.79g/t、117.33g/t。

1982 年对这一异常进行地质和工程验证的结果，发现了由 4 个长 400～1000m、厚 1～3m、品位 4～7g/t（最高达数百 g/t）的金矿体。上宫大型金矿床遂宣告发现。它的发现是按照谢学锦化探找金思路找到大型金矿床的首例，并直接导致了其后小秦岭地区一系列大型金矿床的发现，带动了整个地区金矿的找矿突破[①]。

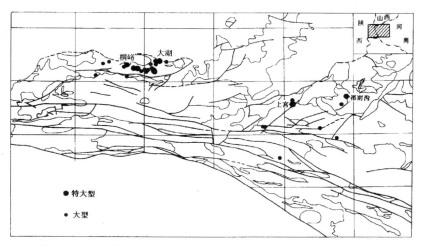

图 6-1　由上宫金矿床的发现导致发现的小秦岭金矿田中的一系列金矿床的分布

贵州烂泥沟金矿的发现是按照谢学锦化探找金思路取得成功的又一个实例。

1984 年，区域化探在贵州 1：20 万安龙幅内发现了 3 处区域性金异常，并伴有 As、Sb、Hg 异常。以 3 ppb Au 作为异常下限圈出的金异常中，最大的一个金异常的面积达 800km²，在这 800km² 的范围内套合着异常值达 6ppb Au 的区域性金异常 200km²，在这 200km² 范围内又套合着 4 个局部金异常浓集中心。

1986 年，在进行 1：5 万地质填图的同时进行同比例尺的水系沉积物测量，追踪异常源，发现辰砂与雄黄矿化。采集 51 件样品进行分析，发现其中 12

---

① 王学求、谢学锦：《金的勘查地球化学　理论与方法·战略与战术》。济南：山东科学技术出版社，2000 年，第 246-250 页。

件样品的金含量大于 1.5g/t，最高达 13g/t。随即进行 1：1 万土壤地球化学测量，并经地表工程揭露，发现工业矿体。烂泥沟卡林型金矿床宣告发现。它的发现直接导致了紫木凼、戈塘等一系列卡林型金矿的发现，使滇黔桂边区成为了世界上仅次于美国内华达地区的世界第二大卡林型金矿矿集区[1]。

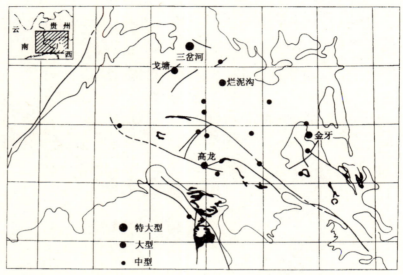

图 6-2　由烂泥沟金矿床的发现导致发现的滇黔桂卡林型金矿矿集区金矿床的分布

　　山东省平邑县境内的归来庄金矿床的发现也是一个很好的例子。1986—1987 间进行的 1：20 万区域化探扫面工作，以 1 个样 /km² 的采样密度采集水系沉积物样品，以 1 个组合样 /4km² 的分析数据绘制金的地球化学图，以 2ppb Au 作为异常下限，圈出了面积为 120km² 的铜石镇—归来庄金异常，其内套合着 50 多 km² 面积的 5ppb 以上的 Au 异常。经实地踏勘，发现褐铁矿化碎裂岩，经取样分析，其金含量达 ppm 级，已经达到工业品位。

　　1988 年对该异常进行了 1：5 万水系沉积物加密测量，采样密度为 4 个样 /km²。分析 Au、Ag、Cu、Pb、Zn，以 4 ppb Au 作为异常下限，圈出了 4 个金异常，面积共 76km²，其异常峰值达 15 ~ 60ppbAu。对这 4 处金异

　　① 王学求、谢学锦：《金的勘查地球化学理论与方法·战略与战术》。济南：山东科学技术出版社，2000 年，第 250-252 页。

常进行的查证均发现了金矿化，其中Ⅳ号异常的金含量达 8.46 ～ 55.21g/t，证实了工业矿体的存在。为追踪和详细圈定矿体，进行了 1∶1 万的土壤地球化学测量和电法剖面测量，后经工程揭露和控制，最终证实为大型金矿床。从区域化探扫面开始到金矿体的发现，仅仅用了 3 年的时间[①]。

这样的例子还可以举出很多。从 20 世纪 80 年代开始，谢学锦制定的这套化探找金方法就已经成为中国寻找金矿的主要方法。云南地矿局前总工程师张翼飞先生曾经说过，今天在中国寻找金矿，离开化探资料是根本不可能的[②]。除了上述豫陕边区的小秦岭金矿区和黔西南的世界第二大卡林型金矿区外，其他诸如云南的许多大型金矿床、川陕甘金三角区、新疆、胶东等地区的许多大型金矿床的发现，均无不与谢学锦制定的中国化探找金方法有直接的关系。迄今已经发现了数百个新的金矿床，仅据新疆、甘肃、贵州、四川、云南五省区的不完全统计，其储量就数以千吨计。

世界金矿勘查地球化学的经典之作

2000 年，山东科学技术出版社出版了《金的勘查地球化学 理论与方法·战略与战术》一书，作者依据国内外金矿勘查的最新研究成果，尤其是谢学锦 20 多年中从研究地球化学填图的理论与方法到技术指导区域化探全国扫面计划（全国地球化学填图计划）再到研究在隐伏区找寻巨型矿的新理论、新方法、新战略所取得的成就，对金矿勘查地球化学的原理、金矿地球化学勘查的方法、金矿地球化学勘查的战略与战术、金矿地球化学勘查的成就进行了系统的总结，全书 44 万字，堪称世界金矿地质理论与勘查技术的经典之作。赵峻田（T. T. Chao）先生读到此书后，称它"内容充满新知，读者手不释卷"，"具备广泛而深刻的研究资料"，"其中试验成果

---

① 王学求、谢学锦：《金的勘查地球化学 理论与方法·战略与战术》。济南：山东科学技术出版社，2000 年，第 257 页。

② 张翼飞，私人通信。

图6-3　王学求、谢学锦著《金的勘查地球化学》（1999年山东科学技术出版社）

具有中国的特色，代表中国科学家与无数忠诚的从业人员经年累月辛勤苦干的结果"，是"一本划时代性的巨著"①。

按照谢学锦原来的计划，是由他的学生王学求②写成初稿，再由他进行修改和补充。但在著作稿启动时，他遇上了车祸（见第十一章），大量的撰写工作落到了王学求身上。谢学锦在病床上对全部书稿做了通审、修改及补充。在书稿最后完成之后，他决定将王学求放在第一作者的位置，而将自己的名字放在王学求之后，但山东科学技术出版社却不同意这样做。为此，他于1998年10月14日致函山东科学技术出版社泰山基金办公室主任门丽雅同志，说：

> 书稿已经完成，但贵出版社因我在著者署名上，将王学求名字署于我名字之前，而不愿出版此书，闻之不胜遗憾。

他在信中指出，在20多年的研究工作中：

---

① 赵毓田：2001年8月19日致谢学锦的信。参见：谢学锦，《面向21世纪的应用地球化学——谢学锦院士从事地球化学研究50周年》。北京：地质出版社，2002年，第522页。

② 王学求（1963-　），研究员，博士生导师，国务院政府特殊津贴专家。1986年毕业于长春地质学院勘查地球化学专业，1989年在地质矿产部地球物理地球化学研究所获应用地球化学专业硕士学位，师从谢学锦，1998年在长春科技大学（原长春地质学院，后合并吉林大学）获地球探测与信息技术专业博士学位。1997年"地矿部百人计划"获得者，2003年"国家百千万人才工程首批国家级人选"、获国家科技进步奖二等奖等。先后主持国家攀登计划、国家"973"计划、国家"863"计划、等国家重大项目。现任中国矿物岩石地球化学学会应用地球化学专业委员会副主任委员，国际应用地球化学家协会理事，全球地球化学基准委员会联合主席。

我的一些同事与学生都做出了贡献，最为突出的是王学求博士，他不仅通过解决一系列具体技术难题把我的许多思想变成了现实，而且也创造性地提出了许多新的思路，王学求不仅将这20余年我们所提出的新思路，取得的新资料和创立的新理论做了系统的总结，而且还全面总结了国际上对金的勘查地球化学的发展，参阅国外文献不下350篇……由于他的工作如此杰出，以致我认为已无必要对此稿做重大修改补充……因而我认为此书的写作王学求作出了最大贡献，应实事求是将王学求的署名置于我名字之前。另外我已75岁，勘查地球化学未来的发展要依靠年轻有为新崛起的科学家。他们取得重大成就使我们看到未来的希望，必须对他们的贡献给以恰如其分的尊重与评价，决不能将之抹杀或掩盖。因此我坚持将王学求署名置于我之前，泰山出版社如能接受我的意见，将对扶持年轻的杰出科学家，加速我国科学事业的发展作出榜样与重大贡献。希将此信连同此书前言交泰山出版社领导及上级有关单位领导慎重研究考虑[①]。

门丽雅同志为此在《光明日报》上著文"经营圣殿"，说："院士让年轻作者署名在自己之前，这是何样的高风亮节和人格魅力？！"[②]

赵畹田先生在收到寄去的书后给先生的信中则这样写道："此书又带来另一大喜讯，您现在已将著作第一作者的位置交给年青的一代，您在国外发表的文章已有退出第一作者的情形，但类此巨著尚属首次。我想，您认为科技研究乃国家基本大业，后继必须有人。此种远见应为具有'院士'尊号的学者及高级研究人员的借鉴。"[③]

的确，无论是对事业的执着追求与矢志不渝，还是对工作的兢兢业业与极端负责任，无论是对名利的淡薄与对祖国的忠诚，还是对年轻一代的扶持与钟爱，谢学锦都堪称科学家的表率和科学工作者的楷模。

---

① 谢学锦：1998年10月14日为《金的勘查地球化学》一书署名问题致山东科学技术出版社门丽雅的信。资料存于采集工程数据库。

② 门丽雅：经营圣殿。《光明日报》，1999-03-26，第10版。

③ 赵畹田：2001年8月19日致谢学锦的信。参见：谢学锦，《面向21世纪的应用地球化学——谢学锦院士从事地球化学研究50周年》。北京：地质出版社，2002年，第522页。

第七章
油气化探

顺境中的不顺

　　1980 年是谢学锦最顺的一年。那一年他有五件喜事！

　　第一件事是他 4 月第一次出国，以团长的身份率领中国化探代表团到西德汉诺威参加于 10—15 日举行的第 8 届国际地球化学勘查学术会议。西德地球化学家贡德拉赫（H. Gundlach）主持第 8 届国际化探大会。他希望这一届有一些新鲜东西，他觉得中国做了不少工作，请中国派团参加。中国派去了一个 5 人代表团，先飞到法国，再从法国飞到西德。西德的西渥斯博士专程开了一辆小面包车到机场，举着一个牌子，来接中国代表团。对别的想乘车的代表团人员西渥斯解释说，这是专接中国代表团的车。一到旅馆，贡德拉赫就来电话了。他在电话中说："我非常高兴。我们正在举行酒会，我知道你们很累，但你们是不是来参加一下？"代表团立刻就去参加酒会。贡德拉赫在大门口迎接中国代表团，对谢学锦说："明天大会有 3 个开幕演说，你是第二个。"第二天去了以后，谢学锦把幻灯片交给放幻灯片的德国老头，老头说："你不要照着本子念。讲得轻松一些，最好加几个笑话，这样子大家才高兴。"谢学锦报告的题目是"Geochemical Exploration in China"（中国的地球化学勘查）。大概有 500 人听了他的报告，台下掌声持续了很久。大会主席握

图 7-1　1980 年第 8 届国际化探大会野外旅行期间留影［右一为大会主席德国人 Gundlach。谢学锦（右四）］

着他的手庆贺他，说他的报告获得了极大的成功。接着有一大堆人围上来提问题，他一一做了回答[①]。这次会议是中国化探走出国门的第一步，并且是十分成功的一步。1982 年 5 月 12—14 日，谢学锦与郑康乐参加了在加拿大萨斯卡顿举行的第 9 届国际地球化学勘查学术会议（9 th IGES），并提交了 Recent Advance in Geochemical Exploration in China（"勘查地球化学在中国的最新进展"）的论文，论文内容使国外同行了解了中国的勘查地球化学，使得全世界对中国的化探工作刮目相看。会议期间，谢学锦抓紧时间参观了许多大学及公司的实验室，带回了丰富的化探资料和信息，包括美国地球化学公司德歇勒尔（Duchscherer）已保密 10 多年的油气化探"蚀变碳酸盐"（ΔC）的新技术。

图 7-2　中国地质学会勘查地球化学专业委员成立大会闭幕后留影（1980 年 5 月于浙江莫干山）（自右至左：前排：李善芳、周树强、沈时全、谢学锦、李美生；中排：孙德江、郑康乐、梁咸度、吴承烈、刘兴民、鄯明才；后排：杨泗麟、陆苏民、邵跃、康继本）

这一年让谢学锦高兴的第二件事是 5 月 21—30 日，第一届全国勘查地球化学学术讨论会暨勘查地球化学专业委员会成立大会在杭州莫干山召开，

---

①　谢学锦口述，宗道一等整理：向地球深处探宝（勘查地球化学家谢学锦院士口述）。资料存于采集工程数据库。

全会同意谢学锦提出的将"勘查地球化学"作为专委会的名称，并选举产生了以谢学锦为主任委员的由31人组成的第一届勘查地球化学专业委员会。

第三件是入党。领导找到谢学锦，询问他对自己组织问题的考虑。他说入党开会太多，耽误时间。领导说，你可以少开会，有些会你可以不参加。于是他在这年的7月成为中国共产党预备党员，一年后转正。

第四件是11月当选为中国科学院学部委员（院士）。父亲1955年被聘为中国科学院首批学部委员（院士）时是57岁，他当选为中国科学院学部委员（院士）也是57岁。

第五件也是在11月，他被任命为物探所的第一副所长[①]。

在副所长的岗位上，谢学锦任人唯贤，任人唯才，发挥每个人的专长，宽容小毛病，放手让他们工作，所里工作欣欣向荣。物探所当时的上级主管单位国家地质总局地质勘察设计院的领导跟他推心置腹，关系非常融洽。所长黎风和他的关系也很好。1983年，谢学锦提名邵跃接替他任副所长，设计院领导也同意；邵跃很能干，帮他做了许多事。总之，在物探所属于这个地质勘察设计院领导的时候是最辉煌的，工作非常好。但好景不长，后来勘察设计院被撤销了，物探所划归物探局管辖。黎风调离物探所，邵跃的副所长1987年任期满后亦未能继续。新疆305项目因为自治区党委书记宋汉良曾经的重视，一开始很重视他，后来也因为宋汉良的生病等其他原因，受到了冷落。这样，在一段辉煌之后，在区域化探全国扫面计划的技术准备完成，由物探局负责按规范要求进行大规模扫面之后，他这个"名誉所长"也就差不多只剩下名誉了。尽管他不断提出随着各省大量资料的积累，大量矿床的发现，有很多新问题需要研究与解决，但没人理睬他。从那时起至20世纪90年代初，有差不多5年的时间，他基本上在国外活动，用国外提供的资助（IGCP259/360首席科学家、加拿大人A. Darnly用他的项目资金提供的资助）在国外参加会议，在国外发表论文，国内他没有研究经费[②]。

---

① 谢学锦1980年11月—1983年3月任物探所第一副所长，1983年3月20日起任物探所名誉所长至今。

② 谢学锦口述，宗道一等整理：向地球深处探宝（勘查地球化学家谢学锦院士口述）。资料存于采集工程数据库。

踌躇满志冒风险

尽管谢学锦个人事业经历一段辉煌之后工作生活趋于平静，但区域化探全国扫面计划节节胜利的势头很猛，由上宫金矿的发现开启的金矿发现潮喜讯不断，使区域化探全国扫面计划好评如潮。

区域化探扫面计划刚开始的时候，受到各方的反对，上海会议时，几乎所有的人都攻击这个计划，到第二年就稍微好一点，第三年就更好一点，后来在河南上宫金矿发现以后，就一片赞扬声了，再也没有反对的声音了。区域化探全国扫面计划提出的时候，技术并不是很成熟，是冒了很大的风险的。但得到张同钰副部长的全力支持，大获成功。

然而，区域化探全国扫面计划按照规范蓬勃开展起来后，几乎没有人理睬他的后续研究计划，得不到研究经费，但在这个时候，他踌躇满志，决定再冒一次风险：投身油气化探研究。他知道，油气化探这项工作在国外遭遇了很多困难，工作会很艰难，但他觉得中国应该开展这项工作，尽管要冒很大的风险。所以他开玩笑说，决定去搞油气化探就好像希特勒当年攻打苏联，最后有可能把本钱都输在这上头[1]。

他的想法获得了时任石油工业部总地质师阎敦实[2]和大庆油田总经理的支持。此外在开展非传统方法找金时，在与清华大学合作的过程中，认识了王大珩院士——他也非常支持油气化探的工作，并找了中国科学院地质所和二机部的 12 所与他合作，开展油气化探研究。于是，他在 20 世纪 80 年代中期把注意力转向了油气化探研究。

---

① 谢学锦访谈，2012 年 11 月 20 日，北京。资料存于采集工程数据库。

② 阎敦实，历任燃料化学工业部石油勘探开发规划研究院副院长、华北油田石油会战指挥部副指挥兼总地质师、石油工业部副部长、石油工业部总地质师、高级工程师、中国石油学会第一届副理事长、中国地质大学、华东石油学院、西北大学兼职教授。

未经论证就搁浅的建议

1985 年 4 月，他提出在国家重大攻关项目"寻找大油气田的理论与勘探技术方法"中增列有关石油化探方法课题的建议，建议的课题包括 3 个内容：研制并开发各种石油化探方法；从中挑选适用于大面积扫面及详查的方法与参数并加以研究；研究多参数的解释推断系统。

接着，他又写出了"建议将非地震、多参数地球化学与地球物理直接寻找油气田方法列为国家七五规划重大科研项目"的意见，指出：

> 这些非地震方法与地震方法不同之处在于地震方法是一种间接方法，它找寻的不是油气田本身，而是有利于油气储集的构造，而各种非地震的地球化学与地球物理方法找寻的却是油气田存在的直接证据，包括痕量油气物质从油气田渗漏出来后在地表留下的印记，以及油气物质在运移过程中对环境造成的化学的、物理的、生物的、物理化学及生物化学的变化。另一个不同之处是多种非地震方法的成本比地震方法成本要低得多，更重要的是非地震法的工作效率远远高于地震方法，根据多方报道，非地震地球化学与地球物理方法找油的成功率是在 22% ~ 70% 之间（其中不少成功实例是地震方法难以发现的各种非构造油田），而地震方法的成功率只有百分之十几 [1]。

1985 年 6 月，时任国家计委党组书记陈先指示第一副主任张寿，在国家计委举行了有部分领导同志参加的会议，听取谢学锦有关石油化探的学术报告。也是在国家计委的建议下，还在石油部机关和电子工业部第 12 所安排了石油化探汇报会。在国家计委的同意和关心下，在时任中科院第二技术科学部主任、"863" 计划倡导者之一的王大珩院士和阎敦实的鼓励和支持下，1985 年 8 月 24 日，由物化探所、中国科学院安徽光学精密机械

---

① 谢学锦：建议在国家重大攻关项目"寻找大油气田的理论与勘探技术方法"中增列有关石油化探方法的课题（1985 年 4 月）。资料存于采集工程数据库。

研究所和电子工业部 12 所共同召开了一个有国务院发展中心办公室、国家计委、国家经委、国家科委、人民日报社、石油部等有关领导参加的"建议将非地震、多参数地球化学与地球物理直接寻找油气田方法列为国家七五规划重大科研项目"的意见和情况汇报会会。谢学锦在会上报告了石油化探的现状及开发非地震、多参数地球化学与地球物理直接寻找油气田方法的意义,指出:非地震多参数地球化学与地球物理方法的发展,看来是国际油气勘查技术发展最值得注意的新动向,如果我们不重视这个新动向,在今后一二十年内我们在石油勘查工作中将会丧失许多机会,时间与金钱,只要获得足够的支持,我们就可以在这一技术领域迅速赶上国外水平,在五年内使我国的技术处于领先地位,并取得实际经济效益。相关部委领导和与会专家也都发表了很好的意见。会议纪要指出:①非地震、多参数地球化学和地球物理直接找油气的方法是一种"新方法"、"新事物"、"新思想",它有"广阔的前景","投资少"而"经济效益显著",对于"尚未勘查过的处女地和大面积扫描普查尤其重要"。大家一致认为"七五"期间应该不失时机地开展这项对国民经济有重大意义的工作。并且都表示了不仅"积极支持",而且愿意"尽力促成"。发言同志都希望国家各有关部门能给此项工作多方面的支持和扶持,使它及早起步。②三个所跨部门的合作,发展了横向联系,"打破了个各部门单枪匹马的局面",这是"科技体制改革的重要方面"。同时多学科——地球化学、地球物理、激光技术、真空和表面科学、电子技术的协同攻关"符合当代先进科学技术的发展趋势",有利于形成技术优势,有利于开发新型高级技术。有一些领导同志强调指出,我国应该多组织这样的、"以加强新技术为主要特征的"国家队①。

但这次会议遭到了地质部石油局的反对,因为它只相信地震法而排斥其他方法,包括在大庆起了好作用的电法和磁法,它也予以否定。并且还说,这次会议是谢学部要对抗地质部②。因此,1985 年 9 月 25 日物化探所、

---

① "建议将非地震、多参数地球化学与地球物理直接寻找油气田方法列为国家七五规划重大科研项目"的意见和情况汇报纪要(1985 年 8 月)。资料存于采集工程数据库。

② 谢学锦访谈,2012 年 11 月 20 日,北京。存地同上。

中国科学院安徽光学精密机械研究所和电子工业部 12 所联合申报的"非地震、多参数地球化学与地球物理直接找油方法的研究"的"七五"国家重点项目，未经论证就搁浅了。

没有成功的油气化探全国扫面

第二次，时任石油工业部总地质师的阎敦实下决心要搞一个像区域化探扫面那样大的计划，在全国范围内进行油气化探工作。

区域化探全国扫面计划获得批准后，地质部交由地质部物探局执行。物探局负责人孙焕振诚恳而虚心向谢学锦请教，谢学锦成了这项工作实际上的决策人。石油部开展油气化探全国扫面的工作，却找不到像谢学锦这样的人，又因为跨部门的关系而不能请谢学锦来做这项工作的总指挥，只得采取招标的办法来进行。这样一来，许多单位都想要任务，不会做这项工作的单位也往里面挤，并且许多人还认为招标成功的最大阻碍就是谢学锦，于是便到有关领导那里"做工作"。这样招标的结果，当然就把工作做得一塌糊涂，弄得阎敦实也非常被动。这次由石油部领导的类似区域化探全国扫面的全国性油气化探工作，由于质量很差，许多工作等于虚功，终以失败告终[1]。

为油气化探的事，他还曾经见过朱镕基。朱镕基让国家发改委的一位局长处理此事。这位局长答应拨出一笔经费用于油气化探研究，条件是地质矿产部必须拿出一部分配套资金。但就是因为石油局的坚决反对，地质矿产部有关部门坚决不出这笔配套资金。为此，谢学锦曾经去找过时任地质矿产部副部长夏国治，但是仍然没有说服石油局拿出配套资金[2]。

在大庆油田和陕北等地的油气化探研究

在 20 世纪 80 年代中后期，在得到了石油部的经费后，谢学锦与长

---

[1] 谢学锦访谈，2012 年 11 月 20 日，北京。资料存于采集工程数据库。
[2] 同[1]。

春地质学院及其他许多单位合作，在大庆、延吉盆地、黄骅凹陷、黎树盆地、廊固凹陷、塔里木盆地等地做了许多油气化探研究工作，先后发表了"当前油气化探中的若干问题"[①]、"油气地表地球化学勘查的单参数和多参数方法"[②]、"多参数地球化学方法在松辽盆地安达—绥化地区找油的应用"[③]、"在大庆油田附近青岗地区多参数地球化学方法找油的应用"[④] 和 "廊固凹陷油气化探多参数异常特征"[⑤] 以及 "局部和区域油气地球化学勘查"[⑥] 等中文论文和两篇英文论文：Application of Multiparametric Geochemical Methods in the Search for Oil in the Qinggang Region near Daqing Oil Field[⑦] 和 Local and Regional Surface Geochemical Exploration for Oil and Gas[⑧]。

自从 20 世纪 30 年代 G. Laubmeyer 和 B. A. Соколов 第一次提出油气地表地球化学勘查以来，油气化探的发展几经盛衰，到 80 年代末进入了一个全面发展的时期，国内外利用化探方法找到了一大批油气藏，特别是地震方法难以发现的低缓圈闭和地层圈闭的油气藏，引起了整个石油勘查界的极大兴趣和关注。但是，由于油气地表地球化学信息远较金属矿弱，而且受近地表的土壤性质和地表的气候变化及微生物活动等因素的干扰，地表地球化学晕的形状和强度变化多端，这就给地表地球化学资料的正确解释和推断与对比带来了严重困难。针

---

① 谢学锦：当前油气化探中的若干问题。《世界地质》，1990 年，第 9 卷第 3 期，第 1-4 页。

② 谢学锦、赖志敏：油气地表地球化学勘查的单参数和多参数方法。《世界地质》，1990 年，第 9 卷第 3 期，第 37-48 页。

③ 谢学锦、杨丙中：多参数地球化学方法在松辽盆地安达—绥化地区找油的应用。《世界地质》，1990 年，第 9 卷第 3 期，第 12-17 页。

④ 谢学锦、杨丙中：在大庆油田附近青岗地区多参数地球化学方法找油的应用。《世界地质》，1990 年，第 9 卷第 3 期，第 49-53 页。

⑤ 谢学锦、吴锡生、周国华：廊固凹陷油气化探多参数异常特征。《世界地质》，1990 年，第 9 卷第 3 期，第 64-68 页。

⑥ 谢学锦：局部和区域油气地球化学勘查。《世界地质》1990 年，第 9 卷第 3 期，第 27-36 页。

⑦ Xie Xuejing and Yang Bingzhong: Application of multiparametric geochemical methods in the search for oil in the Qinggang region near Daqing Oil Field。J. Geochem. Explor.，1989，33：203-213。

⑧ Xie Xuejing: Local and regional surface geochemical exploration for oil and gas。J. Geochem. Explor.，1992，42：25-42。

对上述情况，谢学锦在 1986 年就提出"使用多参数的化探方法，将所获得的各种信息互相验证，互相增强，从而增加解释推断的可靠性"，并在大庆油田附近青岗地区、松辽盆地安达－绥化地区和廊固凹陷进行了试点研究。

1985 年，由物化探所牵头，由谢学锦亲自负责，与中国科学院安徽光学精密机械研究所、电子工业部 12 所和黑龙江省物化探大队（负责野外采样）合作，在大庆油田 5000km² 范围内开展了"松辽盆地青岗背斜、海拉尔贝尔凹陷含油性评价"的油气化探研究。中国电子学会理事胡汉泉博士和张振祥副所长非常支持这项研究，指派于泽民和季春峰等工程师参加，把真空表面技术和近代电子技术应用于油气勘查，在较短的时间内攻下了"ΔC"的快速分析。大庆油田附近青岗地区进行的油气化探是应用多参数化探方法找寻新油田的研究，使用的方法有：①放射性测量，用活性炭吸收剂及使用 $CaSO_4$ 及 LiF 剂量计；②井水采样，测量紫外吸收及紫外荧光；③土壤分析 Hg、I、Sr、Ba、Ni、V、Mn、Cu、Zn 及 Ca。对结果解释的结论是青岗构造不是含油构造，最有利的地区是在构造的西南端，后续工作应是使用地震及非地震多参数地球物理与地球化学方法，在选定的远景区进行详查，以确定钻孔位置。这项研究取得了较好的地质成果和经济效益。大庆油田方面第二年就在测区内验证了升平油田西北部的新油区，"钻探证实油田边界向外扩大 6 平方千米，增加地质储量若干万吨，油田边界与热释光异常形态十分吻合，现已投入开发，见到了明显的经济效益。"[①]

为了进一步开拓石油化探研究，他把黑龙江区域化探扫面几千平方千米的资料与已经勘探开采几十年的大庆长垣构造油田的油田边界作了对比，结果发现，化探扫面的不少指示元素与油田边界有明显的正相关关系，特别是 Sr、Ba 异常与大庆油田的范围令人吃惊地吻合。时任大庆油田总地质师的马力看了资料后，很快就签下了"松辽盆地绥化盆地凹陷油气勘查"8000 平方千米的油气化探扫面合同。当大庆石油管理局在审核经费

---

① 大庆石油管理局勘探部 1987 年 12 月 28 日给地质矿产部物化探研究所的信。

预算时，勘探部丁贵明部长批准了 85 万元的项目经费的数额，并同意外加 10 万元的科研研究项目的费用。

1986 年在安达—绥化地区进行的地球化学方法扫面工作，优选出 ^{214}Bi、Rn、ΔC、Sr、Ba 等有效指标，在绥化、团山子、宋站—召东一带圈定出面积达 $1400km^2$ 的化探异常，结合地质与物探资料，分别讨论了这些异常特点与基底断裂、剥蚀古隆起边缘、晚侏罗世地层残留厚度梯度的变化部位的对应关系，提出了三个油气远景区，指出：宋站—召东化探异常区很可能是南部已知油田向北延伸的有利地段；团山子地区的化探异常与构造非常吻合；绥化凹陷区的异常面积较大，应引起足够重视。此外还提出了在松辽盆地东北隆起带上寻找中、深部隐蔽油气藏的可能性。令人兴奋的是，两三年后在项目指出的南部靶区宋站附近打出了高产气井。

此外，还应用多参数综合指标 MPV_1 评价了廊固凹陷的含油气远景。

在大庆青岗地区，谢学锦曾经设计了一个实验钻孔，但因为这个钻孔的位置处在湿地里，施工有困难，施工方将其挪了一段距离，放在干燥的高地上，结果没有能够打出油来。多少年过后证明他当初所布钻孔的位置是正确的，但是当初没有打出油的坏影响已经持续很长时间，即便有人想替他挽回影响也已经为时已晚[①]。

再后来，人间正道市场化。在地质矿产部内，他想做的项目都遭到石油局的否定；在石油部内，他每到一个地方联系到一项任务，有关方面就派出一些人跟他一起搞。待到这个项目搞完了，他想再延续项目时，别人已经学会了，就再也不要他了。他的许多想法根本没有实现的机会。

一段时间里，陕北地区允许私人开发油田。有投资者找到他，于是他和物化探所的吴国强、长春地质学院的杨丙中一起利用私人企业的经费在陕北做了一些地球化学、地球物理及放射性测量的工作，定了 3 个钻孔，都打出了油。

---

① 谢学锦访谈，2012 年 11 月 20 日，北京。资料存于采集工程数据库。

图7-3　在陕北根据地球化学及氧化还原资料确定钻孔位置（左二为谢学锦）

但私人投资，钻孔打了一半，没钱了。谢学锦又去找别人，打了一半，又没钱了，又去找人投资。等到最后见油了，收益分配不均，闹得一塌糊涂。最后是地方当局把这些人都赶走了。所以他在陕北地区所做的油气化探工作，虽然技术上是成功的，但由于资本家闹分配，地方上把人赶走，最终也以失败告终。

经过多少年以后，他想总结这段油气化探的经验与教训，但却没有办法收集到工作成败的实际资料。石油部把油气化探工作附属在地震或地质项目里，一旦找到了油，即便化探起了作用，也一字不提。一次石油部请他去评价一个找到了很多气田的大项目。他在评审会上说，他相信化探在这个项目里一定起了很大的作用，因为气田的异常比油田异常明显。因此他建议，研究报告应该把经过情况说清楚：施工一个钻孔的根据是什么，决策过程中，什么决策是对的，成功的，什么决策是错误的，是失败的，都应该搞清楚。他提意见的结果是，以后的评审会上，人们就再也看不见他的身影了[①]。

---

① 谢学锦访谈，2012年11月20日，北京。资料存于采集工程数据库。

所以中国的油气化探不像国外，国外至少还有统计数字，例如，据 Davidson[1] 报道，Horvitz 实验室根据查明的烃类异常在 39 个地点进行钻探，发现了 23 个油田。Schumacher[2] 的最新统计结果显示，在完成地球化学勘查后所打的 850 多口初探井中，处于土壤蚀变碳酸盐异常区内的探井，有 79% 获得了具商业价值的油气发现；而位于化探异常区外的探井，仅有 13% 为具商业价值的发现井。美国微生物技术公司对近 20 多年的工作进行的统计表明，它的 3000 多个项目共打了 1100 口钻井，在有微生物异常的地区共打 620 口井，干井为 106 口，见油井为 514 口；而在无微生物异常的地区打了 480 口井，只有 61 口见油井，其余都是干井[3]。而中国 20 世纪的油气化探虽然做了很多工作，但工作效果如何，谁也不知道，因为没有任何统计资料可供使用。

油气化探何去何从

进入 21 世纪，国家对油气资源的需求日益迅速增长，寻找新的油气资源的任务显得十分重要与迫切，为了新一轮油气资源大普查，谢学锦适时提出了在中国进行油气化探全国扫面的问题，首先是如何正确认识油气化探的问题。为此，他于 2009 年 10 月 23 日在《中国国土资源报》第 5 版上发表署名文章"油气化探何去何从？"，分析了油气化探不受重视的原因，指出了油气勘查当前面临的问题，提出要以区域化探全国扫面计划为借鉴，进行油气化探的全国扫面工作。

油气化探与金属矿化探在中国的地位迥然不同。金属矿化探在矿产勘查中取得了战略先行的地位，可以与地质、地球物理方法鼎足而立，而油气化

---

① M. J. Davidson：Toward a general theory of vertical migration。*Oil Gas J.*，1982，21：288−300。

② D. Schumacher：Surface geochemical exploration for oil and gas: new life for an old technology。*Lead. Edge.*，2000(3): 258−261。

③ 谢学锦、孙忠军：油气化探全国扫面计划。《地质通报》，2009 年，第 28 卷第 11 期，第 1536−1537 页。

探则无足轻重。油气化探为什么不受重视？他认为有3个原因①：

一是金属矿化探发展早期的分散模式理论比油气化探的垂直运移理论更易于被地质界所接受，而且也更易于被实际观测所验证。然而，尽管经过80年艰难工作积累的大量事实已经证明，烃类气体垂直运移已不容置疑，但至今仍有人持怀疑态度，就是说，人们至今仍对油气化探的理论基础持怀疑的态度。这是一种偏见。

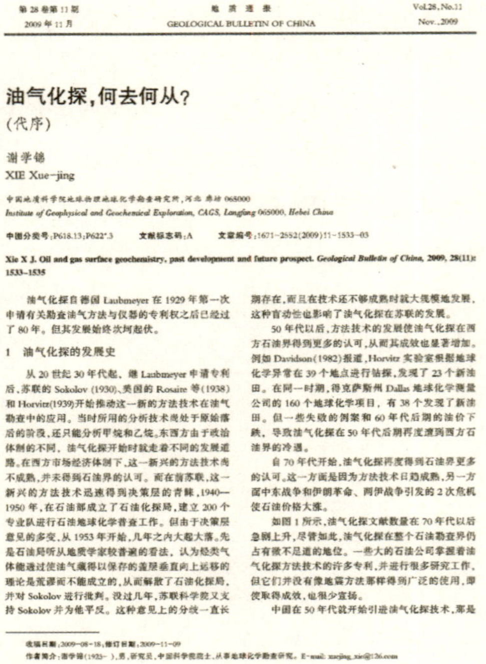
第28卷第11期　地质通报　Vol.28, No.11
2009年11月　GEOLOGICAL BULLETIN OF CHINA　Nov., 2009

油气化探，何去何从？
（代序）

谢学锦
XIE Xue-jing

中国地质科学院地球物理地球化学勘查研究所，河北 廊坊 065000
Institute of Geophysical and Geochemical Exploration, CAGS, Langfang 065000, Hebei China

中图分类号：P618.13；P622⁺.3　文献标志码：A　文章编号：1671-2552(2009)11-1533-03

Xie X J. Oil and gas surface geochemistry, past development and future prospect. *Geological Bulletin of China*, 2009, 28(11): 1533-1535

油气化探自德国Laubmeyer在1929年第一次申请有关勘查油气方法与仪器的专利权之后已经过了80年。但其发展始终坎坷起伏。

1　油气化探的发展史

从20世纪30年代起、继Laubmeyer申请专利后，苏联的Sokolov (1930)、美国的Rosaire等(1938)和Horvitz(1939)开始推动这一新的方法技术在油气勘查中的应用。当时所用的分析技术尚处于原始落后的阶段，还只能分析甲烷和乙烷。东西方由于政治体制的不同，油气化探开始时就走着不同的发展道路。在西方市场经济体制下，这一新兴的方法技术尚不成熟，并未得到石油界的认可。而在前苏联，这一新兴的方法技术迅速得到决策层的青睐，1940—1950年，在石油部成立了石油化探局，建立200个专业队进行石油地球化学普查工作。但由于决策层意见的多变，从1953年开始，几年之内大起大落。先是石油局听从地质学家较普遍的看法，认为烃类气体能透过使油气藏得以保存的盖层垂直向上运移的理论是荒谬而不能成立的，从而解散了石油化探局，并对Sokolov进行批判。没过几年，苏联科学院又支持Sokolov并为他平反。这种意见上的分歧一直长期存在，而且在技术还不够成熟时就大规模地发展，这种盲动性也影响了油气化探在苏联的发展。

50年代以后，方法技术的发展使油气化探在西方石油界得到更多的认可，从而其成效也显著增加。例如Davidson(1982)报道，Horvitz实验室根据地球化学异常在39个地点进行钻探，发现了23个新油田。在同一时期，得克萨斯州Dallas地球化学测量公司的160个地球化学项目，有38个发现了新油田。但一些失败的例案和60年代后期的油价下跌，导致油气化探在50年代后期再度遭到西方石油界的冷遇。

自70年代开始，油气化探再度得到石油界更多的认可。这一方面是因为方法技术日趋成熟，另一方面中东战争和伊朗革命、两伊战争引发的2次危机使石油价格大涨。

如图1所示，油气化探文献数量在70年代以后急剧上升，尽管如此，油气化探在整个石油勘查界仍占有微不足道的地位。一些大的石油公司掌握着油气化探方法技术的许多专利，并进行很多研究工作，但它们并没有像地震方法那样得到广泛的使用，即使取得成效，也很少宣扬。

中国在50年代就开始引进油气化探技术，那是

收稿日期：2009-08-18；修订日期：2009-11-09
作者简介：谢学锦（1923- ），男，研究员，中国科学院院士，从事地球化学勘查研究。E-mail: xuejing_xie@126.com

图7-4　发表在《地质通报》28卷11期上的“油气化探 何去何从？”（2009年11月）

二是，勘查金属矿的各种地球物理方法都是间接指示的方法，且具多解性，而化探方法能够直接探测成矿物质，其所起的作用是不可替代的。但在石油勘查领域，由于在其早期发展中，背斜储油理论深入人心，地震方法在找背斜构造方面的有效性毋庸置疑；虽然随着时间的推移，其他各种圈闭的重要性日渐增加，但人们已经习惯于使用地震方法，认为用地震方法取得的成功比用简单的化探方法取得的成功，在市场心理上更具炫耀性，因而他们宁愿改进地震法以辨识更复杂的圈闭，也不愿花力气去研究和使用化探方法。

三是决策层对油气勘查的复杂性认识不足。经过几十年的油气勘查实践，大家已经认识到了中国含油气盆地的复杂性，但对于如何应对这种复杂性却意见不一。对于长期受到忽视的油气化探，既没有认真地总结经验教训，就更不知道如何利用它来应对这种复杂性了。

① 谢学锦：油气化探，何去何从。《地质通报》，2009年，第28卷第11期，第1106页。

在这种情况下，他认为中国的油气勘查面临的问题是：

由于长期以来，地震方法在发现石油资源中起着举足轻重的作用，包括直接找油的化探方法在内的其他各种方法，尽管对地震方法的缺陷能起互补的作用，也一直被忽视或淡忘。例如，地震方法虽能极有效地发现背斜构造圈闭，且随着投巨资发展新技术，也能在一定条件下发现其他圈闭类型，但对其中是否有油则不得而知。国内外质量很高的地震测量圈出了构造圈闭，但只打出干井的例子很多，却都能得到容忍，且无人愿意认真统计。如果在进行地震工作的同时进行化探工作，确定在已发现的构造圈闭中有无油气藏的存在，大量的干井本可避免。又如，在地形复杂的山区和沿海滩涂地区，地震车难以进入，就应该让化探工作先行，为地震工作缩小目标。再如，我国南方碳酸盐岩分布地区本来是找油极有远景的地区，但由于多年来仅靠地震方法，始终没有获得突破。

尽管经过80多年的发展，油气化探技术方法已日趋成熟，将能有效地探测油气储存空间的地震方法与能直接探测油气物质存在的化探方法结合使用，应是最合理的部署，但事实并非如此。究其原因，在西方市场经济条件下，由于长期以来地震方法在发现新油田中所起的决定性作用，一些大公司的决策者过于保守与自信，排斥油气化探。在中国，则除受上述西方的影响外，石油界在过去几次油气勘查高潮期间，由于部门利益的矛盾，影响和限制了中国油气化探的发展。

在分析了中国油气化探不受重视的原因和当前所面临问题的基础上，谢学锦提出，中国油气化探必须借鉴区域化探全国扫面计划。他说：

金属矿化探的遭遇与石油化探完全不同。在中国，一个更重要的原因是金属矿化探有了区域化探全国扫面计划。这个计划未提出之前就已进行了几年的预研究，预研究过程中广泛搜集阅读全世界有关的文献、资料与图件，发现了国外区域化探（地球化学填图）普遍存在的缺陷和问题，针对解决这些缺陷与问题，安排了3年的技术准备与试点。这项计划一被批准就雷厉风行地执行。多次举办培训班，不断修订采样、分析、数据处理的规范，严格规定内地和沿海地区的工作目标，每个 1∶20 万图幅都必须每平方千米采集 1 个水系沉积物样品，并分析 39 种元素。这与石油化探——没有政策、没有规范和远大计划，部门利益冲突不断，所做的工作实际上等于是"在到处讨饭吃"——形成鲜明的对照。

中国金属矿化探充分利用了社会主义制度的优越性，只要决策层作出正确的决策，就可以调动全国千军万马，做出西方国家难以做到的事。而中国的石油化探，由于政出多门，难以凝聚力量、统一部署，故而只能流于市场机制。而石油勘查市场，国内外都在地震方法的绝对统治之下，因而化探方法难以得到应有的发展[1]。

他指出：

我们几十年的油气勘查实践表明：①在预测油气远景阶段，地质可以发挥其理论指导作用，并占主导地位，但化探方法以其成本低、效率高为特点，如能在预测油气远景阶段与地质工作并重，定能大大提高预测的效果；②在地质结构简单的盆地，应用地震方法可以很容易地鉴别可能储油的构造，但往往难以判断构造内是否有油，将化探与地震结合，可大大提高探井的成功率；③在地质结构复杂的地区（如碳酸盐岩区、火山岩覆盖区和构造复杂地区），非地震方法可以大大弥补地震技术的不足；④将长于预测油气储存空间和条件的地质与地震方法，同长于预测油气物质是否存在的化探方法并重使用，应是最合理的油气勘查部署[2]。

现在，国土资源部准备进行新一轮的油气大普查。谢学锦指出：地质、地震和钻探都已拟定了大规模的计划，唯独石油化探仍被冷落和遗忘。要使国土资源部筹划的新一轮油气大普查获得突破，就不能重走"地质＋地

---

[1]　谢学锦：油气化探，何去何从。《地质通报》，2009 年，第 28 卷第 11 期，第 1107 页。

[2]　谢学锦、孙忠军：油气化探全国扫面计划。《地质通报》，2009 年，第 28 卷第 11 期，第 1536 页。

震 + 钻探"的老路，就应该像金属矿勘查那样，也制定一个油气化探全国扫面计划，以大量减少干井数目，提高成功率，使油气化探摆脱"到处讨饭吃"的局面。他认为，如果能够制定和实施一个像区域化探全国扫面计划那样的油气化探全国扫面计划，油气化探就一定会做出重大贡献，因为经过 80 年的发展，油气化探之所以没能取得重大突破，主要不是技术问题，而是人为问题，是没有高瞻远瞩的政策问题。

油气化探全国扫面计划

基于上述考虑，谢学锦在 2009 年制订了一个中国油气化探全国扫面计划。

按照这个油气化探全国扫面计划，工作将分两步三个方面的内容实施：第一步是进行重点盆地示范和专题研究，第二步是进行全国扫面[①]。

重点盆地示范

任务目标："试验从地球化学填图—普查—详查—勘探阶段的油气化探方法技术及找油气效果，为全国扫面作准备，同时进行各种专题研究。"

重点盆地选择：选择新一轮油气普查的重点大型盆地、南方碳酸盐岩区的中小盆地以及以前做过一些油气化探工作利于进行结果重现性对比的盆地。具体拟选择的盆地包括松辽盆地、四川盆地、鄂尔多斯盆地、羌塘盆地等大型盆地和南方碳酸盐岩分布区的几个中小型盆地。

方法示范：将按地球化学填图—预查—普查—详查—钻探一体化进行，逐渐缩小靶区，各个阶段的采样密度和油气化探指标各不相同。具体来说，①地球化学填图，采用 2 种密度：大于 10 万 km^2 的盆地，采用 1

---

① 谢学锦、孙忠军：油气化探全国扫面计划。《地质通报》，2009 年，第 28 卷第 11 期，第 1537-1538 页。

点 /100km² 的采样密度；1 万 ~ 10 万 km² 的盆地，采用 1 点 /25km² 的密度。选择的油气化探指标为：土壤酸解烃、土壤微生物、土壤蚀变碳酸盐、土壤荧光、土壤热释汞、甲烷 C 同位素等指标。②预查和普查，经研究后，选定地球化学填图中圈定的最有远景的地区，根据其大小进行地球化学预查或普查。预查线距 2.5 ~ 5km，点距 1 ~ 2km，油气化探指标与地球化学填图相同；普查线距 1km，点距 1km，采样密度为 1 点 /km²。③详查或精查，经研究后，选定在地球化学预查或普查中圈定的最有远景的靶区，进行进一步的详查或精查。详查线距 0.5km，点距 0.5km，采样密度为 4 点 /km²。在一些靶区还可以进行精查，线距 0.25km，点距 0.25km，采样密度为 16 点 /km²。

以上各阶段化探指标的选择都根据上一阶段的结果确定。

在各个阶段选择最有远景的靶区时，都要与地质和地震资料综合研究。最后根据化探、地质和地震综合研究结果布置普查钻。

对发现油气田的靶区进行经验总结，统计油气化探预测油气的成功率；对没有发现油气田的靶区进行解剖，总结预测失败的教训。

准备用 3—5 年的时间进行重点盆地示范。最终，经过打普查钻提交可能成为大中型油气田的远景区，制定出油气化探全国扫面技术方案，培训油气化探技术人才，修改油气化探规范。

专题研究计划

专题研究计划主要解决全国油气化探扫面面临的技术问题。研究工作与重点盆地示范同时进行。

（1）陆上天然气水合物地球化学和微生物勘查技术研究

目前，天然气水合物勘查的主要技术为地震和钻探。海区天然气水合物的勘查，在有的地区应用了油气化探技术，取得了一些效果，但工作很少。陆区天然气水合物勘查如果引入油气化探技术，可以在 3 年内将全国多年的冻土区普查完，圈出陆上天然气水合物靶区。

微生物技术是 2009 年前后在国外比较活跃的非地震技术，据文献介绍，油气勘查成功率比较高，但是未见报道该技术应用于天然气水合物勘查。陆区天然气水合物的地球化学和微生物勘查是一个新的研究课题。

（2）特殊景观区油气化探方法技术研究

据青藏高原油气化探研究的初步成果，中国特殊景观区油气物质的表生地球化学特征与内地盆地有很大的差异，这些差异直接影响采样深度、层位和应用效果。特殊景观区还包括沙漠、多年冻土和沼泽地区，需要进行深入的研究，制定出特殊景观区油气化探的方法技术。

（3）地质条件复杂区油气资源地球化学评价技术研究

中国海相盆地有一个重要的特征，就是经过了几次构造改造，盆地结构和油气分布非常复杂，有很多盆地油气遭到了破坏。根据青藏高原的研究成果，油气保存条件的评价是油气资源潜力评价的关键问题之一。油气化探成果初步表明，油气保存和破坏所形成的地球化学异常有着非常明显的差异，可以从微渗漏的角度对油气保存条件进行评价。地质条件复杂区油气化探的解释评价与一般的盆地不同，需要结合地质、地震等方法进行研究。

（4）油气化探标准物质系列研究

金属矿化探有标准物质的监控，使得化探扫面能够非常有效地进行。油气化探由于没有油气物质的标样，结果，同样的分析方法，不同实验室的分析数据无法对比。研制油气化探标准物质系列，是全国油气化探扫面势在必行的研究课题。

（5）国内外盆地油气资源对比——地球化学评价

针对国内外各大盆地的油气资源对比，已做了许多地质学研究，但没有从地球化学方面来探索这一问题。油气化探的理论依据是油气田物质的垂直渗漏，并在地表形成各种类型的异常。这些异常是油气藏形成后，油气藏物质"向上运移"的一种分散模式。在金属矿勘查地球化学研究中，已突破这种"分散模式"思想的禁锢，提出了在地球形成后一系列地质演化过程中形成的各种分布模式。循这种思路，可用较少的工作量迅速对国内外盆地的含油气性作出对比与评价。

（6）全国油气化探数据库

全国油气化探数据库主要集中油气化探全国扫面的地球化学数据和含油气盆地的地质数据，为编制全国油气地球化学图和进一步开发利用数据提供平台，同时也为油气战略选区提供地球化学依据。

（7）遥感技术在油气资源评价中的应用研究

遥感技术也是一种战略性技术，尽管国内外认为该技术在油气战略评价阶段应该发挥作用，但是由于种种原因也未得到重视。随着遥感技术的发展，一些油气信息能够提取出来，结合油气化探成果，指示含油气区带。很好地发挥遥感技术在油气勘查中的作用。

（8）综合解释推断方法的研究

在重点示范盆地结合地质和地震资料研究，最后选定一些勘探地区。另外，配合地质或地震项目进行详查，选定一些勘探地区，在这些地区内布置普查钻，对取得的成功与失败的案例应进行全面的总结。

全国扫面

中国油气资源丰富，各类沉积盆地超过 500 个，仅沉积岩厚度超过 1000 m 的中新生代盆地就达 420 多个，总面积约 530 万 km^2。其中，面积大于 10 万 km^2 的陆相盆地有 17 个，总面积约 230 万 km^2；面积 1 万 ~ 10 万 km^2 的陆相盆地 49 个，总面积约 104 万 km^2。二者合计约 334 万 km^2。据统计，全国大于 1 万 km^2 的沉积盆地已探明石油资源量 $909 \times 10^8 t$，占已探明石油总量的 96.7%。因此，全国油气化探扫面将主要集中在大于 1 万 km^2 的盆地。

（1）全国油气化探扫面的任务目标

用极低的密度快速覆盖全国大于 1 万 km^2 的油气盆地，研究盆地的油气地球化学特征，为盆地评价、区带评价提供地球化学建议；筛选区域地球化学异常，为油气远景评价提供战略靶区；结合地质、地震和其他资料对油气异常进行优选，提供大中型油气田的勘查靶区。

（2）全国油气化探扫面的采样策略

全国油气化探扫面主要采用 2 种采样密度。大于 10 万 km^2 的盆地，采用 1 点 /100km^2 的采样密度，采集 23000 件样品，将 230 万 km^2 的盆地全部覆盖。1 万 ~ 10 万 km^2 的盆地，采用 1 点 /25km^2 的密度，约需采集样品 41600 件。

中国中部和东部地区多目标地球化学调查覆盖了大多数含油气盆地，全国油气化探扫面如果结合多目标地球化学调查的成果，可以大大缩短工作周期。全国油气化探扫面计划预计 10 年完成。

（3）全国油气化探扫面的最终图件

最终提交大量全国油气地球化学图、主要盆地地球化学图、油气远景预测图等基础图件，并提交可供进一步勘探的大中型油气田远景区。

全国油气化探扫面计划是一项耗资近 7 亿元人民币、造福子孙后代的宏伟计划。该计划已于获得批准，正由国土资源部和中国地质调查局组织，调动各省地勘局和地调院的力量，统一部署，积极实施中。半身不遂的谢学锦正密切关注并通过他的学生孙忠军适时指导着项目的进行。人们有理由相信，类似中国区域化探扫面计划的辉煌成果，将会在全国油气化探扫面计划中体现出来。

第八章
化学定时炸弹研究

引进"化学定时炸弹"的概念

  工业化的高速进行和社会经济的发展使有毒有害物质大规模地排放到自然界中，造成的环境污染和生态环境破坏以及食品安全问题日趋严重，极大地威胁着社会经济的发展和人类的健康与生存。大量有害物质不光被排放到空气和水体中，也被投进万物赖以生存的土壤之中，将土壤视为藏污纳垢的无底洞。然而土壤对有害物质也只有一定的承受能力，当有害物质的累积量超越土壤的承受力时，大量有害物质将被它"呕吐"出来，造成巨大、无可挽救的灾害。这种难以预料的延缓性地球化学灾害，被欧洲科学家称之为"化学定时炸弹"（Chemical Time Bomb，CTB）。它最早是由荷兰人 Ir. F. A. M. De. Hann 在 1978 年提出来的，用以描述荷兰由于施肥过度造成砂质土壤中磷酸盐过度聚集所造成的危害。1988 年奥地利人 W. M. Stigliani 给化学定时炸弹下了这样一个定义："化学定时炸弹的概念涉及一连串事件，导致储存在土壤和沉积物中的化学物质由于环境的缓慢变化而活化，从而发生延缓而突发的有害效应。"1991 年，W. M. Stigliani 更给出了这样一个非常明确的定义：化学定时炸弹是指人类工业、农业、文化及生活活动中排放的各种有害物质在土壤中长期累积到超过土壤承受能力时而突然爆发的巨大灾害。

化学定时炸弹的爆炸包含两个阶段：引爆阶段和爆炸阶段。有害物质在土壤中不断累积的阶段被称为引爆阶段，它往往会经历数十甚至数百年，这取决于有害物质持续投入的量和土壤的承受能力；爆炸阶段，往往在数年之内造成难以挽救的突发性灾难。

这种化学定时炸弹已经在大规模工业化的欧美发生。例如美国纽约州的大穆斯湖，由于燃煤释放的大量 SO_2 进入湖水中，导致湖水的 pH 值在 20 世纪 60 年代降到 5 以下，致使湖中的鱼类全部死亡。而在波兰、捷克斯洛伐克和德国东部边界地区，更是由于 200 年工业化造成的酸性物质在土壤中大量聚集超越了土壤承受极限，使土壤的 pH 值降至 4.2 以下和土壤中大量 Al 的活化，造成这个地区的大片森林死亡。

90 年代初期的中国，环境污染虽然还不像现在这样严重，但谢学锦已经看到，我国正在加速工业化、城市化进程，空气与水的污染日益加快，土壤中污染物的累积不断增加，每年向空气和水中排放的污染物的数量已居世界首位。面对这样严峻的现实，1991 年参加完在瑞典举行的由乌普萨拉大学（Uppsala University）与国际环境地球化学讨论会联合召开的"北欧化学污染物质延缓环境效应讨论会"后，他及时将"化学定时炸弹"的概念引入中国，指出：如果我们对"化学定时炸弹"缺乏认识，听任有害物质在土壤中大量累积，"总有一天我国很大一部分土地将不适宜耕种，中华民族将失去赖以生存的空间，民族的素质亦日益恶化，我们这一代人将成为历史的罪人"。尽管"这种灾难只可能发生在许多年以后，不会发生在现在活着的一代，更不会发生在现在当政决策者在任期间。但如果现在不提高警觉，不持续地采取有预见的措施，则这种灾难将无可挽救。我们应为中华民族及子孙后代着想。"[1]

---

[1] 谢学锦：化学定时炸弹与可持续发展。参见：周光召、朱光亚主编，《共同走向科学——百名院士科技系列报告集》（中卷）。北京：新华出版社，1997 年，第 360–368 页。

他指出，在解决环境科学问题时，勘查地球化学可以充分利用长期以来研究元素从矿床或矿体向周围环境扩散迁移的所积累的丰富经验，研究污染物从污染源向周围环境扩散迁移的规律，更可以通过地球化学填图为环境监控提供重要依据。

环境地球化学动态监控网络

为了对工业化前、工业化后即现在的地球化学环境进行系统的全国性的研究，以便获得人类活动对环境影响的全国性资料，并以此对未来环境的变化进行监控与预测，防止化学定时炸弹的爆炸，谢学锦与芬兰地球化学家 A. Djörklund 一起在 1990 年首次提出要建立全球环境地球化学监控网络，并提出"用 3000 至 6000 个采样站覆盖全球，在每个采样站采集岩石、土壤、水系沉积物、水及大气组合样，对这些样品分析总量和各种存在形式的含量；这些采样站每隔 5—10 年进行重复采样与分析，所获得的资料对于了解和监控我们生存的环境将具有重大价值。"[1]

早在"化学定时炸弹"的概念提出之前的 1987 年，谢学锦就提出了建立环境地球化学监控网络的设想[2]。1992 年他在国内申报了题为"环境地球化学监控网络与全国动态地球化学填图"的重大基础地质研究项目，以获得我国地球化学环境现状的第一手资料，为连续监控我国地球化学环境的变化，并为全球环境地球化学监控网络的建立铺平道路。这项研究计划得到了 W. M. Stigliani 的高度评价。地质矿产部及国家环保局批准了该项目（地质矿产部项目编号为 8502219，国家环保局项目编号为 930204），其中有关环境的研究内容为[3]：

---

① Xie Xuejing: Some Problems, Strategical and Tactical in International Geochemical Mapping。*J. Geochem. Explor.,* 1990，39: 15–33。

② "化学定时炸弹研究"香山科学会议申请书。

③ 中国环境地球化学动态监控网络及延缓性地球化学灾害的基础性研究和调查（1998 年 10 月 15 日）（立项建议人：谢学锦，成杭新，周国华）。资料存于采集工程数据库。

（1）对工业化前及现在的地球化学环境进行系统的、全国性的研究，以便获得人类活动对环境影响的全国性资料，并依此对未来环境的变化进行监控与预测。

（2）研究采样布局与采样模式（方法），使所采集的组合样品能够尽可能地反映实际的全国多元素的地球化学分布模式。

（3）研究样品的代表性，选择最合适的样品，使所采集的样品能够尽可能反映工业化前及现在的地球化学环境。

（4）研究制作全国超低密度环境地球化学图的方法。

1992—1995 年他指导自己的学生周国华、陈杭新等实施的这个项目取得了如下的主要成果：①在全国范围内设置了 529 个采样点，并通过这 529 个采样点代表的超级汇水盆地所控制的面积，建立了基本上覆盖中国大陆的环境地球化学监控网络，为监控中国大陆的环境变化奠定了坚实的基础；②依据大量的分析数据获得的地球化学图充分证明，全国环境地球化学监控网络选择泛滥平原沉积物作为采样介质来监控全国的环境变化的科学依据；③取得了中国大陆泛滥平原沉积物中 66 种元素的地球化学背景值，建立了全国环境地球化学监控网络样品库、原始分析数据库、地理信息数据库。

通过 4 年的研究，得出的中国大陆环境污染的结论是：①通过对浙江省地表泛滥平原沉积物（5～25cm 深）和深部泛滥平原沉积物（80～120cm 深）（在同一个采样点上同时采集地表及深层样品，以比较中国大规模工业化造成的环境污染）的超低密度采样分析，取得了非常有说服力的资料，说明新中国成立以来的工业化进程给浙江省的泛滥平原沉积物造成了快速、大面积的 Hg 污染。这种污染有可能是一个潜在的 Hg 化学定时炸弹。②中国大陆尚处于大规模工业化初期，人类活动造成的大规模污染尚处于刚起步阶段。发现了造成中国大陆大面积污染的 7 个元素：Hg、P、S、Se、Pb、Ag，其中 Hg、S、P 的污染相对严重。③尽管中国大陆的环境污染尚处于刚起步阶段，但并不能否定中国潜在环境危害的严重性。对中国大陆潜在环境危害的分析表明，由于燃煤作为主要动力来源的局面在几十年内不会根本改变，它给沿海各省带来的酸雨问题极为严重：导致土壤的 pH 值不断降低，尤其是华南、华东地区，有可能在不同的时间段、不同的地区，从土壤中释放出大量有害元素，形成危害极其严重的化学定时炸弹[①]。

香山科学会议

1994 年 3 月，为了预防"化学定时炸弹"的爆发，谢学锦向香山科学会议提交了题为"化学定时炸弹研究"的申请书，指出："全球环境变化日益引起人类关注，化学定时炸弹的研究将对我国的环境保护、突发灾变事件的预测、保护人类健康、维持生态平衡、改善生存环境等具有重要的经济意义，且为决策部门制定国民经济的合理发展提供决策依据"，"将加深我们对环境科学概念的理解"，"对促进边缘学科的形成和发展具有重大的推动作用"，并"将为全球研究环境变化和化学定时炸弹的预测提供借鉴。"[②]

申请书获得了批准。以"化学定时炸弹"为主题的香山科学会议第 46 次学术讨论会于 1995 年 11 月 21—24 日在北京召开，有来自地质矿产部、卫生部、国家环保局、农业部和高等院校的 29 名科学家和专家与会，谢学锦和刘东生[③]担任会议执行主席。

---

① 环境地球化学监控网络与全国动态地球化学图（地质矿产部"八五"重大基础研究项目研究成果报告，编号 8502219。1995 年 12 月 30 日）。资料存于采集工程数据库。

② 化学定时炸弹研究（香山科学会议申请书。1994 年 3 月 28 日）。资料存于采集工程数据库。

③ 刘东生（1917-2008）：中国著名地理学家，中国科学院院士、第三世界科学院院士、欧亚科学院院士。1942 年毕业于西南联合大学地质系。新中国成立后，历任全国地质工作计划指导委员会工程师，地质部工程师，中国科学院地质研究所研究员、室主任，地球化学研究所研究员、室主任，中国科协书记处书记，中科院地学部委员，国际第四纪研究联合会副主席。合著有《中国的黄土堆积》《黄河中游的黄土》《黄土的物质成分与结构》。刘东生院士是我国地球环境科学研究领域的专家。近 60 年从事地学研究中，在中国的古脊椎动物学、第四纪地质学、环境科学和环境地质学、青藏高原与极地考察等科学研究领域中，特别是黄土研究方面取得了大量的研究成果，为全球气候变化研究做出了重要贡献，使中国在古全球变化研究领域中跻身世界前列。2003 年获国家最高科学技术奖。

图 8-1 在"化学定时炸弹：污染物质累计的延缓效应"香山科学讨论会上的谢学锦（左）
与戚长谋教授

　　谢学锦在讨论会上作了题为"化学定时炸弹——有害物质在土壤和沉积物中累积的延缓效应"的主题发言，就化学定时炸弹的概念、研究内容及防范措施等做了全面的评述，并指出"我国属发展中国家，工业化程度和规模远不如欧洲。但中国要以欧洲为借鉴，及早认识到广大面积的土壤不是藏垢纳污的无底洞。不能等到污染物在中国广大农田中累积到无法治理的地步，那时中华民族将失去适于生存的空间，应该从现在起就有长远眼光，不仅只注意那些污染严重的局部热点，而要全面监控中国土地上有害物质的累积情况，以便对未来的危险作出预测并提出防治对策。"

　　这次香山科学会议经过 3 天的讨论达成了这样一个共识："针对化学定时炸弹问题，应提出一个大的研究项目，扎扎实实地解决好中国的化学定时炸弹问题。"并提出，应分 3 个阶段逐步实现这个目标。"第一阶段，出版介绍有关化学定时炸弹的书和图集，唤起民众的环境意识，引起政策决策者的注意"，"第二阶段，据第一阶段研究的成果，选出大的危险区——大流域，进行各种机理研究"，"第三阶段，综合第二阶段的研究成果，建立预测模式，进行情景分析，提出通用的预测模式，建立数据库，进行长期监控。"①

"化学定时炸弹"的治理对策

为了及早制订治理延缓性地球化学灾害、防止"化学定时炸弹"的爆发的对策，他提出应当进行四个方面的工作②：

（1）建立多层次的长期监控系统。"环境地球化学监控网络与全国动态地球化学填图"取得成功后，他建议将这项工作制度化，每隔10—20年重新进行一次，以获得我国各种污染物变化长期、连续的记录，为制订环境治理对策提供科学依据。对污染严重的大流域需要进行长期更详细的监控，建议先在淮河流域进行试点。对环境污染严重的矿山、工业区进行监控。

鉴于北京已经成为世界大气污染最严重的十大城市之一、主要水源官厅水库的水已经不能饮用、城郊浅层地下水已经受到大范围污染，监控北京及周边地区的环境污染已经刻不容缓，谢学锦联合另外三位院士在1999年12月提交了《国家重点基础研究发展规划》项目建议书：首都北京及周边地区大气、水、土环境污染机理与调控原理。研究主要污染物在大气、土壤等介质中的含量水平、赋存形态和分布规律，污染物来源与传输途径、迁移特征及其聚集和释放机制，环境质量与污染物的累积效应，环境污染的监测、调控、预警与修复等。

（2）大力研究发展灾害治理的地球化学工程学方法及植物与微生物修复技术：模拟自然界的各种地球化学过程，尤其是自洁净过程，就地取材

---

① 香山科学会议简报第36期（1996年4月20日）：化学定时炸弹——香山科学会议第46次学术讨论会。资料存于采集工程数据库。

② 谢学锦：化学定时炸弹与可持续发展——早日制定治理延缓性地球化学灾害的长期战略。《中国青年科技》，2000年第11期，第30-35页。

以改善环境质量；利用植物直接吸收、固定、代谢或降解污染物，以达到净化土壤和水体的目的。

（3）取得全国土壤收支的统计学资料，包括工业排放、农业投入、人类消耗、土壤淋滤、生物淋滤与输出等。

（4）在大量资料的基础上，从各种不同角度进行生物地球动力学研究，提出延缓性地球化学灾害的各种预测模型。

第九章
主持国家攀登计划 B85–34

主持国家攀登项目

　　谢学锦没有研究项目或只有一些小项目的局面到 1993 年才改变。那一年国家科委给地学界提出的应用基础性研究（国家攀登项目 B）的题目是"找寻难识别及隐伏的大矿、富矿的新理论、新方法、新技术基础性研究"。发到物化探所的通知被搁置了很长时间，最后是副所长周凤桐力主由谢学锦出面去申请。由于离交申请书的最后期限已经很近，他仓促地写了申请书。但在地质矿产部内部展开的第一轮竞争中，尽管参与竞争的有多达 19 个单位，审议的结果仍然是由物化探所与中国地质科学院共同参加第二轮竞争，并在竞争中胜出。第三轮竞争则在物化探所与中国科学院、冶金、有色、石油、黄金等部门之间展开；这一轮物化探所虽占绝对优势，但评审组却建议与中国科学院地质地球物理研究所"跨部门"合作。第四轮将各科研与工程领域的申请放在一起评议，由院士们打分供参考。第五轮是决定性的，由以朱丽兰与师昌绪为首的评议组进行评议。最后，他的申请以高分入选①。

谢学锦在最初起草的项目建议书中就指出：地球化学方法在找寻难识别隐伏大矿方面有着绝对的优势。我们提出的与过去国内外沿用的完全不同的找矿战略是充分利用地质矿产部近 10 余年在区域化探全国扫面计划中取得的覆盖全国 460 万 km² 、能提供矿化直接信息的 4000 万个 39 种元素的高质量数据，用高速计算机圈出地壳及地幔中成矿元素原始供应量特别丰富的块段，并查明其逐步浓集过程中留下的一系列印迹，结合地质、地球物理和遥感资料，用新的综合研究方法全面对比研究，必将对找大型特大型矿甚至世界级矿床有重大突破②。

1993 年 10 月下旬国家科委组织了对项目申请的第一次评审会。评审会的评语指出："中国现有近 460 万 km² 的区域化探扫面资料举世无双，在此基础上的区域地球化学研究成果，无疑将领先国际水平，建议书中所提出的找矿战略设想如能取得成功，则在找矿勘探学上也属于开拓性创新成果，其中有关物化探的一些新方法、新技术，也将达到国际水平。"③

在 1994 年 7 月 22 日举行的国家攀登计划 B85-34 项目第一次专家委员会扩大会议上，谢学锦介绍了项目的战略思想、总体思路和项目的实施方案④。

项目总体思路的要点是：

（1）项目的主旨是研究找寻难识别及隐伏的大矿富矿（以铜、金、银为主）的新战略、新方法、新技术；

（2）充分利用全国区域地球化学资料结合地质与地球物理资料，迅速掌握全局，逐步缩小靶区；

---

① 谢学锦口述，宗道一等整理：向地球深处探宝（勘查地球化学家谢学锦院士口述）。资料存于采集工程数据库。

② 谢学锦："找寻难识别及隐伏的大矿、富矿的新战略、新方法、新技术基础性研究"建议书。存地同上。

③ 找寻难识别及隐伏的大矿、富矿的新战略、新方法、新技术基础性研究（国家科委第一次评审的评语，1993 年 10 月下旬）。存地同上。

④ 国家攀登计划 85-34 项目第一次专家委员会（扩大）会议纪要（1994 年 7 月 22 日）国家攀登计划 85-34 项目第一次专家委员会（扩大）会议纪要（1994 年 7 月 22 日）。存地同上。

（3）发展和广泛使用在隐伏地区找矿已初步显露头角的新的地球物理和地球化学方法技术；

（4）强调综合研究与解释推断，将地球化学方法取得的大量微观及超微观直接矿化信息与地球物理资料和多年取得的找矿理论与成矿模型的地质成果综合起来进行研究；

（5）这一工程技术基础研究将把该项目取得的巨大的社会经济效益和发展找矿工程学理论与方法摆在首要地位；

项目实施的方案是分两个阶段进行：

第一阶段，重点在于迅速了解全局，广泛进行搜索，同时检验一些方法在隐伏区找矿的能力。

第二阶段，重点在于逐步缩小靶区，深入进行研究。

经过一年多的讨论、修改后，最终确定整个项目设置七个课题[①]：

（1）大型特大型矿床地球化学预测的研究；

（2）大型特大型矿床地质预测的研究；

（3）大型特大型矿床地球物理预测研究；

（4）大型特大型矿床综合预测研究；

（5）华北地台找大型隐伏金矿及多金属矿的研究；

（6）应用地球物理方法找寻隐伏大矿富矿的研究；

（7）应用地球化学方法找寻隐伏大矿富矿的研究。

这个国家攀登项目 B85-34"找寻难识别及隐伏的大矿、富矿的新理论、新方法、新技术基础性研究"以谢学锦和刘光鼎为首席科学家，联合了中国科学院及地质矿产部一些研究机构的人员进行了 5 年。谢学锦亲自领导实施了第一和第七两个课题的研究。

这一项目最重大的成果是提出了地球化学块体的理论以找寻巨型矿床和深穿透地球化学的理论与方法以找寻隐伏矿床。之所以能在短短的 5 年中取得重大进展，主要是得力于 80 年代后期及 90 年代初期谢学锦在石油化探研究所获得的有限经费，以化探扫面在全国取得的海量资料为基础所

---

① 攀登计划工程与技术科学重大基础性研究项目总体规划：找寻难识别及隐伏的大矿、富矿的新战略、新方法、新技术基础性研究（1994 年 11 月 10 日）。资料存于采集工程数据库。

作的"前期准备"。

1999年10月28日，受科技部委托，国土资源部和中国科学院组织专家对项目进行了结题验收，经验收专家委员会讨论认为，项目取得的主要进展为[①]：

（1）提出了寻找大矿巨矿的一些新概念和矿产勘查新战略的思路框架。用大量证据证明了巨量成矿元素的供应与聚集是大矿特大矿形成的先决条件的新概念和新理论。提出了地球化学块体、地球化学谱系、深穿透地球化学的新概念和新理论。将地球物理与大地构造结合建立了大矿特大矿的宏观空间格架的新概念。提出了根据矿床密集区和"鹤立鸡群"预测大型特大型矿床的概念。深化了衍生成矿姻袭和"三源"成矿概念。这些新概念为今后的成矿学和找矿学研究开辟了新的研究方向。

提出了"整个矿产勘查过程中要以发现成矿物质发出的直接信息为先导，结合成矿环境，迅速掌握全局，逐步缩小靶区"的矿产勘查新战略，提出了对不同尺度目标分层研究的战略思想，以及针对隐伏区、出露区和半出露区分别制定不同的方法组合的研究思想。

（2）建立了全国性预测大矿巨矿的数据库，并开发了图形显示系统，制作了多种全国性及区域性矿产预测图。初步建立的不同层次的地球化学、地球物理和多种数据库无论是在数量上还是质量上在国际上都是首次。这些数据库的建立为今后开展全国性矿产预测提供了海量基础性资料。开发了以GIS为基础的不同层次数据处理和图形显示技术。

制作了大量地质—地球物理—地球化学预测图，包括金、银、铜、铂地球化学块体图和谱系树图，中国金矿床分布密度图，大型构造图以及综合信息预测图。这些预测图已经成为国土资源大调查的地质调查宏观战略部署的主要依据，具有全局性、战略性的重大意义。

（3）发展了寻找隐伏大矿的新方法、新技术

发展了深穿透地球化学方法，包括地球纳微金属（NAMEG）和金属活动态测量（MOMEO）技术，将这两项技术发展成超低密度的战略性方

---

① 攀登计划B85-34"找寻难识别及隐伏的大矿、富矿的新战略、新方法、新技术基础性研究"验收意见。资料存于采集工程数据库。

法，可以应用于大面积覆盖区寻找大矿巨矿的战略性靶区选择上，并针对不同景观条件开发了方法系列。这一战略方法的发展，对我国大面积覆盖区的地球化学勘查具有重大战略意义。提出了依据地球化学谱系树定量预测和聚焦大矿巨矿的方法。

发展了根据原生晕叠加模型预测深部隐伏矿体的方法，进一步开发了地球物理地震 CT、TEM、CSAMT 和分布式列阵 MT 方法。这些方法为深部盲矿体的预测和寻找，对扩大已知矿的规模具有重要的实际意义。

（4）发现了一批新的寻找大矿巨矿的战略靶区，靶区在项目进行过程中取得了一些战略靶区的找矿突破，以及对已知矿的深部和外围找矿发挥了重要作用。

圈出了滇黔桂铂钯铜镍地球化学域和两广交界处的金的地球化学巨省。据此追踪查证，已在四川、重庆发现规模巨大的铂钯矿，据初步工程揭露资料，预计储量在 100 吨以上，是国土资源部 1999 年前后重大找矿进展之一。在覆盖区圈出了 11 处可能找到大矿巨矿的新的战略靶区，它们将为我国紧缺矿种提供接替基地作出重大贡献。

（5）项目共发表中英文论文 150 多篇，出版论著 8 部。建立了一支老中青相结合的高素质研究队伍，培养了一批优秀的中青年学科带头人。

1999 年 11 月地质出版社出版的由谢学锦、邵跃和王学求主编的论文集《走向 21 世纪矿产勘查地球化学》，总结了他亲自领导实施的第一和第七两个课题的研究成果，是国家攀登项目 B85-34 最重要的成果。

在主持国家攀登项目 B85-34 的研究中，他得以有机会、有经费认真研究和总结区域化

图 9-1　国家攀登项目 B85-34 论文集《走向 21 世纪矿产勘查地球化学》

探全国扫面计划所取得的海量高质量数据，从中发现了具有里程碑意义的从局部到全球的套合的地球化学模式谱系，创建了地球化学块体的理论并据此制定了全新的找矿战略，最终实现了把化探提升到指导找矿战略全局的高度。

勘查地球化学的里程碑

20 世纪 40 年代，地球化学找矿的先驱者们进行的采样都是以非常密的采样密度（几米或数十米间距）采集地表样品，因为他们担心更大的采样间距会漏掉一些重要的找矿信息，因此，那个时代的每一个地球化学勘查计划都局限在几平方千米最多几十平方千米的面积上。

从 50 年代开始，地球化学勘查计划所覆盖的面积逐渐增大到数百甚至数千平方千米，其在矿产勘查中的重要性日益显著。从 60 年代开始，采用不同采样密度（从 1 个样 / 平方千米到 1 个样 / 几百平方千米）、覆盖面积从数千到数百万平方千米的区域的或国家级的地球化学填图计划陆续得以实施。因此，从某种意义上可以说，地球化学勘查发展史是一个逐渐扩大勘查面积和逐渐降低采样密度的过程。随着这一过程的发展，一个从小到大的地球化学模式谱系逐渐为人们所认识和掌握。

局部地球化学异常包括分布在岩石、土壤、沉积物、水、植物和大气中不同类型的地球化学分散晕、分散流和分散扇，面积不超过几平方千米。这是最早期在已知矿床周围进行的地球化学勘查，是人们使用化探找矿的开始。其后的工作，随着工作面积的扩大，发现了更大面积的地球化学异常，其面积达到数百、数千乃至数万平方千米甚至更大，在国外的文献中出现了局部异常和地球化学省的概念。在局部异常和地球化学省之间出现了巨大的面积上的不连续性。

到 1993 年，中国的区域化探全国扫面计划已经进行了 15 年，完成了 400 多万平方千米的扫面工作。这样大面积的工作取得了任何国家没能取得的海量数据。这使谢学锦有了其他国家没有的条件来对各种不同面积的地球化学模式进行更深入的研究。他发现，自然界不仅存在面积只有几平方千米的局部异常和数千到上万平方千米的地球化学省，还有数十至数百平方千米的面积的区域性地球化学异常、数万到 10 多万平方千米的地球化学巨省、数十万平方千米面积的地球化学域。

1991 年，第 15 届国际化探大会在美国内华达州的 Reno 召开。谢学锦在会上作了题为 Geochemical Patterns from Local to Global（地球化学模式：从局部到全球）的报告，阐述了这一发现，引起广泛兴趣。成文后，*Journal of Geochemical Exploration* 的审稿者及主编皆称该文为勘查地球化学的里程碑著作[①]。

1993 年，该文在 *Journal of Geochemical Exploration* 第 47 期上发表。它以中国区域化探全国扫面计划所获得的大量区域的水系沉积物异常的例子，指出：如此密的采样间距（1 个样 /km^2）和超乎寻常的大面积的工作给我们提供了独一无二的研究地球化学省的宽阔景象以及其内部结构的机会，由此发现了地球化学模式的套合结构。三层套合结构的地球化学异常（局部异常的外围为区域异常所包围，区域异常又为大的地球化学省所包围）比二层套合的地球化学异常（局部异常的外围为区域异常所包围，但区域异常的外围没有明显的地球化学省）在统计上更加能够预示着有经济价值的矿床的发现。同样，二层结构的地球化学异常比仅几平方千米单一结构的局部模式（即使这个异常的强度很大）更易于找到有经济价值的矿。

不仅如此，他还从中国环境监测总局、中国科学院和几所大学联合进行的"中国土壤背景研究"的项目所编制的中国大陆（大约 960 万平方千米）土壤中 49 种元素的图件发现了比地球化学省更宽阔的地球化学模式：面积达 100 万平方千米以上的地球化学巨省，例如华南 W 的地球化学巨省，几乎中国所有的大型的 W 矿都包含在这个巨省内。

他在文中还指出，如果地球化学填图计划和地球化学图件的编撰在一个大洲或全球规模能够跨越国家的边界进行的话，我们预料更为宽阔的地

---

① 谢学锦：国外学者对中国化探之评论。参见：谢学锦等，《二十世纪中国化探（1950—2000）》。北京：地质出版社，2009 年，第 392–394 页。

球化学模式会显现出来。覆盖面积达 900 多万 km^2 的中国土壤元素背景图向我们指示出了这种更加宽阔的地球化学模式，例如在中国 Cs、Rb 和 Th 的全国地球化学图上，一条清晰的分界线把中国北部的这些元素的低值区和中国南部的高值区分开来。这条分界线与华北与华南陆块之间的聚合俯冲带和大陆边缘区域非常一致，如果我们能够从亚洲西部、欧洲和北非获得标准的地球化学数据，那么能够预料在中国的 Cs、Rb 和 Th 的地球化学模式将会向西延伸。这样的数据为我们研究地球的构造提供了强有力的证据：欧亚板块和冈瓦纳板块的分界线就能够用地球化学方法来追踪它[1]。

他依据中国区域化探全国扫面计划和中国土壤背景研究提出的从局部地球化学异常到区域地球化学异常，再到地球化学省、地球化学巨省、甚至更为宽阔的地球化学模式，是勘查地球化学的重大发现，它的意义显然已经超出了勘查地球化学本身，称之为勘查地球化学的里程碑是一点也不为过的。

创建地球化学块体理论

1994—1999 年，作为"八五"国家攀登项目 B 类第 34 项"找寻难识别及隐伏的大矿、富矿的新战略新方法新技术的基础性研究"首席科学家，在项目执行过程中，谢学锦依据从区域化探全国扫面计划所取得的数以千万计的高质量数据的研究中发现的许多重要事实，提出了一系列新概念和地球化学块体的新理论，进而在这些新概念和新理论的基础之上，提出了一整套矿产勘查的新战略，使勘查地球化学从一种辅助性的战术方法上升成了一种战略性的勘查方法。

他将这一系列的新概念和地球化学块体的新理论表述为：

（1）传统的地球化学理论认为，地球化学异常是成矿物质从矿床或矿

---

① Xie Xuejing and Yin Binchuan：Geochemical Patterns from Local to Global。*Journal of geochemical exploration*, 1993, 47: 109–129。

体向四周分散而形成的各种晕，可称之为分散模式，或地球化学局部异常模式，但自然界不仅有地球化学局部异常模式，亦存在套合的地球化学模式谱系。从零点几到几平方千米的局部异常到数十至数百平方千米的区域地球化学异常、数千至上万平方千米的地球化学省、数万至十几万平方千米的地球化学巨省和数十万平方千米的地球化学域。

（2）这种宽阔的套合的地球化学模式不是由一个点源（矿床或矿体）向周围扩散形成的，而是由于地球太初的不均匀性引起的，从而提出了在地球上存在着富含某种或某些元素的不同规模的地球化学块体（Geochemical blocks）的概念。

（3）形成大型、特大型矿床的必要与充分的条件是要有巨量的成矿物质供应。这种巨量的物质供应与聚集表现为成矿元素特别富集的地球化学块体。地球上一些巨大的成矿带很可能都是富含巨量的某种或某些金属的地球化学块体。有了这种地球化学块体内成矿物质的巨大太初供应量才有可能在漫长的地质时期中经过各种不同规模的地质过程，逐步富集成矿。

（4）这种地球化学块体可以用低密度的地球化学填图方法勾绘出来，并且可以勾绘出其内部结构——在其中套合着的地球化学模式谱系。通过套合的地球化学模式谱系可以追踪到巨型矿床在巨大的地球化学块体中"聚焦"的地点。

（5）地球化学块体内的金属量并非全部都能成矿，只有一小部分呈活动态的、易被各种流体携带、搬运的金属即"成矿可利用金属（Available Metals for Ore Formation，AMOF）"才能浓集成矿。测定这种呈活动态的AMOF在地球化学块体中的含量，并追踪其逐步富集的轨迹，比测定金属全量能更可靠地估计成矿金属的供应量，从而更可靠地预测大型、特大型甚至巨型矿床。

对于隐伏的地球化学块体与隐伏的巨型矿床，他提出了一种假说，即认为整个地球深部有流体呈微气泡形式上升，这种来自地球深部的、全球性的上升微气泡流可将隐伏于深部的矿床、矿体、原生晕、区域性异常、地球化学省、地球化学巨省乃至地球化学域中的成矿金属或元素带到地表，并以各种活动态形式存在于地表土壤中。进而研制了战略性与战术性的深穿透地球化学方法，用以有效地捕捉这种来自深部的信息，圈定出隐伏的地球化学块体，并追踪到隐伏的巨型矿床。

中国地质调查局运用谢学锦的地球化学块体理论与方法对中国东、西部的矿产资源潜力进行了预测和评估，将深穿透地球化学方法在大面积隐伏区广泛应用，发现和提出了一批新的寻找大型、巨型矿床的战略靶区。

全新的找矿战略

地质找矿风险极大。找到一个有工业价值的矿床需要巨大的投资。据统计，1950—1970 年间，加拿大 1 个贱金属矿产勘查的投资平均达 68.3 万加元，其成功率只有 1.9%，在西澳大利亚 1 个镍矿勘查计划的平均投资达 19 万加元，其成功率仅为 0.46%[1]。

依据区域化探全国扫面计划所获得的数以千万计的高质量数据，谢学锦陆续提出了一系列勘查地球化学的新概念：套合的地球化学模式谱系、地球化学块体，巨型矿床形成的首要条件是巨大的成矿物质供应量、活动态的成矿可利用金属量是估计成矿物质供应量的最佳指标、在全球范围内有地球气上升，并从地球化学块体中带出各种活动态金属、各种活动态金属有很大一部分呈纳米或亚微米级颗粒存在[2]。

依据上述新概念，他和他的同事和学生发展了一整套新方法，以求在隐伏区寻找大型、特大型或巨型矿床时大大降低成本，减少风险。这些新方法有[3]：

（1）隐伏区的战略性与战术性地球气方法（Nanoscale Metals in Earthgas，

---

① 谢学锦：矿产勘查的信战略。参见：谢学锦、邵跃、王学求主编，《走向 21 世纪矿产勘查地球化学》。北京：地质出版社，1999 年，第 4 页。

② 同①。

③ 同①，第 7-8 页。

简称 NAMEG）。这套方法的理论基础是：地球深部有气体以全球规模上升，并从套合的地球化学模式谱系和矿体中带出纳米及亚微米级颗粒的活动态金属；在地表用锥形螺纹钻向下钻进 80 cm 深，从相距 2 ~ 5m 的两个钻孔中各抽取 5L 气体，使之通过 04μm 的静电滤膜，之后再通过经特殊处理的聚氨酯泡沫塑料；将泡沫塑料取出送实验室，以中子活化法分析其中几十种元素的含量。

（2）隐伏区的战略性与战术性金属活动态测量方法（Mobile Forms of Metals in Overburdens，MOMEO）。其理论基础是：携带纳米及亚微米级活动态金属颗粒的地球气上升到地表时，在地球气逸入大气之前，其携带的活动态金属颗粒将存留于土壤中。活动态金属包括水提取金属、吸附态和可交换态金属（以 5% 柠檬酸铵溶液提取）及与有机物结合的金属（以 $0.1mol/LNaOH+0.1mol/LNa_2P_2O_7 \cdot H_2O$ 溶液提取），分别用高灵敏度原子吸收法分析 Au、Ag、Cu、Pb、Zn、Fe、Mn、Ni、Cr、Co 等元素，用原子荧光法分析 As、Sb、Bi、Hg 等元素。

（3）循序两部提取活动态金属法。

针对这些新方法，发展了一整套从战略到战术，从极低密度（1 个采样点 /1000 ~ 10000km²）到超低密度（1 个采样点 /100 ~ 1000km²）、甚低密度（1 个采样点 /10 ~ 100km²）和低密度（1 个采样点 /1 ~ 10km²）的采样系统。

依据上述新概念与新方法，他提出了一整套全新的找矿战略[①]。这套新战略的主旨是在整个矿产勘查过程中，以化探提供的直接找矿信息为先导，结合地质与地球物理资料，迅速掌握全局，逐步缩小靶区，直到找到大型、特大型甚至巨型矿床。

依据这种新战略，在出露及半出露区，利用区域化探全国扫面计划提供的资料，可以在全国范围内使用横向比较全国区域性异常的方法，筛选出最有远景的靶区，也可以在大的地球化学块体中，用追踪成矿物质逐步富集轨迹的方法，来寻找大型、特大型甚至巨型矿床之所在。

---

① 谢学锦：矿产勘查的信战略。参见：谢学锦、邵跃、王学求主编，《走向 21 世纪矿产勘查地球化学》。北京：地质出版社，1999 年，第 8-10 页。

在广大隐伏区及半出露区，则可以将大约 10 万 km² 的面积作为一个迅速掌握全局的单元，使用新发展的深穿透地球化学方法，分三个阶段逐步缩小靶区，最后在 10 ～ 50km² 的范围内进行综合的地球化学与地球物理定位测量及地质研究，找到有经济价值的矿床。使用这种新的找矿战略，将会大大减少找矿风险，节省勘查投资。

　　在攀登项目立项论证的时候，他讲起了"三只老鼠"的故事。他借前人的一幅漫画，把地质、物探、化探比作三只"找矿"的老鼠[①]。他说："这三只老鼠谁来领路呢？化探！因为化探提供的是物质信息，是矿床的直接物质显示——物质第一性。"这是地质界许多人不愿听的话，因为人们早已习惯"以地质为基础"、"物探先行"——这已经差不多是人们心中固定的模式。但他坚信，化探应该而且能够成为矿产勘查的领路者，应该能够起到战略指导的作用。

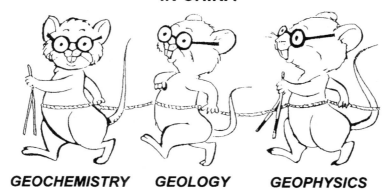

图 9-2　化探老鼠引导地质老鼠和物探老鼠去找矿

　　而今，这幅漫画中所显示的前景已经成为现实。在国内的找矿项目中，由于区域化探全国扫面计划提供了现成的资料，许多人虽然习惯了在一个地区找矿首先看看化探圈出的异常，但他们写起文章来却仍然习惯于

----

① 　杨文采：我所认识的谢学锦先生。见：谢学锦，《面向 21 世纪的应用地球化学——谢学锦院士从事地球化学研究 50 周年》。北京：地质出版社，2002 年，第 526 页。

按照"某某成矿理论""找到了矿",不愿意提到化探所起的先导作用。但是当人们走出去到国外去找矿的时候,其工作部署却总是首先进行化探扫面,取得化探资料,这也已经是惯例了。

现在中国各省都已经将区域化探全国扫面计划所获得的区域地球化学资料和地球化学图作为找矿工作部署、中大比例尺地质勘查工作部署及资源潜力预测的主要或重要依据。

把勘查地球化学从战术手段提高到战略的高度,使地球化学找矿方法成为战略性的指导全局的方法,这个谢学锦一生所有努力的目标,他一生最大的抱负终于实现了。

第十章
深穿透地球化学研究

"深穿透地球化学" 的由来

随着工业化程度的加深，矿产资源的消耗日益加大，直接出露在地表的矿产日益减少，寻找深埋地下的隐伏矿变得日益重要。于是，自 20 世纪 70 年代以来，各种试图发现深埋地下的矿产资源的找矿方法相继问世。这些方法包括：瑞典人 K.Kristiansson 和 L. Malmqvist 提出的地气法，美国人 R. J. Clark 和 A. L. Meier 等提出的酶提取法，苏联人 Ю. С. Рысс 和 И. С. Голдберг 等提出的电地球化学方法，美国人 C. N. Alpers 等提出的元素有机态法，澳大利亚人 A. W. Mann 等提出的活动金属离子法以及谢学锦和他的学生提出的金属活动态法等。这些方法有几个共同点：探测的深度大，可达几百米深，例如苏联的电地球化学方法的探测深度可达 500 米，澳大利亚人的活动金属离子法的探测深度可达 700 米；所测量的主要是来自深部矿体的直接信息；这种信息极为微弱，往往只有亿分之几至百亿分之几；这种信息虽然极其微弱但却非常可靠，因为常规化探中起干扰作用的物质发不出这种信息。

这些方法所研究的对象都是呈极活跃状态的金属，只是测定的方法不同而已。至于这些活动态金属是怎样从深部到达地表的，则有各种不尽相同但都不能令人满意的解释。

1997 年 5 月 25—30 日，在参加于耶鲁撒冷举行的第 18 届国际地球化学勘查学术会议期间，谢学锦在和加拿大学者 E. M. Cameron 在圣殿山上散步时，谈到了上述这些新出现的地球化学勘查方法和技术，觉得有必要提出一个新的术语来概括和描述它们，以便推动和促进它们的发展。当时 E. M. Cameron 就提出了"深穿透地球化学"（Deep Penetrating Geochemistry）的术语，谢学锦也首次将这一术语用在了这次会议上宣读的两篇论文 ① 中。1998 年年初，E. M. Cameron 得到加拿大 CAMIRO 的经费资助，开展了一个有包括加拿大地质调查所和中国的地球物理地球化学勘查研究所和 26 家国际著名的矿业公司参加的、名为"深穿透地球化学方法对比计划"的项目，以完善各家的方法技术，为寻找隐伏的大矿巨矿服务。"深穿透地球化学"和"深穿透地球化学方法"（Deep Penetrating Geochemical Methods）的术语由此出现并逐渐为学术界所接受。

图 10-1　1997 年 5 月 2 日谢学锦（右）与《国际勘查地球化学》杂志总编 E.Cameron（左）在耶路撒冷圣殿山上

---

① 后来发表在 *Journal of Geochemical Exploration* 上的 "Delineation of regional geochemical anomalies penetrating through thick cover in concealed terrain—A case history from the Olympic Dam deposit, Australia" 和 "Orientation study of strategic deep-penetration geochemical methods in central Kyzylkum Desert terrain, Uzbekistan"。

谢学锦和他的学生们对"深穿透地球化学"的贡献

想象力比知识更重要

前述的各种深穿透地球化学方法基本上都是战术性的方法。它们只能在用地质或地球物理方法确定的推测深部可能有隐伏矿存在的地区发挥关键性的作用，确定隐伏矿的存在。而在常常大到数千数万甚至数十万平方千米的大面积覆盖区，想要确定只有数平方千米的找矿靶区，光靠地质推理和地球物理的间接证据进行预测是远远不够的。显然，要想在这样大面积的覆盖区寻找隐伏矿床，特别是大矿、巨矿，就必须要发展战略性的深穿透地球化学方法，获取成矿物质的直接信息。

谢学锦带领他的研究小组从 1990 年开始研究地球气方法。他认为：①既然在地球上的许多地区，例如在瑞典、中国、德国、捷克斯洛伐克等地进行的实验都证实，有深部气体以微气泡的形式将超微细金属颗粒携带到地表，那么这种现象就不会只是局部的，而很可能是全球性的，因而将这种深部气体称之为"地球气"（Earthgas）更为合适。由此，他把在各种尺度上分析由这种地球气携带到地表的金属的方法，称之为地球气方法（NAMEG）。②这种地球气既然可以把隐伏矿床中的超微细金属颗粒带到地表，那么也就可以把隐伏矿床四周原生晕中、更大范围区域性异常中、甚至地球化学省中的超微细金属颗粒带到地表。③当这种地球气到达地表时，气体会逸入大气中，但其中的超微细金属颗粒一定会有一部分以各种活动态的形式留在土壤中，也就一定能通过各种手段将其检测出来。

他认为，这样一些推定的设想，或者想象，能为前述的各种深穿透地球化学方法找到一种合理的解释，将它们统一在一种假说之中，同时也为地球气测量发展成为一种战略性的地球化学方法提供依据。

成功的实验

有了前述的设想，就必须进行实践，事实去证实。在 20 世纪 90 年代中期，他和他的学生们先后在国内外进行了几次重大的实验并取得了成功。

1. 在山东省全境的实验 [1]

1994 年，他和他的学生们在山东进行了一次大胆的实验，以 1 个采样点 /800km^2 的采样密度进行地球气和元素活动态测量，设想可以在胶东这样的巨型金矿田四周发现大片异常，而一些小型金矿床用这样稀的采样密度会漏掉。这项实验如果成功，就可以为在隐伏区分辨巨型矿床和一般矿床找到一种有效的指标。这次实验的结果是在胶东发现了 3000km^2 多的地球气与元素活动态异常区，胶东地区的玲珑、焦家、三山岛、大尹格庄等大型、特大型金矿床都位于该异常区中，表明胶东是一个巨大的金地球化学省，其中赋存的巨量的金为形成这些大型、特大型金矿奠定了物质基础。并且这个地球气与元素活动态异常区还向南延伸到了南部大片被厚达数十米至 100 米以上的冲积物覆盖的地区，显示胶东南部的大片隐伏区有着良好的找金前景。自那以来的近 20 年中在这片隐伏区的找矿工作已经完全证明了这一点。

2. 在乌兹别克斯坦穆龙套巨型金矿田地区进行的地球气与元素活动态测量 [2]

1994 年，他的研究小组与乌兹别克斯坦地质地球物理研究所和俄罗斯矿物学与稀有元素地球化学研究所合作，在穆龙套外围进行的地球气与元素活动态测量，在一条长 300 多千米的长剖面和几条各长几十千米的短剖

---

① Wang Xueqiu, Liu Dawen, Cheng Zhizhong and Xie Xuejing: Wide-spaced Geochemical Mapping for Giant Ore Deposits in Concealed Terrains。In: Xie Xuejing (Ed), *Proceedings of the 30th International Geologic Congress,* Vol. 19, Geochemistry：132-137。

② Xie Xuejing, Wang Xueqiu, Xu Li, A. A. Krememtsky and V. K. Kheffets: Orientation Study of Strategic Deep-penetration Geochemical Methods in Central Kyzylkum Desert Terrain, Uzbekistan。*Journal of Geochemical Exploration,* 1999, 66: 135-143。

面上，以 5 ～ 10km 的点距采集土壤样品，进行地球气与元素活动态测量。结果显示，在穆龙套和道格兹套巨型金矿床的四周都有金异常存在，其面积超过 10000km²，显示了穆龙套地区存在巨大的金地球化学省和良好的金矿找矿前景。

3. 在奥林匹克坝 Cu-U-Au-Ag 矿床进行的实验 [1]

1995 年，在澳大利亚参加第 17 届国际勘查地球化学学术讨论会期间，他的研究小组与澳大利亚西方矿业公司合作，在奥林匹克坝巨型 Cu-U-Au-Ag 矿床的外围进行了地球气与元素活动态测量实验。

这个巨型矿床被成矿后的沉积岩和沙漠深埋于地下 300 多米深处。西方矿业公司着眼寻找大铜矿，花了 20 多年的时间，耗资 3000 多万澳元才发现了它。最初，他们在元古宙地层分布区用地质、地球物理、地球化学方法广泛搜觅，终无所获。1974 年，根据地质理论预测认为，元古宙盆地中氧化的大陆拉斑玄武岩作为矿源岩，可以提供足量的铜，在上覆沉积岩中形成大的铜矿床。经过大量研究后，圈出了一个长 400km、宽 30 ～ 100km 的远景区。其后，西方矿业公司在此远景区内，在构造有利部位，使用地球物理方法搜索隐伏的玄武岩，预测玄武岩位于 335m 深处。1975 年施工第一个钻孔，但在 335m 深处遇到的并非玄武岩而是含赤铁矿的蚀变花岗岩。继续钻进的结果在在 353 ～ 391m 深处，发现品位达到 1% 的铜矿。这个成功使他们感到鼓舞。但继续施工的 8 个钻孔却都通通落了空。只是到了第 10 个钻孔才打到了厚 172m、品位达 2.1% 的铜矿和含 U_3O_8 达 0.6/100 万的铀矿。尽管如此，此钻离后来发现的奥林匹克坝巨型矿床也还有 1km 之遥！对此，西方矿业公司勘查部主任 R. Woodall 这样写道："当成功如此接近时，还随时有可能丧失信心，放弃整个计划。"

由于该地区被成矿后的厚层沉积岩所覆盖和风成砂的混合，矿床的常规地球化学信息在地表完全无法显示。谢学锦的研究小组与西方矿业公司合作，在奥林匹克坝外围 2500 多平方千米的范围内，以 1 个采样

① Wang Xueqiu, Xie Xuejing, Cheng Zhizhong and Liu Dawen: Delineation of Regional Geochemical Anomalies Penetrating through Thick Cover in Concealed Terrain—A case History from the Olympic Dam Deposit, Australia. *Journal of Geochemical Exploation*, 1999, 66: 85-97。

点 / 约 60km² 的采样密度，布置了 36 个采样点，进行战略性地球气与元素活动态测量。测量结果显示，在这个过去用常规化探方法没有发现任何明显异常的地区，发现了非常显著的地球气异常和元素活动态异常，充分证明，使用这种战略性的深穿透地球化学方法可以发现深埋于地下 300 多米的隐伏巨型矿床。

4. 东天山荒漠戈壁区的深穿透地球化学研究 [1]

东天山地区为荒漠戈壁区，气候极为干燥，大部分地区年降水量不足 500 mm，由于地表大多为戈壁或风成沙所覆盖，常规的化探方法无能为力。谢学锦的研究小组在东天山荒漠戈壁区 15 万 km² 面积上，进行深穿透地球化学研究。经反复研究认定，弱胶结层的细粒物质（粉沙、黏土和胶结物）是最佳采样介质。实验证明，这种细粒物质中，活动态铀占总量 40% ~ 60%，活动态金占总量的 30% ~ 40%。以 1 个点 / 约 100km² 的采样密度采集样品，进行元素活动态测量。分析结果在吐哈盆地中圈出了 7 个金的地球化学省和 3 个金的区域地球化学异常，三条近东西向的铜地球化学异常带以及吐鲁番、哈密—骆驼圈子和鄯善县东南等 3 个铀战略靶区。本区已经发现的土屋铜矿等位于所圈定的异常内或边缘，而在所圈定的铀异常内则发现了地浸砂岩型铀矿。

5. 在川西北若尔盖草原覆盖区的深穿透地球化学实验 [2]

若尔盖草原覆盖区面积约 30000km²，海拔高，气温低，蒸发量小，土壤湿度大，发育常年冻土，有机质分解缓慢，并以泥炭的形式累积在地表浅层，无法使用常规化探方法。

谢学锦的研究小组在这里以 1 个采样点 / 约 300km² 的采样密度沿公路布置了 114 个采样点，在 70 ~ 80cm 的深度上采集地球气样品，进行地球气测量，在 30cm 左右的深度（A 层）上采集土壤样品，进行元素活动态测量，各分析了 Au、Ag、Pb、Zn、Fe、Mn、Hg、As、Sb 等元素。

① 王学求：荒漠戈壁区超低密度地球化学调查与评价——以东天山为例。《新疆地质》，2001 年，第 19 卷第 3 期，第 200–206 页。

② Wang Xueqiu, Liu Dawen, Cheng Zhizhong and Xie Xuejing: Wide-spaced Geochemical Mapping for Giant Ore Deposits in Concealed Terrains. In: Xie Xuejing (Ed): *Proceedings of the 30th International Geologic Congress,* Vol.19, *Geochemistry*：137–138。

分析结果显示，区内存在着 6 个大的金异常区：松潘金异常，红原金异常，阿坝金异常，郎木寺金异常、唐克金异常和巴西东北部金异常；预测本区尚可能有金矿资源 200 多吨。其后在红原地区发现了大的金矿床，据报道，其储量多达 60 多吨，证实了上述战略性深穿透地球化学调查结果的可靠性。

领先世界的"深穿透地球化学"分析技术

加拿大 E. M. Cameron 所主持的 Deep-penetrating Geochemistry 对比项目第二阶段（1999—2001 年）的工作重点是在加拿大、美国西南部及墨西哥、智利及澳大利亚选择一些隐伏矿床，用中国物化探所、加拿大地调所、Actlabs 及 X2RAL 的方法进行比较。

美国内华达州 Mike 金铜矿区上方为厚 150 ～ 250m 的第三系（卡林建造的沉积岩与火山岩）覆盖，矿床氧化深度达 400 余米。样品送加拿大地调所，Actlabs 及 X2RAL 进行去离子水、盐酸氢胺，王水、酶及活动态金属离子法提取，送中国廊坊物化探所进行 WEM（水提取）、AEM（柠檬酸铵提取）、OBM（焦磷酸钠提取）及 FMM（柠檬酸铵盐酸氢胺提取），加拿大地调所的去离子水提取出的 Au 大部分都在检出限以下，而中国的 WEM 方法也是去离子水提取，但其含量都在检出限以上，其数据的中位数为 0.5ppb。结论是在隐伏 Au 矿上方反应最显著的是中国的 OBM 方法。在隐伏 Cu 矿上方反应最好的是中国的 FMM 方法。实际上，对中国的原始数据稍作处理后，许多元素的异常都能很好反映隐伏的 Mike 金矿及 Cu 矿[①]。

智利 Gaby Sur 铜矿床位于 Pampa Elvisa 谷中，是一个发育表生富集的斑岩 Cu 矿床，为厚 40 m 的砾石层所覆盖。样品分送 Actlabs（去离子水及

---

① 谢学锦、王学求：深穿透地球化学新进展。《地学前缘》，2003 年，第 10 卷第 1 期，第 227-229 页。

酶提取）、ACME（醋酸铵及王水提取）、Chemex（冷盐酸羟铵提取），所有分析公司皆用 ICP-MS 进行多种元素扫描测定。中国物化探所则进行 WEM、AEM、OBM 及 FMM 两步提取，然后用原子吸收方法进行 Cu 及 Ag 的测定。Actalabs 去离子水提取及酶提取方法 Cu 分析结果，在隐伏 Cu 矿床上方并无异常而在 Cu 矿两侧断层上方有异常的峰值。但一些较强提取方法如 Chemax 的冷盐酸羟胺提取及 ACME 的王水提取都无法在隐伏矿上方及两侧断层上方发现任何异常。中国实验室的分析结果则与国外几个实验室的结果大不相同，不仅在两侧断层上方，而且在矿体上方都有不连续的峰值出现。另外中国实验室的 WEM Cu 的中值为 293ppb，而 Actlabs 去离子水提取 Cu 的中值仅有 13ppb[①]。

　　上述结果的比较充分证明，谢学锦和他的学生们的深穿透地球化学分析技术远比国外的要优越。这是因为，与国外许多深穿透地球化学分析方法的研究思路不同，中国学者很早就注意到在各种偏提取分析中胶体物质及纳米、亚微米颗粒的影响，从而制定了分两步循序提取的分析方案。在循序进行水提取（WEM），吸附态提取（AEM），有机结合态提取（OBM）及铁锰氧化物态提取（FMM）时，每种提取都分两步进行，第一步用各种弱溶剂使活动态金属与载体分离，第二步用强溶剂（HNO_3+HF+$HClO_4$）破坏胶体，使活动态金属摆脱胶体的吸附。而国外的酶提取及活动金属离子法只使用弱溶剂，使特定的活动态金属与载体分离，但在分离与稀释滤液过程中，很大一部分活动态金属又被硅胶体吸附。这就是国外水提取方法测出的 Au 与 Cu 都比中国的 WEM 方法测出者低出很多的原因。至于 Gaby Sur 铜矿区国外水提取与酶提取方法只在隐伏矿两侧发现 Cu 异常峰，而中国的 WEM 方法与 AEM 方法都能在整个隐伏 Cu 矿上方都发现 Ag 与 Cu 的异常，则更说明中国的提取方法较之国外的方法更为可靠与优越[②]。

---

① 谢学锦、王学求：深穿透地球化学新进展。《地学前缘》，2003 年，第 10 卷第 1 期，第 229-231 页。

② 谢学锦、王学求：深穿透地球化学新进展。《地学前缘》，2003 年，第 10 卷第 1 期，第 232 页。

"深穿透地球化学"的理论探索

对于被成矿后的沉积岩或运积物深埋地下的隐伏矿床或其周围的原生晕或区域地球化学异常中的金属，是被什么营力带到地表在隐伏矿床上方运积层内形成异常的，有各种各样的说法。通常认为形成这种异常的营力有：①毛细管作用；②蒸发作用；③地下水循环；④植物根系吸收；⑤自然电位场；⑥气体搬运；⑦离子扩散。例如苏联 Ю. С. Рысс 等发展的电地球化学方法认为人工电场是驱使金属从深部达于地表的主要动力，美国人 R. J. Clark 等发展的酶提取方法的理论基础是地下水与自然电化学作用。活动态金属离子法起源于澳大利亚。他们认为活动态金属离子产生于澳大利亚深风化的过程中。最初他们对推动金属离子上升的营力含糊其辞，不外乎是毛细管作用、植物根系吸收、电地球化学场等，其后他们提出了气体的作用，并声称正在由 11 家矿业公司的经费支持下进行活动态金属离子向上迁运机制的研究。Goldberg 提出的离子测量系统方法是国外唯一的一种应用于战略性区域测量的深穿透地球化学方法，它的理论基础是地球上无处不存在自然电场，元素可以以离子形式在自然电场作用下从深处迁移至地表。

"Deep-penetrating Geochemistry" 研究项目开展以来，E. M. Cameron 提出了一些元素自深处向上迁移的新理论。

过去文献上的气态迁移多指挥发性元素或化合物（如 Hg）本身呈气态迁移。E. M. Cameron 提出元素可以 CO_2 为载体从深部迁移至地表；CO_2 可由硫化矿床氧化带中的硫化物氧化生成，或由酸性地下水与碳酸盐岩作用生成。

在干旱地区，这种气态迁移至关重要，因为在隐伏矿床上方的岩石及覆盖物空隙中充满了蒸气及空气，矿床内的金属可由气压泵推动达于地表，气压泵指高气压与低气压的旋回过程。高气压将空气压入，而低气压使空气将岩石或矿床中的气体带出。E. M. Cameron 认为，另一种推动营力是"冬季呼气作用"。在冬季，暖的空气在山顶上从岩石裂隙内释出，代以冷空气及蒸气从山脚下方深部上升。一种更强的推动营力是地震泵。E. M. Cameron 认为在智利 Gaby Sur 及 Spence 巨型隐伏铜（Cu）矿床地表的深穿透异常都主要是由地震泵推动而形成的。在潮湿地区，E. M. Cameron 认为，隐伏矿床上方岩石及覆盖沉积物的空隙中都被水充满。从隐伏矿床释出的元素随地下水侧移，而在河流、泉水、沼泽及渗出带形成侧移异常，只有当隐伏矿床产出深度不大时，才可借毛细管作用，植物根的吸收作用及电化学作用，在矿床上方地表形成异常。但 E. M. Cameron 推测，在地震多发地区可借地震喷射作用在隐伏矿床上方的断层或裂隙带中形成异常。

谢学锦最早支持瑞典学者 K.Kristiansson 和 L. Malmqvist 的观点，认为气体是将活动态金属从深部隐伏矿床中携出并搬运至地表的主要营力。但谢学锦认为，这种气体并非局限于在矿区发生，而是整个地球都在"漏气"。这种"地球气"不仅穿过隐伏矿床时，携带其中的活动态金属达于地表，而且可从隐伏或半隐伏的地球化学块体中携带活动态金属达于地表。这种近乎狂想的思路构成了他制定超低密度战略性深穿透地球化学填图的理论基础，并在山东全境、皖北、四川若尔盖草原、澳大利亚奥林匹克坝矿区外围及乌兹别克斯坦穆龙套矿区外围的超低密度深穿透地球化学填图工作中得到证实。大量文献资料证明，这种地球气的终极来源应是地幔。上地幔中的气体以超临界流体形式存在。但在 30 ~ 40km 深处，大量气体可从超临界流体中分离。这种幔源气体可以达于地表也已有大量证据。地震及火山活动产生大量气体，大洋脊上有气体排放；大量观测发现这类气体中 Rn 、He 及 $^3He/^4He$ 比值与大气不一致，说明有幔源成分的加入。在隐伏金矿床上抽取土壤中气体发现，其中 Ar、He、CH_4 含量及 $^3He/^4He$ 比值与大气不一致，亦表明有幔源成分的加入。

综合国内外在深穿透地球化学理论上的研究成果，他提出了一个活动态金属向上迁移的多营力接力模型：深部幔源地球气在进入地表数千米范围内不断受到大气的稀释，在经过隐伏矿床与地球化学块体时又带入矿床及块体中离子、络合物及纳米、亚微米形式的物质；接着继续向上迁移时，得到地震泵、电地球化学及 CO_2 发生器（硫化矿床氧化带碳酸盐岩层）的加强推动与接力，在更浅的部位（数十米至数百米深处）又得到植物根吸收作用、毛细管作用、大气压泵、蒸发作用等的加强推动与接力。在向上迁移的过程中，一部分活动态金属将聚集在吸附力强的地层或土层中，形成串片状迁移的轨迹，最后在地表数十厘米处与大气的界面上聚集形成深穿透地球化学方法易于发现的异常。地表的深穿透地球化学异常是这些在不同深度起作用的营力配合作用与接力的结果，但在不同的气候与地形条件下，这些营力如何配合与接力会有很大不同。极端干旱地区与极端潮湿地区是两种极端情况。在极端干旱地区，金属是在充气的通道中向上迁移的。由于温差变化极大，加强地球气搬运与接力的最主要的营力是地震泵，继续上升时则大气压泵起重要作用，在地形起伏较大地区，"冬季呼气"亦起重要作用。从这一极端过渡到干旱及半干旱地区，蒸发作用亦将成主要营力。而在极端潮湿地区，活动态金属是在充水的通道中向上迁移的。如果隐伏矿床埋藏较浅，毛细管作用、植物根吸收作用、电化学场都是加强地球气搬运与接力的重要营力。如果隐伏矿床埋藏很深，部分或全部在地下水面以下，活动态金属将主要侧移至低洼处的渗湿带或河床底部。而在地震活动区，活动态金属可呈粒子、胶体等形式，借助所谓地震喷射作用垂直向上迁移[1]。

———————————

①　谢学锦、王学求：深穿透地球化学新进展。《地学前缘》，2003 年，第 10 卷第 1 期，第 234—235 页。

第十一章
76 种元素地球化学填图

病床上诞生的宏伟计划

1998 年 4 月 13 日晚，谢学锦在人民大会堂看完法国巴黎国家歌剧院芭蕾舞团的演出，在大会堂东门外通往广场停车场的斑马线上，被一辆"莫斯科人"小轿车撞飞，被抛出去约 3 米远，从空中摔到地面。他被紧急送往积水潭医院抢救。送进医院时，医生最初连麻醉药都不敢用。倘使送医院稍晚一点，恐怕就没有活的可能了。经医院检查为双侧股骨粗隆间骨折、右侧粗隆间骨折严重粉碎、右侧耻坐骨支骨折、左侧胫骨平台骨折严重粉碎。由于左侧胫骨平台骨折严重粉碎，局部出血较多，足背动脉搏动减弱，4 月 15 日医院对左侧胫骨平台实施了紧急手术，对双侧股骨粗隆间骨折暂时采取牵引治疗，4 月 28 日医院实施第二次手术，处理双侧股骨粗隆间骨折 [1]。

---

① 物化探所：谢学锦车祸通报。资料存于采集工程数据库。

75 岁高龄的他，受此重大伤害，真似命悬一线。但最终他在多方关注和医院的全力抢救下，奇迹般地度过了危险期，而且为了能够继续从事自己的科学事业，还以坚强的意志，超人的毅力，非凡的刚强，带着置入体内的钢板、钢筋和钢钉，忍着剧烈的疼痛，用各种方式方法加紧锻炼和康复。在他仍然躺在病床上，不能翻身，不能起坐的时候，他就已经不时打电话到办公室索取资料，运筹帷幄于病床之上，思考着新的课题了。在刚能从病床上坐起而尚不能下地活动时，他就自己设计，请人做了一张专门放在病床上的小桌，开始工作了。

1998 年 6 月，他在病床上思考着，一个把基础研究与地质调查相结合，更好地服务于国民经济建设的思想在脑海里逐渐形成。6 月 25 日，他在置于病床上的那张特制小桌上下笔，于次日写成了给国土资源部部长的信[1]，信中说：

近闻国土资源部正在研究制订重点基础研究计划，特提出以下意见供您参考。

我理解国家科技部制定基础研究规划时，主要指的是应用基础性研究。因为规划强调这些基础性研究首先要考虑有关国民经济和社会发展中的重大问题，纯理论的基础性研究应是少数，而且要能在国际科学前沿占一席之地。

我认为原地质矿产部过去多年的基础性研究大多是纯理论研究。这些纯理论研究对矿产勘查未能起多少关键性作用，能在国际科学前沿占一席之地的亦不太多。

对原地矿部矿产勘查起关键性作用的一项应用基础性研究是对地球化学填图的理论与方法的研究。这项研究从未列入原地矿部的基础研究计划之中，它只是在始终一贯的思路指导下通过物化探所提供经费支持的一系列小课题进行的，其结果导致原地矿部区域化探全国扫面计划的形成。这项计划起步维艰，因遭到多方的反对，只是在原地

---

[1] 国土资源部办公厅：内部情况通报，第 12 期。1998 年 7 月 8 日。资料存于采集工程数据库。

矿部副部长张同钰和物化探局长蔺雪峰的坚决支持下才得以贯彻执行。这项计划已进行了 20 年，覆盖全国面积 500 余万平方公里（千米）。原地矿部近十余年 80% 以上新发现的矿产，特别是金矿都是根据这项计划提供的线索。从生产角度看，这是用科研成果部署指导生产取得显著成效的范例；从科研角度看，这是通过组织大量生产单位在科学家的指导下来验证科研成果，并为科研提供巨量基础性资料的一项"大科学"计划。

地球化学填图已被多方公认是国际地学在 21 世纪发展的前沿，而中国的地球化学填图研究以其大量创新成果已被公认在世界上处于领先地位。在整个地学界这种情况并不多见。我想我们应该珍惜这来之不易的成就，利用它带来的巨大机遇与优势，继续猛烈前进，提出新的"大科学"计划，在国土资源部也就是新的研究与大规模调查相结合的计划，巩固中国地球化学调填图在世界上的领先地位，并使取得的科研成果在中国国民经济与社会发展中发挥更大的作用。

第一项计划是 76 种元素地球化学图集的研制与出版。中国的区域化探全国扫面计划规定分析 39 种元素，但至今未能公开出版地球化学图集，实属憾事。现国际地球化学填图计划（IGCP259/360）已做了新的规定，要今后各国地球化学填图严格按照对分析质量的规定（这些规定主要是我做出的，因为我是 IGCP259/360 的分析委员会主席）分析 71 种元素。现在许多国家都在努力，但达到这一要求，并非易事。当前只有中国具备了达到这一要求的条件，我们可以充分利用各省地质局全国扫面计划采来的数以百万计的样品，将之按每个 1 比 5 万图幅（约 400 平方公里）将样品组合成 1 万～2 万个组合样，分析其中 76 种元素的含量（现拟再加上 Re、Ru、Rh、Or、Ir）。这样出版的地球化学图集，将是人类历史上第一次全面了解除惰性气体与人工元素外周期表上所有元素在中国广袤国土上的空间分布。这一空前壮举不仅会进一步巩固中国地球化学填图在全世界领先地位，大力促进各国地球化学填图工作与发展，而且对环境、资源、基础理论研究都会产生难以预料的重大影响。

第二项计划是深穿透地球化学填图。这是一项真正具有创新精神的第二轮填图计划。我们在攀登项目中发展了战略性的深穿透地球化学方法在国际上属于首创，在乌兹别克斯坦的穆龙套巨型金矿区外围、澳大利亚奥林匹克坝巨型 Cu–Au–U–Ag 矿外围以及在山东全省试验成功之后，已在皖北、川西北及桂西做了许多工作，总共覆盖面积 30 万平方公里，圈出了 11 个找大型甚至巨型矿的靶区。原国家科委对攀登项目 B 中发展深穿透地球化学方法取得的成果已给以高度评价，看来它在新的科技部重大基础性研究项目中被接受不致成什么问题。但是利用这项理论与方法在中国广大隐伏区内进行工作，需要国土资源部作为重大调查计划予以支持，例如：

1. 新疆全境戈壁、草原、冲洪积物覆盖区找大型、特大型铜、金、多金属隐伏矿。

2. 白银厂外围黄土覆盖区找隐伏的特大型铜矿。

3. 黔桂滇交界区找深埋的特大型铜、金、铂、镍矿。

4. 长江中下游、沉积物覆盖区找隐伏的大型铜矿。

5. 湘南地区找隐伏或深埋的特大型锑矿。

6. 粤桂交界地区找特大型金矿。

第三项计划涉及我国矿产勘查的全球战略问题。矿产勘查已无国界限制，国外许多大的矿业公司都是在全球范围内进行矿产勘查活动。与世隔绝多年的中国的矿产勘查要走向世界，远不如许多发达国家对全球矿产地质的了解，必须具有别人所无的出奇制胜的高招，才不致像过去那样处处被动，被别人牵着鼻子走。近年来我们提出了矿产勘查的新战略，内容包括以直接发自矿体与矿化过程的直接信息为主的找矿新思路，用低密度至极低密度的采样系统迅速掌握全局、逐步缩小靶区的找矿新程序，金属供应量是辨认巨型矿床唯一标志的新理论，成矿可利用金属的新概念是衡量金属供应量与追索巨型矿聚焦点的有效标志，战略性与战术性的深穿透地球化学方法是在隐伏区找大型至巨型矿的有效手段等等。这种新的找矿战略可大大地降低风险，提高成功率。当前有着巨大的机遇使它可应用于全球，这就是国际地球化学基准（IGCP360）

计划。这项计划拟用 5000 余样品覆盖全球，尽早了解人类所居住的这个星球上 71 种元素在地表的分布。这项计划拟发动各国地质机构承担采样工作，但分析工作须由一个或几个所谓"全球实验室"统一承担，而分析经费尚无着落。一些发达国家的实验室为了本国的荣誉也正努力筹集经费想承担这一任务，但目前只有中国的少数实验室具有全部分析这 71 种元素的经验与能力。这项工作首先可以从南美及非洲开始，可以说服巴西、哥伦比亚、阿根廷以及南非（这些国家都邀请我去为他们开地球化学填图训练班，我因遭车祸，只有推荐我的学生代我前往）按我们的方法，用极低密度采集泛滥平原沉积物，由中国免费为他们分析，资料共享。这样我们就可迅速掌握国外已知及未知的大型至巨型矿可能存在的远景区，使我国在国外找矿的风险大大减少，效益大幅度增加。我们在分析费上的投资，即使分析全球 5000 个样品，亦不过数百万人民币，如分析一个地区，则耗费更少。

总之，我理解基础性研究的根基在于用新思路与新技术取得巨量新的信息、新的事实和新的现象，据此才能产生新的理论，否则空谈理论研究，只能是跟在外国人后面，低水平或高水平的重复，难以有突破。国外的地质机构一般称地质调查所，可见地质工作研究与调查是密不可分的。故在国土资源部的重点基础研究规划中单列研究领域是不够的，需要制定几个像区域化探全国扫面计划那样，用创新的思路理论指导，用高水平的技术来进行的长远性大规模调查研究计划。这些计划所取得的新信息、新事实、新现象将为许多研究领域开辟新思路及提供重要的基础性资料。

以上意见是否有当，请指示。

谢学锦

1998 年 6 月 26 日

国土资源部及部长非常重视他的这封信，10 天后即 7 月 5 日就做出批示①。

---

① 国土资源部办公厅：内部情况通报，第 12 期，1998 年 7 月 8 日。资料存于采集工程数据库。

国土资源部从 1999 年开始一直持续至今的新一轮地质大调查计划就是这样由病床上的谢学锦在那张特制的病床小桌上提出再经部领导批示而诞生的。

国务院参事、国土资源部原总工程师、中国地质调查局原领导同志 2012 年 5 月 21 日在谢学锦 90 华诞庆典

图 11-1　谢学锦遭车祸住院治疗期间写信给时任国土资源部部长建议开展研究与调查相结合的大科学计划（1998 年 6 月 25 日于积水潭医院）

上致辞时说："1998 年国土资源部成立时，收到的第一份建议就是（谢老的）开展全国的大科学计划"，"运作了整整一年，谢老这封信，实际上点燃了新一轮国土资源大调查的一场战役。这封信非常宝贵……这可充分证明谢老在国土资源部成立后的过渡阶段，促成了新一轮国土资源大调查这么一个宏伟的计划，谢老是立了非常非常大的功劳，我们要永远记得他。"①

76 种元素地球化学填图项目建议书

76 种元素地球化学图集的研制与出版是他给国土资源部部长信中提出的第一项计划。在此信发出后 3 个多月，1998 年 10 月 3 日，谢学锦在病床上正式提出了一份"新一轮国土资源大调查中地球化学调查项目建议书"：全国组合样品的收集、76 种元素的分析与全国地球化学图集编制。1999 年 5 月正式提交了"全国 76 种元素地球化学图的编制项目建议书"。

他在建议书中指出：

---

① 张洪涛：在谢学锦院士九十华诞暨从事化探工作六十周年庆典上的致辞。资料存于采集工程数据库。

国际地球化学填图计划（IGCP259/360），经世界各国专家多次讨论决定今后各国地球化学填图计划应分析 71 种元素，理由是①现在已知与生物健康有关或可能有关的元素约 40 余种，但地球生命演化是在周期表所有元素存在的环境内进行的，了解周期表上所有元素在地球表面的变化，将会对生命演化的研究提供极为重要的基础性资料；②几乎所有周期表上的元素都在当前或将来具有经济意义，（本项目在区域化探全国扫面计划所分析的 39 种元素之外）增加分析的 37 种元素，一组是稀有分散元素（Rb、Cs、Ga、In、Tl、Ge、Se、Te、Re），一组是难挥发元素（Ta、Hf），一组是卤族元素（Cl、Br、I）一组是铂族元素（Pt、Pd、Ru、Rh、Os、Ir），一组是稀土元素，它们之中许多对现代工业、现代农业、生命健康及地学理论研究都有着或有可能发现特殊的作用。

他还指出（76 种元素全国地球化学图集编制和出版）：

在国际上将是空前壮举，将给国际地学界带来极大震动，尽管 IGCP259/360 项目已建议今后国际地球化学填图需要分析 71 种元素，但迄今为止，除我们的实验室为中国环境监控网络项目覆盖全国的 500 余件泛滥平原沉积物样品及巴西 Parana 州送来的 39 件泛滥平原沉积物样品分析了 71 种元素外，全世界尚无其他任何国家和地区达到这一要求。（因此，76 种元素地球化学图集的编制和出版。）将进一步巩固中国地球化学填图在全世界的领先地位，大力促进各国地球化学填图工作的发展。所取得的成果，对矿床成因、资源潜力评价、壳幔结构与演化、生命演化、环境与健康、新类型矿床的辨认与新矿种的发现，都将提供极有价值的巨量基础数据。

他为项目规定的主要工作内容有：
（1）选择川、滇、黔、贵四省作为试点，总结经验，再在全国推广。
（2）在四省样品库内，以每个 1∶2.5 万图幅为单元（约 $100km^2$），将各图幅内样品组合成 1 个组合样。

（3）样品的采集与组合是关键问题之一，已经拟定样品采集与组合的指南，要成立监督小组，以保证质量。

（4）利用 12 个水系沉积物标准样及 Pt、Pd 标准样进行分析质量监控。

（5）改进已有的质量监控系统：补充 12 个水系沉积物标准样和痕量贵金属标准样的标准值定值工作，使之完全能够验证所用分析方法的准确度、监控分析质量。

（6）补充研发和开发部分极难分析的元素的分析方法，筛选和优化成熟的分析技术，提出灵敏、快速的 76 种元素分析系统。

（7）各参加单位对分析方法的选择与分析方案的研制可在采集组合样的同时进行，可利用中国东部或四省的泛滥平原沉积物样品进行，避免消耗组合样。

（8）样品分析是另一关键问题。建议在试点研究的基础上，采用统一的分析仪器、统一的分析方法、统一的标准样和统一的质量监控方案，进行样品分析。按照给定的 76 种元素的分析检出限和配套分析方案进行分析工作[①]。

我国西南四省区 76 种元素区域化 探图编制试点研究

谢学锦在治疗和康复训练和病情反复期间，在医院里编写了"我国西南四省区 76 种元素区域化探图编制试点研究设计书"[②]。项目组主要参加人员的确定及其工作分工，样品组合的方案，甚至项目经费的预算制定，都是由

---

① 谢学锦：全国 76 种元素地球化学图的编制项目建议书（1999 年 5 月）。资料存于采集工程数据库。

② 项目名称为《我国西南四省区 76 种元素区域化探图编制试点研究》，四省区指四川、云南、贵州三省和广西壮族自治区。立项时重庆市尚未划为直辖市，而属四川省管辖；项目进行过程中，重庆市成为直辖市后，项目所涉及的范围就成了五省市区了。

他亲自进行的。设计书于 1999 年 9 月提交并审查通过，项目正式启动运行。

他给项目设定的总体目标是：研究区域化探样品的 76 种元素分析技术，提出多元素分析方法及配套测试方案，提出 76 种元素分析质量监控方案；开展成图试点研究，提出大批量信息处理、解释及多领域应用技术。

项目的主要任务是：①按照统一规定，采集研究区内各个 1∶5 万图幅的组合样，共计 2961 件；②研究并优选 76 种元素的分析方法，提出 1 个或几个 76 种元素的多方法分析系统，重点是难分析元素的分析方法；③确定 76 种元素分析质量监控方案；④每种元素至少要取得 3～4 个实验室同一方法或不同方法的分析数据；⑤编制川滇黔桂四省区 76 种元素的地球化学图集，并以中、英文正式出版[①]。

样品的收集与组合

样品的收集与组合是项目最基础的工作。研究区面积 134 万 km²，如果要到野外现场采样，将要耗费大量人力和物力以及时间；由于八九十年代基本上完成了区域化探扫面计划，其所采样品的副样当初已经按照谢学锦提出的要求，保存在专门修建的样品库中，这就为项目准备了非常好的基础。利用这些样品，不仅可以节省大量人力、物力和财力，而且还因为这些样品是在尚未大规模工业化因而尚未受到大规模污染的条件下采集的，因而其所含的信息是没有受到扰动的原始信息。因此，他决定：抽取 1∶20 万区域化探扫面的副样进行样品组合，细碎加工后对 76 种元素进行分析；由贵州地质矿产局的冯济舟同志全权代表项目组组织云南、贵州、四川省（含重庆市）和广西壮族自治区的地质调查院（或地质勘查局）实施样品收集与组合方案，进行项目所分析样品的制备工作。

他制定了抽样组样要求和统一的工作方法，具体内容如下：

（1）将研究区内已完成 1∶20 万区域化探扫面计划的每个 1∶5 万图幅内的所有原始样品组合成 1 件分析样品。对于原保存的单件原始样品，图幅内

---

① 谢学锦：我国西南四省区 76 种元素区域化探图编制试点研究设计书（1999 年 9 月）。资料存于采集工程数据库。

每平方千米抽取 5 克样品参与组合。若该平方千米内有两件或两件以上样品时，按等重量抽取的原则组成总共重 5 克的组合样品参与组合。对于原保存的 4 平方千米组合样，每件样品抽取 20 克参与组合。空白格不予考虑。

（2）对于省区间的跨省区图幅，由各省区分别按照上述方法抽取位于自己省区内的样品进行组合，然后再由项目组再组合为相应图幅的完整组合样品。跨研究区外邻国及邻省的不完整国际或省际图幅，当采样面积小于 1/3 图幅面积时，不予抽样组合。

（3）组样前对抽样人员进行业务培训，并设置专门抽样工作质量监控人员。各省区抽样负责人应对本省区组合样品质量及工作进程全面负责。

（4）抽样前应对原始副样进行本瓶单样均匀性处理。抽样过程中避免样品错乱、污染。

（5）组合样品采用广口聚乙稀塑料瓶装样，内装牛皮纸标签，外用碳素墨水在不干胶标签上标注样品号。样品号用 1：5 万图幅号编号。

（6）组合样品装瓶后按图幅顺序排列装入纸箱，然后用集装箱运至指定地点。

为保证样品组合的高质量，他采取了下列措施：

（1）统一工作方法，在订立合同时就提出抽样组样要求，严格按要求办事。各省区制定的工作方案均经负责人批准。

（2）由各单位总工程师挂帅，自始至终指导、监督工作的开展。选好抽样组长，负责日常管理及质量监督。

（3）建立和执行质量管理制度，并将其作为工作的基础。

（4）工作开始前进行专门性的业务培训。

（5）开始工作后，首先清理副样，按图幅逐一分幅排序；确定抽样组合流程，使之易于操作且有序，并严格按照流程进行，不得错乱；样品组合前做好均匀性处理，并避免样品污染。

（6）组合编录。为使样品组合做到有序进行，分幅填写组合样品记录表。抽样组长及主管工程师经常进行检查。检查分为自检、互检、院检三级，并做有详细的记录。

（7）样品包装。将组合好的样品装入塑料袋内，用橡皮筋或棉绳扎紧，再装入广口聚乙烯塑料瓶。贴好用碳素黑墨水统一填写的不干胶内、外标签。对样品、箱号标签进行清点检查，做到准确无误，然后装入集装箱，运至廊坊物化探研究所，进行样品加工与分析。

（8）负责样品组合的冯济舟至少 4 次分别到 4 省区抽样现场了解情况，检查抽样工作，协调解决存在的问题，摄下了 300 余张各组抽样组合过程情况的照片，记录抽样组合的真实情况。

分析实验室的选择和分析方法的研究

1. 分析实验室的选择

截至 21 世纪初，全世界 50 余项地球化学填图分析的元素最多的不过 40 余种，且许多元素的分析不符合 IGCP 259 所作的统一规定。西南地区 76 种元素地球化学填图项目要求分析 3 000 余件样品的 76 种元素，除 IGCP 259 要求的 71 种外，还增加了 Re、Ru、Rh、Os 及 Ir 5 种元素。这 76 种元素中，除 39 种元素是区域化探全国扫面计划所分析的，具有成功的分析经验和配套的分析方法可以借鉴外，新增加的 37 种元素（包括稀有分散元素、难挥发元素、卤素元素、稀土元素、贵金属元素和非金属元素）在地壳中的丰度值都很低，分析测试的难度大。因而新增 37 种元素分析方法的研究制定、分析配套方案的确立，以及分析实验室的选择，是此项研究工作的关键所在。为此，谢学锦高度重视对分析实验室的考核与选择，制定了承担本项目研究工作的实验室应具备的条件：配有样品分析必备的大型仪器设备如 ICP-MS、ICP-AES、XRF、中子活化反应堆等；所采用的分析方法的检出限要低于地壳丰度值；准确度、精密度要达到设计书或"规范"规定的要求；人员素质及质量保证体系完备；分析数据要能够在实验室之间进行比对等。在对初步筛选出的 12 个实验室进行进一步的考核后，他制定了一套考核实验室的办法：将在川、滇、黔、桂采集的 80 余件泛滥平原沉积物样品，分别插入 GSD-1a、GSD-9、GSD-13、GSD-14、GSS-8、GSS-9 以及 SR-2 至 SR-14 各类标准物质，分发给各个实验室，进行分析质量考核。

对 12 个实验室的质量进行评估时，除了沿用过去通过插入的上述国家一级标准物质和 SR−2 至 SR−14（由原有标准物质按一定比例混配而成）标准控制样，衡量不同实验室间的偏倚、不同分析批次之间的偏倚，衡量实验室样品分析的准确度和精密度，除此以外，他还提出了"图形相似性"的新概念；他不仅要求每个测定数据的质量合乎要求，而且要使数据相互之间的空间分布逼近自然界的真实情况。研究不同实验室产生数据所制作的地球化学图的相似性，在大多数情况下，那些与某种元素标准图相似性差的实验室所采用的分析方法自然是不符合要求的。

为此，他提出将 12 个实验室所报出的分析结果，按算术平均值作为参考图件的分析值，绘制元素的地球化学图，作为参考地球化学图，各个实验室的分析数据依据同样方法绘制元素地球化学图，进行两种图形的相似性比较，并对不同实验室标样分析结果、样品分析结果作了相关矩阵分析，不仅比较客观、真实、准确地判断各个实验室的分析质量、分析水平，而且还发现了过去分析质量评估中没有察觉的更深层次的差异，为遴选分析实验室提供了科学依据。根据各实验室的质量参数和"图形相似性"的对比，从 12 个实验室中筛选出了 9 个实验室承担本项目 76 种元素的分析测试工作。

为了充分发挥参加测试的各实验室的特长，做到每个样品每种元素（除少数元素外），都有两个或两个以上实验室分析的数据，他指令每个实验室的测试工作如下：

中国地质科学院地球物理地球化学勘查研究所：承担 3300 件样品、70 种元素的分析测试工作：Ag、As、Au、B、Ba、Br、Be、Bi、C、Cd、Ce、Cl、Co、Cr、Cs、Cu、Dy、Er、Eu、F、Ga、Ge、Gd、Hg、Hf、Ho、I、Ir、In、La、Li、Lu、Mn、Mo、N、Nb、Nd、Ni、P、Pb、Pr、Rb、S、Sb、Sc、Se、Sm、Sn、Sr、Ta、Tb、Th、Ti、Tl、Tm、U、V、W、Y、Yb、Zn、Zr、Na_2O、MgO、Al_2O_3、SiO_2、K_2O、CaO、Fe_2O_3 以及 Corg。

成都综合岩矿测试中心：承担 1860 件样品（其中四川省 1269 件，贵州省 591 件）、42 种元素的分析测试工作：Ag、As、Au、B、Ba、Be、Bi、Cd、Co、Cr、Cs、Cu、F、Ga、Hg、La、Li、Mn、Mo、Nb、Ni、P、

Pb、Rb、Sb、Sn、Sr、Th、Ti、U、V、W、Y、Zn、Zr、Na$_2$O、MgO、Al$_2$O$_3$、SiO$_2$、K$_2$O、CaO、Fe$_2$O$_3$。

国家地质实验测试中心：承担 3300 件样品（包括四川、云南、贵州、广西样品）、21 种元素（全部稀土元素和铂族元素）的分析测试工作。武汉综合岩矿测试中心：承担 3300 件样品（包括四川、云南、贵州、广西样品）、15 种（全部稀土元素）元素的分析测试工作。

河南省岩石矿物测试中心：承担 3300 件样品，7 种元素（Au 和铂族元素）的分析测试工作。

中国原子能科学研究院核物理研究所实验室：承担 3300 件样品、20种元素的分析测试工作：As、Ba、Ce、Co、Cs、Eu、Fe、Hf、La、Lu、Nd、Sb、Sc、Sm、Ta、Tb、Th、U、Yb、Zn。

湖南省矿产测试利用研究所：承担 992 件样品（云南省样品）、42 种元素的分析测试工作：Ag、As、Au、B、Ba、Be、Bi、Cd、Co、Cr、Cs、Cu、F、Ga、Hg、La、Li、Mn、Mo、Nb、Ni、P、Pb、Rb、Sb、Sn、Sr、Th、Ti、U、V、W、Y、Zn、Zr、Na$_2$O、MgO、Al$_2$O$_3$、SiO$_2$、K$_2$O、CaO、Fe$_2$O$_3$。

广西地矿测试研究中心：承担 701 件样品、44 种元素的分析工作：Ag、As、Au、B、Ba、Be、Bi、Cd、Co、Cr、Cs、Cu、F、Ga、Hg、La、Li、Mn、Mo、Nb、Ni、P、Pb、Rb、Se、Sc、Sb、Sn、Sr、Th、Ti、U、V、W、Y、Zn、Zr、Na$_2$O、MgO、Al$_2$O$_3$、SiO$_2$、K$_2$O、CaO、Fe$_2$O$_3$。

石家庄职业技术学院原子光谱实验室：承担 3300 件样品、6 种元素的分析测试工作：Re、Hf、In、Sc、Ta、Tl。

2. 分析方法的研究

反映分析方法本质的特征参数包括分析方法检出限（DL）、重复性标准偏差（Sr）、再现性标准偏差（SR）、重复性变异系数（%）、再现性变异系数（%）、相对误差（RE）、相对准确度（RA）、重复性限（r）及再现性限（R）。谢学锦对上述参数中的重要参数都提出了明确的要求。

①方法检出限（DL）的要求：列出了对 76 种元素的分析检出限的要求（见表 11-1）

表 11-1 我国西南地区 76 种元素地球化学填图的元素分析检出限

序号	元素	检出限（DL）	序号	元素	检出限（DL）
1	Ag	0.02	39	Mo	0.2
2	Al_2O_3	0.05★	40	N	20
3	As	1	41	Na_2O	0.1★
4	Au	0.2	42	Nb	2
5	B	2	43	Nd	0.1
6	Ba	5	44	Ni	1
7	Be	0.2	45	Os	0.02
8	Bi	0.05	46	P	10
9	Br	1	47	Pb	2
10	C	0.1★	48	Pd	0.2
11	CaO	0.05★	49	Pt	0.2
12	Cd	0.02	50	Pr	0.1
13	Ce	2	51	Rb	1
14	Cl	20	52	Re	0.2
15	Co	1	53	Rh	0.02
16	Cr	5	54	Ru	0.02
17	Cs	0.5	55	S	50
18	Cu	1	56	Sb	0.05
19	Dy	0.1	57	Sc	1
20	Er	0.1	58	Se	0.01
21	Eu	0.1	59	SiO2	0.1★
22	F	100	60	Sm	0.1
23	Fe_2O_3	0.05★	61	Sn	1
24	Ga	2	62	Sr	5
25	Gd	0.1	63	Ta	0.2
26	Ge	0.1	64	Tb	0.1
27	Hf	1	65	Te	5
28	Hg	5	66	Th	2
29	Ho	0.1	67	Ti	50
30	I	0.5	68	Tl	0.1
31	In	0.01	69	Tm	0.1
32	Ir	0.01	70	U	0.2
33	K_2O	0.05★	71	V	5
34	La	1	72	W	0.3
35	Li	1	73	Y	1
36	Lu	0.1	74	Yb	0.1
37	MgO	0.05★	75	Zn	5
38	Mn	10	76	Zr	5

注：★以％计量，Au，Hg，Ir，Os，Pd，Pt，Re，Rh，Ru 以 ppb 或 ng/g 计量，其他以 ppm 或 μg/g 计量。

②　分析方法准确度的要求：要求表征分析方法准确度的相对偏差（RE）、相对准确度（RA）及对数偏差（$\Delta \lg C$）分别为：$RE \leqslant 15\% \sim 20\%$，$RA = 95\% \sim 105\%$，$\Delta \lg C \leqslant 0.1$。

③　分析方法精密度的要求：各元素分析方法的精密度参数重复性标准差（Sr）应控制在 $10\% \sim 25\%$ 之间，再现性标准差（SR）应控制在 $15\% \sim 30\%$ 之间，变异系数（包括重复性变异系数和再现性变异系数）控制在 $10\% \sim 20\%$ 之间。

除上述外，他还提出了图形相似性的要求，指出：地球化学填图最终的成果是地球化学图，而不是数据，因而不仅每个数据的质量要符合要求，而且要使数据相互之间的空间分布逼近自然界的真实情况，即要研究由不同实验室产生的数据制作的地球化学图的相似性。图形相似性的要求可以用一系列标准样的数据虚拟一个空间分布图形与实测值的图形进行比较，并用两个数据集的相关系数来定量衡量图形的相似性。在大多数情况下，那些与某种元素标准图相似性差的实验室所用的分析该元素的方法自然是不符合要求的。

3. 分析方法配套

在对各种元素用不同分析方法进行分析类比的基础上，按照前述的各项技术要求，拟定了各元素的分析配套方法（见表 11-2）。

表 11-2　我国西南地区 76 种元素地球化学填图元素分析配套方法

元素	分　析　方　法					方法数目
Ag				ESES（ICP）	GFAAS	2
Al		XRF	ICP-OES		INAA	3
As				HG-AFS	INAA	2
Au	P-ES				P-GFAAS	2
B				ES ES（ICP）		1
Ba	ICP-MS	XRF	ICP-OES		INAA	4
Be	ICP-MS		ICP-OES	ES		3
Bi	ICP-MS			HG-AFS		2
Br		XRF				1
C					VOl	1
Ca		XRF	ICP-OES			2

元素	分 析 方 法					方法数目
Cd	ICP-MS				GFAAS	2
Ce	ICP-MS	XRF	ICP-OES（1）	ICP-OES（2）	INAA	5
Cl		XRF				1
Co	ICP-MS	XRF	ICP-OES		INAA	4
Cr	ICP-MS	XRF	ICP-OES			3
Cs	ICP-MS				AAS	2
Cu	ICP-MS	XRF	ICP-OES			3
Dy	ICP-MS		ICP-OES（1）	ICP-OES（2）		3
Er	ICP-MS		ICP-OES（1）	ICP-OES（2）		3
Eu	ICP-MS		ICP-OES（1）	ICP-OES（2）	INAA	4
F	ISE					1
Fe		XRF	ICP-OES		INAA	3
Ga		XRF		ES（ICP）		2
Gd	ICP-MS		ICP-OES（1）	ICP-OES（2）		3
Ge				HG-AFS		1
Hf	ICP-MS			ES（1）	INAA	3
Hg				CV-AFS		1
Ho	ICP-MS		ICP-OES（1）	ICP-OES（2）		3
I		COL				1
In		ES（1）				1
Ir	ICP-MS	FA-COL				2
K		XRF	ICP-OES			2
La	ICP-MS	XRF ICP-OES	ICP-OES（1）	ICP-OES（2）	INAA	6
Li	ICP-MS		ICP-OES		AAS	3
Lu	ICP-MS		ICP-OES（1）	ICP-OES（2）	INAA	4
Mg		XRF	ICP-OES			2
Mn		XRF	ICP-OES			2
Mo	ICP-MS	ES			PoV	3
N	VOL					1
Na		XRF	ICP-OES		AAS	3
Nb	ICP-MS	XRF	ICP-OES（1）	ICP-OES（2）		4
Nd	ICP-MS		ICP-OES（1）	ICP-OES（2）	INAA	4
Ni	ICP-MS	XRF	ICP-OES			3
Os	FA-CoL	FA-ICP-Ms				2
P		XRF	ICP-OES			2
Pb	ICP-MS	XRF	ES	ES（ICP）		4

元素		分 析 方 法				方法数目
Pd	P-ES	FA-ICP-MS				2
Pt	P-ES	FA-ICP-MS				2
Pr	ICP-MS		ICP-OES（1）	ICP-OES（2）		3
Rb	ICP-MS	XRF				2
Re	P-ES					1
Rh	COL	FA-ICP-MS				2
Ru	FA-Pol	FA-ICP-MS				2
S		XRF				1
Sb	ICP-MS			HG-AFS	INAA	3
Sc	ICP-MS	XRF	ICP-OES	ES（1）	INAA	5
Se				HG-AFS		1
Si	XRF					1
Sm	ICP-MS		ICP-OES（1）	ICP-OES（2）	INAA	4
Sn			ES（ICP）	ES		2
Sr	ICP-MS	XRF	ICP-OES			3
Ta		INAA		ES（1）		2
Tb	ICP-MS		ICP-OES（1）	ICP-OES（2）	INAA	4
Te	ICP-MS					1
Th	ICP-MS	XRF			INAA	3
Ti		XRF	ICP-OES			2
Tl	ICP-MS			ES（1）		2
Tm	ICP-MS		ICP-OES（1）	ICP-OES（2）		3
U	ICP-MS	XRF	LF		INAA	4
V	ICP-MS	XRF	ICP-OES			3
W	ICP-MS	POL				2
Y	ICP-MS	XRF	ICP-OES（1）	ICP-OES（2）		4
Yb	ICP-MS		ICP-OES（1）	ICP-OES（2）	INAA	4
Zn	ICP-MS	XRF	ICP-OES		INAA	4
Zr		XRF				1

　　76 种元素中只用 1 种分析方法分析的元素共 14 个，占元素总数的 18.4%；用 2 种分析方法分析的元素共 23 个，占元素总数的 30.3%；用 3 种以上分析方法分析的元素共 39 个，占元素总数的 51.3%。这就是说，本项目所提供的各元素分析数据绝大部分是用 2 种或 2 种以上不同原理的分析方法得出的，具有较好的准确性和代表性。

4. 分析质量控制和质量评估

为保证样品分析的质量，以取得优秀的成图效果，在样品分析测试中特别从两个方面加强了分析过程的质量管理和质量控制：一是实验室内部的质量控制，二是实验室外部的质量控制。通过这两部分的控制和管理，形成一整套的质量控制体系，保证了样品分析的质量。

按照上述质量控制方法，对参与样品分析的 9 个实验室所提交的 3300 件样品（其中包括 150 件控制样）的分析数据进行了实验室内部的质量评估和实验室外部的质量评估。评估结果表明，所有参加样品分析的 9 个实验室的分析数据的准确性和可靠性都符合要求，各实验室所分析元素的实测值与标准值虚拟地球化学图的图形相似性都非常好。

大规模分析如此多的元素，取得如此高质量的分析数据，是世界上其他实验室难以达到的。这是从地质部成立一开始谢学锦等中国分析化学家就提倡大规模操作、快速分析、流水作业，经全国地质系统几代人努力所取得的成果。

5. 取得的主要成果

经过历时 5 年的工作，按照谢学锦制定的 76 种元素分析方案，研究确定了难分析元素 Os、Ru、Rh、Ir、Re、Te 的分析方法，在标准样研究领域提出了"标准图"的新概念，为地球化学填图质量监控提出了新的思路与方法：以标准样推荐值与实验室实测值所成的虚拟地球化学图的相似性比较来监控地球化学图质量。

制作了西南五省市区 76 种元素的地球化学图，为今后在西南地区的矿产勘查扩大了视野；其中许多元素的地球化学图都是在国际地球化学填图史上首次制作出来的。

制作了 35 种元素的地球化学块体地表显示图（SGB），用成矿率方法预测了 Ag、Au、Pb、Sb、Sn、W、Zn 7 种元素的矿产在不同地球化学块体中的潜在资源量，为定量预测资源量开辟了新的途径。

根据构造控矿、成矿元素的分布趋势和空间叠合度提出了划分多元素成矿预测区带的新方法，它有别于长期沿用的以构造为界限统计其中已发现矿床种类的方法。在划定的预测成矿区带内计算成矿元素含量变化的相关程度，可为成矿过程研究提供重要的基础性资料。

在研究区内划分出了下列 11 个多元素地球化学预测成矿区带：①川西南－滇北多元素地球化学预测成矿区；②川滇黔边区多元素地球化学预测成矿区；③滇西多元素地球化学预测成矿带；④秀山—安顺—蒙自多元素地球化学预测成矿带；⑤桂西多元素地球化学预测成矿区；⑥康滇多元素地球化学预测成矿带；⑦滇黔桂多元素地球化学预测成矿区；⑧川西多元素地球化学预测成矿区；⑨桂北—黔东南多元素地球化学预测成矿区；⑩桂南多元素地球化学预测成矿区；⑪滇东南多元素地球化学预测成矿区 [①]。

2005 年 3 月 28 日，以刘东生院士为首的评审委员会经过认真的评审后，认为：

（1）完成了西南 5 省市（区）总面积 134 万 km^2 100 多万件 1：20 万区域化探全国扫面样品组合成 2961 件组合样，为高质量地球化学图的编制奠定了基础。

（2）建立了 75 种元素配套分析系统 [②]，研制出了难分析元素 Os、Ru、Rh、Ir 等新的分析方法，所有元素的分析检出限都低于其地壳丰度值；建立了创新的测试质量监控系统，提出虚拟地球化学图的相似性来监控分析质量。

（3）首次取得了元素周期表上除气体和人工元素以外几乎所有天然元素在中国西南地区分布的 60 多万个高质量的数据，据此制作出了我国西南五省市（区）75 种元素的地球化学图，为区域资源环境评价提供了可靠的基础数据。

（4）根据这些地球化学图，利用地球化学块体的理论和方法，开展了

---

① 中国地质科学院地球物理地球化学勘查研究所：我国西南四省区 76 种元素区域化探图编制试点研究（地质调查项目成果报告）（2005 年 3 月）。资料存于采集工程数据库。

② 在项目验收时 Re 和 Te 的分析还存在问题，Re 虽然有了分析数据，但成图效果还不好，Te 则尚无合格的分析数据，因而还没有制作出 Te 的地球化学图。在接下来的续作项目中国南方 76 种元素地球化学图的编制启动后，最先解决了这两个元素的分析问题，使其分析检出限达到了国际地球化学图的要求，于 2007 年制作出了西南地区 Te 的地球化学图，而在 2008 年 5 月出版了《中国西南地区 76 种元素地球化学图》。

单元素成矿地球化学预测，圈定了 11 个大型多元素地球化学区带，并进行了找矿潜力的评估，为本区开展区域矿产评价提供了重要信息。

（5）在样品的代表性，分析技术、分析质量和分析元素数量以及成图的方法技术上和表达形式，应用于矿产资源评价等方面取得了原创性的重大成果，都处于国际领先水平。所取得的成果不仅为解决西南地区许多资源与环境问题提供科学依据，而且对建立"地球系统科学"具有重大理论和实际意义[1]。

2008 年 5 月，《中国西南地区 76 种元素地球化学图集》由地质出版社出版。谢学锦在图集中指出[2]：

> 这一研究项目是在这样一种思路的指导下进行的，即资源最终是元素（及同位素）构成的，许多环境问题都与元素（及同位素）的分布与行为有关。元素（及同位素）是地球科学中最小的研究单元，可以将其比作生物学中的基因。生物学的发展从研究生物个体到器官到细胞，最后到研究其最小的单元——基因，研究其复杂的基因图谱，从而取得前所未有的突破。地球化学填图实际上是在绘制地球表层的基因图谱。国内外过去只填制了约 40 种元素的分布，就已经在解决资源问题上作出了巨大贡献。地球是由化学元素周期表上的所有元素构成的，研究构成地球的所有元素的空间分布，不仅可以解决更多重大的资源与环境问题，而且还将为建成"地球系统科学"的大厦增添新的不可缺失的支柱。

> 本研究项目只是实现这一思路的开端，它是全国 76 种元素地球化学填图的试点项目。它致力于研究高效率地取得 76 种元素的高质量的、可以全球对比的基本数据的分析方法与新的质量监控方案，并研究以最佳表达方式来制作 76 种元素分布的各种图件；通过 76 元

---

[1]　中国地质科学院地球物理地球化学勘查研究所：我国西南四省区 76 种元素区域化探图编制试点研究（地质调查项目成果报告）（2005 年 3 月）。资料存于采集工程数据库。

[2]　谢学锦等：《中国西南地区 76 种元素地球化学图集》。北京：地质出版社，2008 年，第 219 页。

图 11-2　谢学锦主持完成的世界上第一个76 种元素地球化学填图项目的成果《中国西南地区 76 种元素地球化学图集》（2008 年 5月由地质出版社出版）

素地球化学图件的制作，在本区有许多新的发现，例如滇黔桂地区的大面积、高强度 PGE 异常、滇东和右江褶皱系的大面积、高强度 Al_2O_3 异常、德钦—冕宁、康定—丹巴—马尔康和梧州—连山 Au 异常、滇黔桂地区的大面积、高强度 Sb 异常和 Cd 异常、滇东和右江褶皱系以及临仓—景洪地区的 REE 异常、秀山—安顺—蒙自 As-F-Li-Mo-U 异常带等，它们的资源、地质与环境意义需要做深入的研究；依据这些地球化学图所做的许多初步预测需要通过今后多年的研究与勘查工作加以证实、修改或完善。不断研究这许多图件与资料，将会发现许多新现象与新问题。对这些新现象的解释与这些新问题的解决将不仅是今后长时期中许多有创意的研究项目形成的基础，而且将会为今后一系列风险勘查提供依据，下面所列举的只是这类研究项目的一部分：

（1）Cu、Mn、Ni、Ti、V、Be、Nb、Ta、稀土、Pt、Pd 等成矿率的计算及潜在资源量的预测；

（2）探索改进定量预测资源量的新方法（特别是对于岩性变化影响较大的元素）；

（3）1：20 万比例尺的地球化学测量及 1：20 万地球化学图的编制；

（4）成矿可利用金属的研究与应用；

（5）不同矿种、不同矿床类型的地球化学成矿特征；

（6）分散元素经济意义评价及独立成矿的可能性；

（7）地球化学方法找寻 Fe、Al 及非金属矿产的可能性；

（8）西南大火山岩省地质演化的地球化学研究；

（9）各省市区勘查靶区优选及风险勘查。

2005 年，该项成果被评为中国地质科学院十大成果之首位。

从 1996 年开始，欧洲地质调查所论坛（The Forum of European Geological Surveys，FOREGS）组织欧洲 26 个国家开展了其规模仅次于中国的超低密度地球化学填图计划，在欧洲 26 个国家内设置了 808 个采样点，采集河水、水系沉积物、土壤及腐殖土等样品，同时在 750 个采样点上采集了泛滥平原沉积物样品，由欧洲 9 个国家的实验室用 4 种分析方法进行分析。2005—2006 年，FOREGS 出版了 2 本欧洲地球化学图集，系统介绍了欧洲地球化学填图的方法、各种地球化学图以及对地球化学图的解释，在勘查地球化学界乃至地学界引起很大的震动。但是，欧洲地球化学填图所分析的元素远没有达到国际地球化学填图计划所要求的 71 种元素，其土壤样品只分析了 60 种元素，水系沉积物和泛滥平原沉积物只分析了 55 种元素，河水样品只分析了 60 种元素和几种阴离子，所有样品都没有分析重要的成矿元素金[1]。且由于分析方法单一，一些元素的分析检出限没有达到国际地球化学填图计划的要求，也没有使用国际承认的标准样进行分析质量监控。因此，无论是所分析元素的种类还是分析质量，以及由此达成的地球化学图的所蕴含的信息量，欧洲的地球化学填图都远在中国西南地区 76 种元素地球化学填图之下。

中国南部地区 76 种元素地球化学图编制

作为试点研究的西南五省市区 76 种元素地球化学填图项目胜利完成后，谢学锦在 2005 年 12 月适时提出了后续项目——我国南方地区 76 种元

---

① 姚文生、王学求、谢学锦：国际地球化学填图样品分析方法和数据对比.《地质通报》，2011 年，第 30 卷第 7 期，第 1112-1113 页。

素地球化学图的编制，进行广东、福建、江西、浙江、安徽、江苏、湖南和湖北 8 省，总面积约 120 万 km² 的地球化学填图。项目在 2006—2010 年间执行。样品的采集和组合，按照西南五省市区 76 种元素地球化学填图的方法进行，即从 8 省区域化探扫面样品库中抽取副样，并进行组合，按每个 1∶5 万图幅一个组合样的原则，组合中国南方地区的地球化学样品；对其中的平原地区，采用多目标地球化学调查的样品，样品组合方式与区域化探扫面的组合方式相同。全区共组合样品 2520 件，连同标样和监控样在内共约 3200 件样品，由中国地质科学院地球物理地球化学勘查研究所，河南省岩矿测试中心和武汉岩矿测试中心承担样品分析任务，其中河南省岩矿测试中心分析 7 种贵金属元素，武汉岩矿测试中心分析 15 种稀土元素和 Re、Br。

研究和改进了 Re 和 Te 的分析方法，降低了分析的检出限，提高了分析的精度。

项目在 2010 年顺利完成。

至此整个中国南方 76 种元素的地球化学填图宣告完成。2014 年 12 月由地质出版社出版了西南 5 省市区和南方 8 省两个项目所制作的 76 种元素地球化学图集《中国南方地区地球化学图集》。

生物学的发展经历了从研究生物个体到研究器官、组织、细胞再到基因的过程，而基因的研究使生物学获得了革命性的飞跃发展。当今地质学面临的最基本的任务是解决矿产资源与环境的问题。构成矿产资源的最小单位是元素及同位素，而环境问题归根结底与元素及其化合物的行为与分布有关。元素是地学研究中最基本的单元，它相当于生物学中的基因。地球化学图就是地球表层的基因图谱，相信各种尺度的地球化学图的制作将对地学的研究和发展起着不可估量的作用，将对解决资源与环境问题起着最主要的支撑作用。中国南方 13 省市 76 种元素地球化学填图项目的完成，提供了周期表中绝大多数元素在这 13 省市地表分布的基础资料，绘制了这 13 省市地球表层的基因图谱，必将对解决这 13 省市的资源与环境以及其他许多的基础科学问题产生深远的影响。

第十二章
全球地球化学填图

国际地球化学填图计划

1987 年 4 月 23—26 日第 12 届国际地球化学勘查学术讨论会（12th IGES）与第 4 届地球化学探矿方法学术讨论会（4th SMGP）在法国奥尔良联合举行了。在会议正式开幕前的一天（4 月 22 日）举行的国际地球化学填图专题讨论会上，由讨论会的三个主持人（加拿大的 A. G. Darnley，芬兰的 A. Björklund 和苏联的 П. В. Ковол）介绍了全球地球化学填图计划（IGMP）的提出及设想。全球地球化学填图的最初想法是 1984 年提出的，当时主要考虑的是全球放射性元素的填图问题。1985 年扩大到考虑多种化学元素，并得到了国际原子能机构的支持。1986 年年初得到国际勘查地球化学家协会及国家地球化学与宇宙化学学会的支持。1986 年 11 月，A. G. Darnley 向国际地质对比计划（IGCP）提交了国际地球化学填图计划的申请表，要求将其列入 IGCP 之中。1987 年 2 月，IGCP 委员会讨论了该申请，认为这一项目极为重要，但考虑到不同国家的分析方法和数据收集方案差别极大，规范化需要很长时间，因而认为申请表上长期与短期的目标写得不够具体，同时也缺少政府机构与学术团体的正式支持信件，故未予接受，要求改写后在 1987 年重新提交审议。

A. Björklund 在此次讨论会上提交了该计划的补充说明，建议该计划分为两个阶段进行。第一阶段拟用 5 年的时间以 3000 ～ 5000 件组合样品覆盖全球（大致为每 1 万 ～ 4 万 km^2 范围内采集 1 件高质量的组合样，以水系沉积物为主，特殊环境中采集其他类型样品）。依据这些样品的分析数据制作出的地球化学图将显示全球地球化学巨型结构，圈出全球各种各样的地球化学省，发现地壳及上地幔不同块段中元素分布的不均匀性，了解地壳形成的各种过程，辨认上地幔过去及现在的地球化学模式等。第二阶段，推动全世界所有国家开展地球化学填图，采样密度达到 1 采样点 /10 ～ 100km^2，并使采样及分析达到可以互相对比的国际标准。这个阶段制作的地球化学图不仅会为各国解决资源、农业、环境问题提供依据，而且会使人类对全球环境有更深入的认识。这个阶段也许要用 10 ～ 20 年时间。

与会学者对 A. Björklund 提出的国际地球化学填图计划的框架都表示赞同，但在讨论该计划时，各国代表都感到填图方法标准化及低含量元素分析灵敏度等问题不易解决，对如何使全球的分析结果可以互相对比表示担忧。

谢学锦在讨论会上作了长篇报告。各国代表从他的报告中惊讶地听到，这些问题在中国都已基本解决。他的报告分为两个部分。第一部分谈中国区域化探全国扫面计划的做法、特色和所取得的成就。第二部分总结了可以作为全球地球化学填图借鉴的中国的经验[①]。

他在报告中指出，中国的区域化探全国扫面计划实际上是全球地球化学填图的一次具体的实验，因为在全球地球化学填图计划中可能遇到的技术问题与困难，中国的区域化探全国扫面计划都曾试图予以解决，并已取得成就，而世界上其他国家的全国性填图计划却未能做到。这主要体现在

---

① 地质矿产部地球物理地球化学勘查研究所地物发〔1987〕071 号文：上报《建议我国支持国际地球化学填图计划的请示》，附：谢学锦：建议我国支持国际地球化学填图计划的请示。资料存于采集工程数据库。

以下几个方面：

（1）适用于全球地球化学填图计划的多元素分析系统。各国的全国性地球化学填图计划使用的多元素分析系统大都不能满足全球地球化学填图计划的要求，如何研制高效率、低成本、高灵敏度并至少包括20种以上元素的多元素分析系统尚需进行艰苦的工作。中国的区域化探全国扫面计划进行了近10年的不懈努力，研制出的多元素分析系统，其分析费用较国外低得多，且许多元素，尤其是一些关键性的元素的分析检出限也比国外低得多。例如金，许多全国性地球化学填图计划甚至未将其列为必须分析的元素，列入分析计划的，其检出限也太高。美国阿拉斯加的地球化学填图虽分析了金，但其检出限达50ppb，而中国区域化探全国扫面计划中金的分析检出限为0.3ppb，相差160多倍，其结果是我国金的地球化学图比国外金的地球化学图上找金的信息丰富得多。全球地球化学填图需要辨认全球地球化学巨型结构中许多细微变化，需要最大限度地从样品中提取多元素信息，因而有必要研制符合全球计划的多元素分析系统，中国的经验和技术将会在这方面作出很大贡献。

（2）分析质量监控方案。不同国家、不同实验室，甚至同一实验室，在不同时间内的大规模地球化学多元素分析成果中存在着很大的偏倚，这一直是全世界区域地球化学中最令人头疼的问题。只有中国初步有效地解决了这个问题。中国区域化探全国扫面计划中20多个省地质局的实验室分别使用不同的仪器及不同的方法系统，但用统一的质量监控方案来监控分析质量。监控方案用一级标准样来选择分析方法，使全国各省的分析结果可以相互对比。用一级标准样来控制省与省之间分析偏倚，用二级标准样来控制省内批次之间、月之间、年之间或图幅间的偏倚。20多个省用不同的方法和仪器取得的分析数据可以相互对比，这等于是为了全球地球化学填图而进行的模拟实验，它大大增强了有效监控全球分析质量的信心。

（3）标准样。在A. Björklund的建议中，第一阶段采集的3000 ～ 5000个样品，经过一流实验室的精心分析，可作为二级标准样来监控第二阶段各国全国性地球化学填图的分析质量。但对于这3000 ～ 5000个样品必须要使用一级标准样来监控其分析质量。中国的区域化探全国扫面计划已经研制了 12 个水系沉积物标准样（GSD1-12）、8 个土壤标准样（GSS1-8）、及 6 个岩石标准样（GSR1-6）。这些样品的重量自 200 ~ 2000 千克不等。全国 40 多个实验室共同努力，提交了近 5 万个分析数据，经计算机处理后，给出了 50 ~ 70 种元素含量的推荐值。这些样品已经为全国 500 多个实验室及国外数十个实验室所利用，是全球地球化学填图唯一可以使用的一级标准样。除一级标准样外，中国各省地质局还分别研制了总数有大约 300 件的二级标准样，它们在全国大致均匀分布。

（4）采样布局与采样方法。这个问题在全球地球化学填图的第一阶段非常重要。如何使覆盖全球的 3000 ~ 5000 个样品更具有代表性，是一个需要进行实验、研究，加以解决的问题。中国的区域化探全国扫面计划研究已经在 100 多万 km² 的面积上，用 1 个采样点 /km² 和 1 个组合样 /4km² 进行分析，并且已经完成了 60 万 km² 的分析任务，因而已经掌握了大量资料来为全球地球化学填图计划挑选合适的采样布局和采样方法。

对于不同地球化学环境中采样介质的选择和分析数据的处理与成图，中国也有自己的经验可以与世界各国进行交流，以制订可行的统一方案。

谢学锦的报告还介绍了中国区域化探全国扫面计划中的全国岩石采样计划，并简单叙述了其所采用的采样系统。这同样引起了与会者的极大兴趣，因为大家都感到研究一个国家内岩石中多种元素在空间与时间上的变化具有非常重要的意义，但还没有其他任何一个国家有中国这样的计划在执行。

谢学锦的上述报告引起与会者的极大兴趣。法国的 L. Viallefond 博士、苏联的 П. В. Ковол 教授、芬兰的 A. Björklund 博士和 L. K. Kauranne 博士等许多人都在会上或会后对谢学锦说："看来中国对这项国际计划最有经验，在技术上最有准备。"①

会议最后一天为另外 5 个专题讨论会安排了总共 45 分钟的汇报与讨论，而为全球地球化学填图计划这一个专题单独安排了 45 分钟的汇报与

---

① 地质矿产部地球物理地球化学勘查研究所地物发〔1987〕071 号文：上报《建议我国支持国际地球化学填图计划的请示》，附：谢学锦：建议我国支持国际地球化学填图计划的请示。资料存于采集工程数据库。

讨论。经过讨论决定正式向 IGCP 提出国际地球化学填图计划，并成立了由 7 人组成的国际地球化学填图计划指导小组，其成员是：A. Björklund（芬兰）、B. Bølviken（瑞典）、A. G. Darnley（加拿大）、П. В. Ковол（苏联）、F. Mrna（捷克）、E. Wilhelm（法国）和谢学锦（中国），由 A. G. Darnley 任组长。会议要求指导小组成员分别草拟这项国际计划的具体做法，再综合成文，再次正式提交 IGCP 委员会讨论。

会议结束后，谢学锦回到国内，很快便于 6 月 30 日向地质矿产部提交了"建议我国支持国际地球化学填图计划的请示"，"建议以地矿部朱训部长或夏国治副部长名义写信给国际地球化学填图指导小组组长 A. G. Darnley，表示支持此项计划"[1]。

同年 10 月，7 人指导小组借在加拿大举行的勘查 87' 会议之机，重新起草了国际地球化学填图项目的申请书。

1988 年 2 月，联合国教科文组织国际地质对比计划执行局会议在巴黎批准了此项计划，并将其列为 IGCP 259（1988—1992）。谢学锦在这次会议上被选为 1989—1991 年度 IGCP 执行局委员，此后又连任 1992—1994 届执行局委员。同年，谢学锦被推荐担任国际地球化学填图计划工作组指导委员会委员、分析技术委员会主席。从 1988—1993 年，他每年 2 月都赴巴黎参加 IGCP 执行局会议，评审各国项目的进展及新项目的申请[2]。

IGCP 259 的目标是：①对国家和区域地球化学填图计划的方法进行标准化，以避免在过去 20 年中各个国家采用的方法缺乏统一性所出现的混乱局面；②为了在较短的时间内获得全球的地球化学概观，试验超低密度采样（Wide-spaced Geochemical Sampling，WSGS）的可能性。

IGCP 259 的进展不断得到好评，而中国的许多成果成为其中主要的支柱。IGCP 259 项目结束后，其延续项目（IGCP 360）（1993—1997）迅即得到 IGCP 执行局的批准。IGCP 360 结束后，国际地科联（IUGS）又

① 地质矿产部地球物理地球化学勘查研究所地物发 [1987] 071 号文：上报《建议我国支持国际地球化学填图计划的请示》，附：谢学锦：建议我国支持国际地球化学填图计划的请示。资料存于采集工程数据库。

② 朱炳球，李善芳，张立生：中国勘查地球化学史料汇编。参见：谢学锦等，《二十世纪中国化探（1950—2000）》。北京：地质出版社，2009 年，第 532-533 页。

特别建立工作组——全球地球化学基准工作组（或全球地球化学基准委员会），使国际地球化学填图的研究得以继续。

国际地球化学填图计划中的采样问题

1988 年 5 月，谢学锦在第二届 V. M. Goldschmidt 地球化学大会上宣读了题为 "Some Problems, Strategical and Tactical in International Geochemical Mapping"（国际地球化学填图中的某些战略性与战术性问题）的报告，阐述了国际地球化学填图项目中最关键的技术问题：采样、分析和数据处理与解释。关于采样问题，他指出：

> 为了实现国际地球化学填图计划，极需将世界划分为不同的地理——气候区，对记载这些区内过去所得经验的文献做全面研究，并辅以一定的野外试点或探索研究。应当制定统一但灵活的采样方法，以使各国，特别是发展中国家的国家性地球化学填图达到国际水平。对于用不同采样方法取得的数据的对比问题，可以用不同采样方法对不同环境中的基岩的富集系数或贫化系数加以解决[1]。

想要尽快地获得一致性较好的全球地球化学图，超低密度采样是至关重要的，它是实施国际地球化学填图计划的唯一可行的方法。但是由于对超低密度采样的概念及其所涉及的各项技术细节缺乏系统的研究，超低密度采样的代表性引起许多习惯于在局部范围内做详细地球化学测量工作的地球化学家的激烈争论。因此，从某种意义上说，论证超低密度采样的代表性是国际地球化学填图计划能否由理想变为现实的焦点问题。这个问题也是谢学锦当时经常思考的问题。

---

[1]　Xie Xuejing: Some Problems, Strategical and Tactical in International Geochemical Mapping. *Journal of Geochemical Exploration*, 1990, 39: 15~33。

1988—1993 年，中国环境监测总站启动了一个目的在于研究中国不同类型土壤中元素平均含量的项目。土壤样品采自土壤类型不同的各个地区。在人口稠密的中国东部，采样密度为 1 个样 /1600km²，在边远地区，平均采样密度为 1 个样 /6400km²。1990 年 10 月，用这些样品的分析数据编制的中国 49 种元素的分布图《中华人民共和国土壤环境背景值图集》由四川科学技术出版社正式出版。令人吃惊的是，依据 4000 多件土壤样品制作的中国土壤的元素含量分布图与区域化探全国扫面计划所取得的数以千万计的数据制作的图件非常相似，能够发现与主要地质和成矿特征一致的宽阔的地球化学模式[1]。令人惊讶的是，谢学锦将这 4000 多件样品先后抽稀到 800 件和 400 件，结果所作出的图件仍然惊人地相似。

在 1990 年 8 月 26 日—9 月 2 日于捷克斯洛伐克的布拉格大学举行的第 14 届国际化探大会上，IGCP 259 特设地球化学填图专题报告会，会场座无虚席，连通道的阶梯上都坐满了人。当谢学锦展示上述抽稀到 800 个及 400 个土壤样品分析结果所绘的中国大陆 30 余种元素地球化学图时，全场轰动。

为什么会这样呢？谢学锦苦苦思索着这个问题。1991 年长江流域发生水灾时，从电视上看到上游之物都被洪水冲到下游的画面，给他留下了非常深刻的印象。1992 年在美国莱斯顿参加第三届 V. M. 戈尔德斯密特（V. M. Goldschmidt）地球化学大会期间，一天夜里他突然猛醒，翻身起来去查阅随身带着的环境监控总站的报告，断定他们采集的土壤样品大多属于泛滥平原沉积物，是洪水泛滥期间从面积达数千其至数万平方千米的汇水盆地上游冲下来的，是经过洪水充分混匀的上游物质。想分析这样的物质来追索上游矿床的具体位置当然毫无用处，但却能够很好地反映整个汇水盆地的元素平均含量，这对于研究地球上存在的那些巨大的地球化学模式具有极大的价值。他据此指出，泛滥平原沉积物是全球极低密度地球化学填图的最佳采样介质，引起了各国学者的浓厚兴趣[2]。

---

① 中国环境监测总站：《中华人民共和国土壤环境背景值图集》。成都：四川科学技术出版社，1990 年，第 1-187 页。

② 文乐然：战略眼光 想象力 洞察力 超前意识与技术突破——谢学锦院士的科学思维特色。参见：谢学锦，《面向 21 世纪的地球化学——谢学锦院士从事地球化学研究 50 周年》。北京：地质出版社，2002 年，第 506-507 页。

　　于是 1992 年他在 V. M. Goldschmidt 会议期间于 Reston 召开的一次 IGCP 执行委员会会议上，正式提出了用泛滥平原沉积物作为全球地球化学填图采样介质的建议。会议最终同意推荐泛滥平原沉积物作为将来全球地球化学填图采样介质的选择之一。

　　为了证实泛滥平原沉积物作为全球极低密度地球化学填图采样介质的可行性，谢学锦在中国进行了试验：1992—1995 年他领导实施的"环境地球化学监控网络与全国动态地球化学填图"项目，在全国范围内采集了 529 个泛滥平原沉积物样品。试验结果表明：在一个面积为 1000 ～ 10000km² 的超级汇水盆地内的泛滥平原沉积物中各元素的含量与其全国地球化学填图计划所得到的平均值相近。初步的统计检验也表明，泛滥平原沉积物中的元素含量能代表整个超级汇水盆地的平均值，与预期的全国地球化学填图计划数据的估算的值没有很大的差别。最终结果显示：根据泛滥平原沉积物的分析结果编制的地球化学图与根据全国区域化探扫面 20 年间采集的 500 多万个水系沉积物样品的分析结果所编制的地球化学图竟惊人地相似。以此证明了这种极低密度的泛滥平原沉积物采样可以迅速得到地球表面广大地区地球化学概貌，为将泛滥平原沉积物作为极低密度全球地球化学填图的采样介质提供了范例，从理论上和实践上为以极低密度的泛滥平原沉积物采样分析结果编制全球地球化学图奠定了基础。由于泛滥平原沉积物具有容易采集和在世界上不同地理区内广泛分布的优点，因而泛滥平原沉积物可以作为全球地球化学填图计划采样的首选介质 [1]。

国际地球化学填图计划对分析的要求

　　关于国际地球化学填图计划中的采样问题和分析问题究竟哪一个更重要，在很长一段时间内，在各国地球化学家中争论不休。谢学锦指出，最

---

　　[1]　Xie Xuejing and Cheng Hangxin：The Suitability of Floodplain Sediment as Global Sampling Medium: Evidence from China。*Journal of Geochemical Exploration*，1997，58: 51–62。

关键的问题是分析问题而不是采样问题，因为分析问题不解决，采样方法正确与否的问题就没有办法获得解决。

1989 年 10 月在巴西行的第 13 届国际地球化学勘查学术会议和 1990年 6 月加拿大汉斯威尔举行的"地质分析 90"会议上，谢学锦主持了"国际地球化学填图中的多元素分析问题"的讨论。在汉斯威尔会议及同年 9月在布拉格举行的第 14 届国际地球化学勘查学术讨论会和 1991 年 12 月在莫斯科举行的全俄勘查地球化学大会上，根据中国区域化探全国扫面计划的成功实践和取得的经验，他前后三次作了题为 Analytical Requirements in International Geochemical Mapping（国际地球化学填图对分析的要求）的学术报告。在 1994 年 9 月于英国 Ambleside 召开的"地质分析 94"上，谢学锦以 IGCP 259/360 分析方法委员会主席的身份主持了一个讨论会，并在大会上作报告，介绍国际地球化学填图计划及其中的分析问题。他的这几次报告最终发表在 1995 年 5 月的 *Analyst* 上。

图 12-1　1990 年在加拿大参加 GeoAnalysis 90 会议

他在这几次报告和文章中指出：

国际地球化学填图中的分析要求由于其国际性或全球性，与勘查地球化学发展早期阶段对分析的要求有显著的不同。现有区域性或国家性地球化学填图计划中分析的元素很不一致。……痕量和超痕量元素的检出限应当低于它们的地壳丰度值，以使这些元素的地球化学图能提供更多的信息。应当采用统一的数据质量监控方案和合格的参考物质，使不同填图计划取得的数据成为全球可以对比的。应当制订出能够达到这些要求的多方法、多元素分析方案。这样编制出的地球化学图对监测地球环境和评估世界矿产资源将会具有极大的价值。"①

他的报告和论文，依据两次就分析问题举行的国际讨论会和中国区域化探全国扫面计划的经验，就国际地球化学填图计划项目应该统一测定的元素、分析检出限和数据质量等问题提出了具体的要求。

（1）国际地球化学填图计划应测定的元素

谢学锦指出：

多年来，局部和半区域性地球化学勘查中所分析的元素的种类和数量都很不一样，项目与项目之间各不相同。然而，对于区域性和国家性的地球化学填图，测定元素的种类和数量应该统一，使其能直接进行比较和编制不同地区和国家的地球化学图，以便为满足勘查、环境和基础研究中的不同目的而研究跨越地区或国家的更宽阔的地球化学模式。令人惊奇的是，在38项已完成的地球化学填图计划中所测定的元素没有一个是所有计划都测定的。最普遍测定的元素是Zn(38个计划中有35个进行了分析)、P（33）、Ni（31）、Mn（31）、Co（30）。因此，急需有一个国际协议来统一要测定的元素。依据多次讨论和修改的意见，分析方法委员会提出的最终建议是，将全球地球化学填图项目中要测定的元素分为两批：第一批元素共51个，是具有经济和环境意义的元素，为了使编制的地球化学图能够提供更多的信息和更有价值，任何新的地球化学填图项目都应该分析的元素；第二批元素共20个，是根据项目的目的和经费情况以及实验室的能力和条件，自由选择进行测定的元素。它们虽然不是必需的，但是希望在重大计划中能够加以测定。

（2）全量提取

测定元素的全量是最优先考虑的事，全量值是最基础的和能再现的值。公认 $HF-HClO_4-HNO_3-HCl$ 酸分解方法得到的不是结合在某些难溶矿物中的元素的全量，但是这种方法用得很普遍也很方便，因此建议将其用于

---

① Xie Xuejing: Analytical Requirements in International Geochemical Mapping. *Analyst*, 1995, 120: 1497−1504。

痕量和微量元素。虽然多种弱的偏提取方法能提供不同用途的信息，但其一般使用的效果有限（王水可能除外），因此这类提取方法的选用将取决于每一个填图项目的需要。

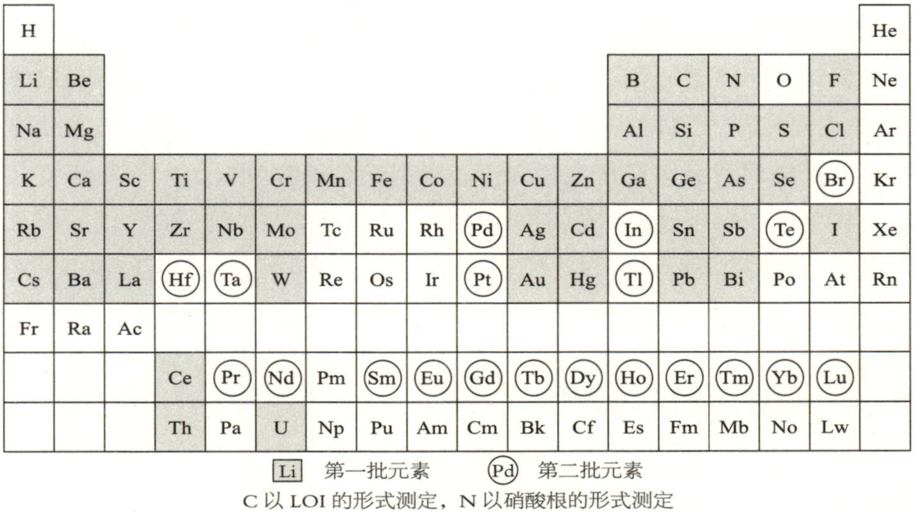

H																	He
Li	Be											B	C	N	O	F	Ne
Na	Mg											Al	Si	P	S	Cl	Ar
K	Ca	Sc	Ti	V	Cr	Mn	Fe	Co	Ni	Cu	Zn	Ga	Ge	As	Se	(Br)	Kr
Rb	Sr	Y	Zr	Nb	Mo	Tc	Ru	Rh	(Pd)	Ag	Cd	(In)	Sn	Sb	(Te)	I	Xe
Cs	Ba	La	(Hf)	(Ta)	W	Re	Os	Ir	(Pt)	Au	Hg	(Tl)	Pb	Bi	Po	At	Rn
Fr	Ra	Ac															
			Ce	(Pr)	(Nd)	Pm	(Sm)	(Eu)	(Gd)	(Tb)	(Dy)	(Ho)	(Er)	(Tm)	(Yb)	(Lu)	
			Th	Pa	U	Np	Pu	Am	Cm	Bk	Cf	Es	Fm	Mb	No	Lw	

Li 第一批元素　　Pd 第二批元素
C 以 LOI 的形式测定，N 以硝酸根的形式测定

图 12-2　国际地球化学填图中的第一批元素和第二批元素

（3）检出限和数据质量

所有元素的检出限原则上必须低于它们的地壳丰度值。在每一个项目中，实际的检出限应该设置使 80% 以上的样品都能报出各种元素高于其各自检出限的含量。根据地壳丰度值、许多地球化学填图项目的经验和分析技术的限制，提出了地壳丰度值低于 3ppm 的元素的检出限的清单。只要能满足检出限、精密度和准确度的规定，可以以 X 射线荧光光谱法（XRF）、电感耦合离子原子发射光谱法（ICP-AES）、仪器中子活化分析法（INAA）等方法为基础再配合其他方法进行分析。为了取得高质量、国际上可以对比的、有各种重要科学价值的数据，应当仔细地监控分析准确度或偏倚。

应当用一级和二级的合格参考物质来监控分析准确度：一级合格参考物质监控国家间和实验室之间的偏倚，二级合格参考物质监控一个实验室日常分析中批次之间的偏倚。

建议使用中国的 GSD、GSS 和加拿大的 STSD 标样作为地球化学填图中一级合格参考物质。

合格参考物质标样的测定值与推荐值的对数差（$\Delta\lg C$）或者一组合格参考物质的测定值与推荐值的离差平均对数值（$\Delta\log C$），可以用来评估实验室之间或批次之间的分析偏倚。为了取得可全球对比的数据，建议在每个新设置的区域性或国家性地球化学填图项目中，在开始进行大规模分析之前，对样品中要测定的元素，要用一套一级合格参考物质分析几次。如果推荐值与重复测定的平均值的差的对数差值小于一定范围，那就可以使用这些方法。

在每一单独的填图计划所覆盖的地区内采集和制备二级标样。采集二级标样的位置在整个填图地区基本分布均匀。二级标样的分析结果也可利用于通过大间距的全球采样绘制全球地球化学图。

大致上，应当将一组一级合格参考物质插入每批每 500 件的样品中。在每天一批的 50 件或 100 件样品中应当插入 4 件二级合格参考物质和一对重复样。分析精密度将取决于分析方法和所测定的元素。一般说来，常量元素的 Sr 应当小于 3%，微量元素和痕量元素的 Sr 应当小于 10%，而某些痕量元素和超痕量元素的 Sr 应当小于 30%。

IGCP 259 项目历时 5 年，于 2003 年结束。他与其他各国的 10 位科学家共同撰写的 IGCP 259 的总结报告 *A Global Geochemical Database*（全球地球化学数据库）一书 1995 年由联合国教科文组织出版。这个总结报告对国际地球化学填图方法的标准化产生了巨大的影响，书中大量列举了中国的进展与成就，并吸收了谢学锦在上述几次报告和文章中的思想及所提出的具体规定，全盘接受了他所提出的对分析的具体要求[1]。

---

① A.G. Darnley and Xie Xuejing et al.： A global Geochemical Database for Environmental and Resource Management (Final report of IGCP Project 259)。UNESCO Publishing，1995，1-122。

区域地球化学勘查研讨（培训）班

为实现国际地球化学填图计划的目标，推动国家和区域地球化学填图计划方法的标准化，他采取走出去和请进来两种办法，为世界各国举办地球化学填图培训班，训练各国地球化学填图人员，宣传国际地球化学填图计划的目标和规定，传授中国地球化学填图的经验。

哥伦比亚地球化学填图培训班

哥伦比亚的地球化学填图培训班是走出去的代表。1999 年 12 月 2—19 日，遭遇车祸一年多后，76 岁的谢学锦拄着拐杖和他的学生卢荫庥、王学求一起飞赴哥伦比亚的波哥答，为哥方举办地球化学填图培训班进行了 7 天的讲学，并开展了交流与讨论活动，取得很大成功。中国在国家性地球化学填图及全球超低密度地球化学填图方面发展的理论、方法与取得的成就给了哥方极为深刻的印象，在讲学与讨论中，谢学锦对哥方今后地球化学填图工作所提的建议，哥方表示全面接受。双方达成了进一步合作的意向，将按照中方的建议，在哥伦比亚进行超低密度地球化学填图，为全球超低密度地球化学填图在拉丁美洲树立典范，同时为哥伦比亚的国家性地球化学填图进行筹划和技术准备。

图 12-3　1999 年在哥伦比亚举办地球化学填图培训班（自左至右：谢学锦夫人李美生、哥伦比亚地球化学填图项目负责人 A. Prieto、谢学锦、王学求）

2002 年 1 月 23 日至 2 月 5 日，他的学生王学求、卢荫麻和白金峰一行 3 人访问哥伦比亚，执行我国政府与哥伦比亚政府签订的中哥科技交流协议的组成部分——中哥地球化学填图合作项目，为哥伦比亚进行超低密度地球化学填图进行培训（野外采样、样品分析、数据处理与解释、应用），并共同制订适合哥伦比亚特点的工作指南[①]。此次培训班包括两个方面的内容：

（1）地球化学填图培训。包括在哥伦比亚地质矿产与原子能调查所进行两天半的讲座和一天的泛滥平原沉积物采样现场的野外考察，有该所和哥伦比亚大学等单位的 30 多人参加。主要内容包括：地球化学填图导论以及中国实施的区域化探全国扫面计划和环境地球化学监控网络、采样方法、中国地球化学填图使用的分析系统、中国海量地球化学数据的处理与地球化学图的制作、中国地球化学填图中的找矿案例、深穿透地球化学调查与填图、地球化学数据用于矿产资源评价和地球化学填图用于环境监控与评价。

（2）实验室分析培训。介绍中国地球化学实验室的经验，为哥伦比亚实验室承担其地球化学填图的分析任务做技术准备。

CCOP 区域地球化学勘查研讨班

1998 年谢学锦应邀在香港召开的第一届亚洲太平洋地区环境地球化学大会上作了题为 Global Geochemical Mapping and Its Implementation in the Asia-Pacific region（全球地球化学填图及其在亚洲－太平洋地区的实施）的主旨演讲，并经整理后于 2001 年发表在 *Applied Geochemistry* 第 16 卷上。该文指出亚洲太平洋地区地形复杂多变，要在相当短的时期内以较低的费用获得地球化学概貌，最现实的途径是进行泛滥平原沉积物测量。这篇文章促成了 2001 年 5 月 21—26 日在北京十三陵举办的有 CCOP（东亚东南

---

① 中哥科技合作延续项目"哥伦比亚地球化学填图"建议书。资料存于采集工程数据库。

图 12-4　中国地质调查局与 CCOP 在北京举办的地球化学填图培训班组委会及全体学员
合影（2001 年 5 月，前排左五：谢学锦）

亚沿海和近海地质科学项目协调委员会）① 秘书处及成员国、协作国和阿根廷共 11 个国家的 17 名外国专家和国内近 40 名专家参加的"区域地球化学勘查研讨班"，并取得了巨大的成功 ②。

这次研讨班由国土资源部、中国地质调查局和 CCOP 共同举办，谢学锦和他的学生王学求、周国华及同事在研讨班上全面介绍了中国的做法和经验，引起广泛的兴趣。在总共 12 个专题的讲座中，他本人占了 6 个：勘查地球化学的基本理论与方法学的演变、中国的地球化学填图、地球化学块体——概念与方法学的发展、全球地球化学填图、油气勘查的地球化学方法、进入 21 世纪的勘查地球化学及全球地球化学填图及其在环太平洋地区的实施 ③。CCOP 秘书处主任、泰国地球化学家 Chen Shick Pei（陈锡培）先生指出，研讨班之所以要在中国举办，就是因为"中国有以谢学锦院士为首的一批国际一流的地球化学勘查专家，以中国

---

① CCOP（东亚东南亚沿海和近海地质科学项目协调委员会）成立于 1966 年，是东亚、东南亚地区唯一的政府间地质科学国际组织，中国是 4 个发起国之一，有中国、日本、泰国等 11 个成员国和美国、德国、挪威、英国等 16 个协作国。

② 何成师：CCOP 成员聚京研讨地球化学勘查。《中国矿业报》，2001 年 5 月 24 日。

③ 谢学锦，等：Seminar on Regional Geochemical Exploration 区域地球化学勘查研讨班教材。资料存于采集工程数据库。

区域地球化学全国扫面计划为主要依据制定的地球化学填图标准作为国际标准。中国地球化学勘查就像中国的乒乓球一样，代表着当今世界的领先水平。"①

此次研讨班结束后，Chen Shick Pei 专门致电谢学锦，对研讨班给予了非常高的评价：

我谨代表 CCOP 和参加 2001 年 5 月 21—25 日在北京举行的区域地球化学勘查研讨班的所有与会者，向您和您的同事们表达我们最深切的谢意，让我们能够分享你们的非常宝贵的勘查地球化学知识与经验。这个研讨班的技术含量是最高的。所有与会者都承认，这个研讨班是最有效的，它将在他们回到自己的国家后对他们的工作有很大的帮助。您可能很想知道，研讨班的参加者们对研讨班的技术含量和组织管理都有非常高的评价。祝贺国土资源部的人士和组织者做了这样一件卓越的工作。

通过在研讨班期间召集的特别会议，我们已经在本地区推行实施全球地球化学参考网格的意图方面取得了重大的进展。我们非常关注这个项目，期望东亚和东南亚地区的国家在这方面协调一致……

研讨班期间我们在中国过得非常愉快，我们学到了许多东西。尤其是我们荣幸地会见了您这样一位杰出的院士。这个研讨班显示了 CCOP- 中国的合作非常成功，我们希望这种合作能继续进行下去并在将来得到进一步的增强。我计划与中国地质调查局的同事们就进一步合作的事宜，包括近期的地球化学合作，进行更多的讨论。

再次对您表示十分感谢，并请转达我们对为这个高质量的研讨班辛勤劳动的国土资源部其他人士的谢意②。

---

① 何成师：CCOP 成员聚京研讨地球化学勘查。《中国矿业报》，2001-05-24。
② 2001 年 6 月 27 日 Chen Shick Pei 从曼谷发给谢学锦的传真的中译文。

其他区域地球化学培训班

除上述培训班外，还举办了下述多期培训班：

（1）1998 年 7 月 6—11 日在比勒陀利亚举办的南非区域地球化学填图培训班：讲课 3 天，野外采样培训 3 天，20 人参加，由于车祸住院，由他的学生王学求执行。

（2）2004 年 10 月 10 日—11 月 10 日在北京举办的非洲国家地球化学勘查（填图）培训班，历时 1 个月（2 周讲课，1 周野外采样培训，1 周观光），参加人数 23 人，由他和他的学生王学求、周国华等执行。他主讲中国地球化学填图理论与方法，将中国的经验推向非洲与印度。

（3）2008 年 5 月 11—15 日在北京举办的东盟地球化学勘查培训班，参加人数 25 人。由他和他的学生王学求执行。

（4）2008 年 7 月 23 日—8 月 5 日在蒙古举办的蒙古区域地球化学填图培训班，1 天讲课，7 天野外采样培训，参加人数 25 人，由他的学生王学求、刘大文等 7 人执行。

（5）2011 年 10 月 24 日—11 月 24 日在北京举办的非洲国家地球化学填图和环境调查培训班（2 周讲课，1 周野外采样培训，1 周观光），参加人数 23 人，由他的学生王学求、周国华等人执行。

（6）2012 年 8 月 13 日—9 月 12 日在北京举办的非洲国家地球化学填图和环境调查培训班（2 周讲课，1 周野外采样培训，1 周观光），参加人数 24 人，由他的学生王学求、周国华等人执行。

（7）2012 年 8 月 28 日—8 月 29 日在北京举行的中国—蒙古地球化学填图工作会议，参加人数 50 人，由他的学生王学求等人执行。

（8）2012 年 10 月 3 日—11 月 3 日在北京举办的亚洲国家地球化学填图和环境调查培训班（2 周讲课，1 周野外采样培训，1 周观光），参加人数 23 人，由他的学生王学求、周国华等人执行。

（9）2012 年 10 月 3 日—11 月 3 日在北京举办的亚洲讲俄语国家的地球化学填图与环境调查培训班（2 周讲课，1 周野外采样培训，1 周观光），参加人数 12 人，由他的学生王学求等人执行。

（10）2013 年 9 月 3—9 日在广西南宁举办的 CCOP 地球化学填图培训班，由他的学生王学求、周国华、刘大文等人执行。

（11）2014 年 6 月在北京举办的刚果（金）地质矿产资源勘查与开发研修班，由他的学生王学求执行。

（12）2014 年 11 月 18—20 日在巴布亚新几内亚举办的地球化学填图采样培训班，由他的学生王学求执行。

（13）2014 年 10 月 22—25 日在老挝举办的水系沉积物和泛滥平原沉积物野外采样培训班，由他的学生姚文生等执行。

上述总共 15 期培训班的举办，将中国地球化学填图 30 多年的经验做了系统的总结并推广到了整个亚洲、非洲和拉丁美洲，为国际地球化学填图计划的标准化作出了巨大的贡献。

依据分形自相似原理的全球地球化学填图：来自湘资沅澧的证据

2001 年，挪威水文地质学家、国际水文学会大陆剥蚀委员会主席 J. Bogen 和地球化学家 R. Ottesen 提出建议：在世界主要大河的入海口采集约 200 余件组合样，在其主要支流口上采集约 2500 件组合样（泛滥平原沉积物），以获取全球主要河流的元素入海通量，进行新的全球地球化学填图。2004 年 6 月，国际水文学会与挪威地质调查局在奥斯陆联合举行"世界主要河流沉积物通量及全球地球化学填图"会议，讨论全球地球化学填图问题，特邀谢学锦参加。由于这种做法采集的样品较少，且采样地点交通便利，故它有可能比全球地球化学基准计划更早实现。

但在会上有人提出质疑：在这样大的河口上采集泛滥平原沉积物样品，用以预测数万、数十万甚至百万平方千米面积内的元素平均值是否可行？

这个建议所依据的理论基础是分形自相似原理，即自然界广泛存在的局部形态与整体形态的相似性。按照分形自相似原理，河口水系沉积物样品中的元素含量可近似逼近其上游整个汇水盆地的元素含量的平均值。几十年的勘查地球化学工作，已经使这种现象在世界各地陆续得到证实。问题在于：虽然已经证明了河口水系沉积物中元素的含量能够逼近上游数百乃至数千平方千米面积汇水盆地中元素的平均含量，但在更大的河口采样，是否能预测上游数万、数十万、甚至上百万平方千米汇水盆地中元素的平均含量？

谢学锦用中国的实例对此问题做出了肯定的回答：1998年，湖南的童霆从原1993—1997年湖南省在洞庭湖区采集的大批土壤样品中选出湘江、资水、沅江及澧水河口属于泛滥平原沉积物的样品，在中国地质科学院地球物理地球化学勘查研究所实验室分析了33种元素，取得了令人鼓舞的结果：4条河口组合样中Sb的平均值与整个汇水盆地中Sb的平均值的比较表明，河口样品中的Sb含量值与面积达23万平方千米的汇水盆地中的Sb平均含量高低走势惊人的一致。这说明在河口采集泛滥平原沉积物可以进一步预测资源潜力。接着，2003年童霆在湘江、资水、沅江3条河口重新采样以研究这种采样结果的重现性，得到了令人非常满意的结果[①]。中国的这项研究在奥斯陆"世界主要河流沉积物通量及全球地球化学填图"会议上成为对挪威学者的建议的最有力的支持，并最终激励J. Bogen和R. Ottesen在2006年于北极地区的朗伊尔城（Longyearbyne）举行的第二次全球地球化学填图会议上正式提出在全球400余入海的大河三角洲上部署采样，并对全球地球化学填图第一阶段工作提出建议，散发了采样的具体部署图。这次会议还建议在中国召开第三次全球地球化学填图专家学术研讨会。

---

① 童霆：河口三角洲元素含量与矿产资源——以湘资沅澧为例。《第四纪研究》，2005年，第25卷第3期，第298–305页。

廊坊国际地球化学填图会议

2007 年 6 月 19 日，国际应用地球化学家协会在西班牙北部城市奥维耶多举行第 23 届国际应用地球化学学术讨论会，会上授予谢学锦国际应用地球化学家协会的最高奖——国际应用地球化学家协会金质奖章。协会主席 Robert Bowell 在颁奖词中指出，谢学锦"在建立全球尺度地球化学填图规划过程中发挥了重要的作用。他是国际地质科学联合会全球地球化学填图计划工作组的活跃成员。"①

图 12-5　2007 年 6 月 19 日国际应用地球化学家协会在西班牙北部的奥维耶多举行的第 23 届国际应用地球化学学术讨论会上授予谢学锦国际应用地球化学家协会金质奖章（左图为奖章，右图为谢学锦在授奖仪式上发表获奖演说）

谢学锦在接受金质奖章后致答谢词时说："我已 84 岁，但我觉得我还有时间与精力和大家一起共同为发展与完善地球化学填图的思路与方法技术而努力，以此来推动年轻的'应用地球化学'学科的发展与壮大，并为研究'地球系统科学'提供现所缺的，但又必不可少的重要支柱。"②

然而，从西班牙领奖回来没有几天，谢学锦就住进了医院，很快被查出患了直肠癌并做了手术。

---

① 国际应用地球化学家协会主席 Robert Bowel 的颁奖词（张立生译）。《地质通报》，2007年，第 26 卷第 11 期，Ⅰ页。

② 谢学锦院士获国际应用地球化学家协会金奖。《地质通报》，2007 牙，第 26 卷第 11 期，Ⅱ页。

住院期间，他感到自己时间不多了，要抓紧做几件必须要做的事情。其中最大的事情就是全球地球化学填图。他认为，如果把元素周期表的几乎所有元素的全球分布都搞清楚，应该是继门捷列夫发明周期表之后人类史上意义非常重大的一件事，中国有条件担当这个事情，不应该妄自菲薄。谢学锦希望自己能够在有生之年把这件事理顺。

按照在朗伊尔城举行的第二次全球地球化学填图会议的建议，在廊坊召开第三次国际地球化学填图专家学术研讨会，介绍谢学锦提出的全球填图新理念与新做法，再提一套新的采样指南以推动这项工作。出院之后，他即开始筹划此事。2008 年 3 月，向中国地质调查局递交了"关于在我国召开全球地球化学填图专家学 术研讨会的请示报告"，提出"拟于 2008 年 10 月在我国廊坊召开"这次会议，"重点讨论世界大河流域地球化学填图的采样代表性及具体的实施方案，展示我国地球化学填图的最新进展，并交流各国地球化学填图的经验"。接着在 2008 年 6 月 2 日致信国土资源部部长，希望他能大力支持"由中国指导完成全球的地球化学填图及在中国地科院物化探所建立国际地球化学填图研究中心"。

接着，谢学锦发表了题为"全球地球化学填图——历史发展与今后工作之建议"，详细讨论了全球地球化学填图的历史发展过程，并对今后的工作提出了具体的建议。他提出了全球地球化学填图的短期计划和长期计划。短期计划的内容包括方法技术的实验研究及示范研究。前者包括①发展中国家入海大河口沉积物采样方法技术研究，拟以长江为例进行，②发达国家大河入海口采样方法技术研究拟以美国密西西比河为例进行；后者的示范研究则选择中国与欧洲进行。因为这两个地区都已经有了不同层次的高质量地球化学资料，可用以与河口三角洲沉积物研究结果进行对比。在短期计划取得进展并制定出采样规范后分为两个阶段进行长期计划：第一阶段计划采集 26 条大河入海口三角洲组合样品，这些大河的汇水盆地面积都多达数十万至数百万平方千米。它们覆盖的面积已达地球大陆面积的 40%。这项工作将是人类对周期表中几乎所有元素在地壳及上地幔分布的不均匀性或均匀性，以及全球矿产资源潜力及全球环境污染问题的首次全面的概括性调查。第二阶段计划重点采集上述 26 条大河的支流及 26 条大河以外其他汇水盆地万平方千米以上的入海河河口泛滥平原沉积物组合样及内陆盆地泛滥平原沉积物组合样进行地球化学填图。这项工作将使人类对周期表内几乎所有元素在地壳及上地幔中分布的不均匀性或均匀性，全球矿产资源潜力及全球污染问题有全面的了解，并可对人类可持续发展的全球战略决策提供重要资料，包含的主要工作有：①内陆盆地泛滥平原沉积物采样部署与采样方法研究；②内陆盆地泛滥平原沉积物地球化学填图；③非洲大河支流泛滥平原沉积物地球化学填图；④北美洲大河支流泛滥平原沉积物地球化学填图；⑤南美洲大河支流泛滥平原沉积物地球化学填图；⑥东南亚大河支流泛滥平原沉积物地球化学填图；⑦俄罗斯大河支流泛滥平原沉积物地球化学填图；⑧中亚大河支流及内陆泛滥平原沉积物地球化学填图；⑨澳洲大河支流及内陆泛滥平原沉积物地球化学填图 [①]。

　　原计划 2008 年举行这次全球地球化学填图会议，但由于当年适逢北京奥运会，又遇汶川大地震，故中国地质调查局决定将会议延期，最后于 2009 年 10 月 10—15 日（10 月 10—12 日在廊坊，13—15 日在南京和上海）期间举行。参加会议的有来自美国、加拿大、澳大利亚、印度、挪威、德国、芬兰、南非、哥伦比亚、墨西哥等 10 个国家的 14 位应用地球化学家和国内 19 个省的地质调查院、地质环境总站和中国地质大学（北京）等高校的 100 多位专家。23 位中外地球化学家作了专题报告。R. Ottesen 教授报告了沿世界大河口采样开展国际地球化学填图的发展历程及近年来的工作成果。谢学锦详细介绍了中国开展国际地球化学填图采样方法实验所取得的令人鼓舞的成果，提出了分阶段开展国际地球化学填图的意见。来自美国、加拿大、墨西哥、哥伦比亚、澳大利亚、南非、德国和芬兰等 8 个国家的科学家先后作了关于本国地球化学填图项目的报告。D. B. Smith 博士详细介绍了 IUGS/IAGS 国际地球化学基准值工作组概况和已取得的主要成果。谢学锦的学生王学求与 Govil 博士分别介绍了中国和印度开展地球化学基准值研究的项目概况及初步成果。

---

　　① 谢学锦：全球地球化学填图——历史发展与今后工作之建议。《中国地质》，2008 年，第 35 卷第 3 期，第 369–372 页。

10 月 8 日，国外代表刚刚抵京，谢学锦就与他们展开了多场双边或多边非正式会谈，介绍中国在国际地球化学填图方面的新进展、新思路、新措施，以及建议在中国廊坊成立国际地球化学填图研究中心的构想。会议在 10 月 12 日专门安排了半天时间商讨国际地球化学填图实施及建议成立国际地球化学填图研究中心的相关事宜。10 月 14 日，应国外专家邀请，大会秘书组在组织野外考察期间，与国外同行举行会谈，具体讨论向联合国教科文组织提交在中国成立地球化学填图研究中心的申请文件的起草问题[①]。

谢学锦倡导的此次会议取得了极大的成功。各国专家对国土资源部、中国地质调查局对地球化学填图工作的大力支持表示敬佩，对物化探所在中国政府支持下，面向发展中国家举办了多次地球化学填图技术培训班表示赞赏，希望中国地球化学家继续扩大对外科技交流活动，为推动全球地球化学填图事业的发展做出更大贡献。

此次会议初步确定了全球地球化学填图的发展路线图以及全球地球化学填图的采样介质，明确了下一步研究工作的重点。为了尽快地获得一张简化的全球地球化学图，在全世界 26 条大河河口采集泛滥平原沉积物样品，快速获取各种元素在全球的分布规律。然后逐步推进，以获得更加详细的全球地球化学图。

各国专家支持谢学锦提出的在中国廊坊（中国地质科学院地球物理地球化学勘查研究所）建立国际地球化学填图研究中心的建议。他们认为，国际地球化学填图事业的发展，需要建立专门的国际研究中心；而中国地球化学填图工作无论是在理论、方法技术，以及在成果应用方面，都始终走在国际前列，中国地球化学填图事业取得的巨大成就和物化探所在国际地球化学填图界的威望，使物化探所具备建立这样的研究中心的条件。他们表示，有中国政府的大力支持，有各国地球化学家的齐心努力，研究中心一定能够申办成功。研究中心的建立，一定会加速国际地球化学填图工作的实施，推进世界各国特别是发展中国家地球化学填图事业发展，促进

---

① 姚文生、程志中、谢学锦：国际地球化学填图会议综述。《地质通报》，2010 年，第 29 卷第 1 期，第 1164 页。

地球化学填图工作在解决全球性资源、环境问题上发挥积极作用。多位外国专家表示，将利用他们各自的影响，主动与相关国际地学组织、地区性地学组织的专家做好沟通、说服工作，为尽早建立起国际地球化学填图研究中心做出各自的贡献。

各国专家还希望我国继续支持非洲和南美洲国家的地球化学填图技术发展，进一步加大对非洲和南美洲地球化学勘查技术发展支持力度，继续推动全球地球化学填图工作在上述地区的发展 ①。

谢学锦参加了会议的全过程，包括陪同国外科学家前往长江三角洲野外考察。16 日回京后又应邀参加了 10 月 20 日在中国地质大学（北京）举行的中国地质学会地质学史研究会第 21 届年会并作题为"中国应用地球化学 60 年（1949—2009）"的学术报告（由于过度劳累，他已经没有精神亲自作报告，而由张立生代他作报告，他坐在旁边作解释和回答问题）。10 月 22 日，他本应应邀参加在北京九华山庄举行的中国地质学会 2009 年年会的开幕式上作大会报告，但他终因劳累过度而发生脑梗死住进了医院。此次脑梗死最终导致他半身不遂（左肢瘫痪）。

宏伟的计划

廊坊会议后，各国专家提出了大量关于建立国际地球化学填图研究中心的具体建议，部分代表还主动参与中心建立申请材料的修改工作，并通过各自关系与相关国际组织沟通，为中心的建立出谋划策。美国地调局 D. B. Smith 博士，回国后很快对我国起草的建立国际地球化学填图研究中心的建议信进行了认真修改，并通过电子邮件希望所有各国专家积极参与到文件的修改工作中，协助中方的申办工作。加拿大地调局的 A. Rencz 及美国地调局的 Horrowitz 博士，对申请研究中心的背景情况及未来研究

---

① 姚文生、程志中、谢学锦：国际地球化学填图会议综述。《地质通报》，2010 年，第 29 卷第 1 期，第 1164 页。

中心的组织结构，提出了详细建议，并起草了部分文稿。芬兰地调局的Tarvaine博士收集了联合国教科文组织的相关文件，通过电子邮件分发给各国专家，并提出了研究中心开展与 UNESCO 的关联活动的具体建议。德国国家地质与矿产资源研究院的 M. Birke 博士与欧洲地球化学家进行沟通，为建立国际地球化学填图中心取得欧洲地球化学专家组的支持；M. Birke 博士还积极与苏联地区的地球化学家们沟通，为中方在这些国家开展国际地球化学填图的研究工作提供帮助。澳大利亚的 de Caritat 博士表示，澳大利亚可以为中方开展国际地球化学填图研究提供他们的地球化学填图项目已采集的样品。印度国家地球物理研究所的 Govil 博士表示，将与其担任国际水文协会副主席的同事进行沟通，为中方申请成立研究中心争取其他国际科学组织的支持；Govil 博士还表示，其本人在研究中心成立后，有兴趣负责印度或南亚地区的协调工作。南非地调局的 Cloete 博士表示，将与非洲地球化学同行联系，积极为中方争取非洲地球化学同行的广泛支持，同时也对研究中心申请文件提出了修改意见，希望今后研究中心在开展极低密度全球地球化学填图的同时，加强对部分国家开展低密度地球化学填图工作的指导 [①]。

半身不遂的谢学锦始终关注着建立国际地球化学填图研究中心的事。在各国地球化学家的大力支持和协助下，经过充分的讨论，由他、D. B. Smith 和王学求共同签署，向联合国教科文组织（UNESCO）国际地质科学计划中国全国委员会递交了关于在中国建立国际地球化学填图研究中心的申请书。2010 年 2 月 17—20 日，由他的学生王学求在巴黎向国际地质对比计划（IGCP）执行局第 38 届会议作了申请陈述报告，得到了 IGCP 执行局和国际地科联的一致支持。

2010 年 11 月 5—10 日，联合国教科文组织国际地学计划秘书长罗伯特·米索顿（Robert Missotten）到物化探所对申请建立"联合国教科文组织国际地球化学填图研究中心"进行可行性评估。谢学锦在可行性论证会上指出，国际地球化学填图的重要性已被国际地学界所认知，全球地球化

---

① 姚文生、程志中、谢学锦：国际地球化学填图会议综述。《地质通报》，2010 年，第 29 卷第 1 期，第 1166 页。

学家已为此付出了二十余年的不懈努力，但总体来讲，进展缓慢。过去的经验与教训很明确告诉我们，加快国际地球化学填图工作的实施需要新的填图理念，同时还急需建立一个国际科研机构来具体组织实施这一工作。他的学生王学求博士从中心建立的背景、中心与联合国教科文组织目标与项目之间的关联、中心所发挥的全球和地区影响、中国政府和国际科学组织的支持、中心的法律地位、经费来源、目标与职能、管理机制与结构设置、具备的能力和条件、基础设施建设规划等方面对中心的申请的可行性作了详细陈述。

图 12-6　2010 年 11 月 9 日联合国教科文组织国际地球化学填图中心筹备情况汇报会

　　米索顿秘书长认为，建立国际地球化学填图研究中心将对支持联合国可持续发展的目标起到积极的作用，对中国在申请中所作的详细工作表示肯定，对陈述中很好地阐述了他想了解的信息感到满意。同时提出了五点建议：一是联合国教科文组织的目标是促进科学、教育与文化的可持续发展，中心的名称要与联合国教科文组织的目标、宗旨保持一致；二是建议中心与"全球一张图"计划加强联系，为一张图计划提供一系列基础资料；三是建议中心与国际岩溶中心、国际对地观测中心、国际泥沙中心加强交流合作；四是建议在可行性评估之后，立即通过中国常驻联合国代表团告知联合国教科文组织成员国，各成员国在地球化学基准值领域平等分享科学知识与公共服务，进一步促进成员国之间合作、知识共享，搭起政府、科学组织和公众的桥梁；五是希望中心建立起来后，中国政府对中心的运行能提供稳定的资金支持。最后米索顿秘书长给出了中心申请下一步详细路线图。

经过一系列的申报程序以及大量的资料准备和协调工作后，2013 年 4 月 10 — 26 日，在巴黎联合国教科文组织执行局的会议上通过了关于在中国廊坊建立由联合国教科文组织主持的全球尺度国际地球化学研究中心的决议，只待 10 月联合国教科文组织大会通过即可付诸实施。人们有理由相信，在我国有关政府部门以及国土资源部、中国地质调查局和中国地质科学院的支持和指导下，国际地球化学研究中心将会在廊坊地科院物化探研究所建立起来。一个宏伟的计划——制作出人们了解周期表内绝大多数元素在地球表面分布状况的全球地球化学图的计划，将会在谢学锦和他的学生们的大力推动下，将会由于这个中心的建立，早日实现，为解决全球资源、环境问题作出新的贡献。

结 语
通往奥维耶多之路

    2012 年，人们为谢学锦庆祝了第 90 个生日。回首望去，他从一个非常内向、羞涩、贪玩、好读古典小说、成绩平平的北京师大附小学生起步走来，在多灾多难的岁月中成长：从北京辗转到上海，经越南到昆明，又迫于日机的轰炸迁徙到偏僻的山间小县城昭通，在颠沛流离中，先后在北京的辅仁大学附中、上海的沪江大学附中、昆明的西南联大附中（天南中学）和云南昭通中学 4 所学校完成了中学学业，而他却练就了一口流利的英语；继而考入西迁贵州的浙江大学物理系，后又转入化学系，在轰轰烈烈的学生运动中崭露头角，成就了他作为一名热血青年演说家的口才；由于遭到国民党军统的恐吓，逃到重庆后，转入重庆大学化学系学习并在那里毕业；大学毕业后的他加入到了现代中国大变革的洪流中，为新中国的诞生出力；新中国成立后，他进入父亲谢家荣领导的矿产测勘处工作，在父亲的指引下，瞄准了中国的勘查地球化学方向，并在接下来的 60 多年中，牢记父亲 "Be not lost in details"（不要迷失在细节中）的教诲，从热液矿床原生晕的研究到区域化探全国扫面计划，再从中国的 76 种元素地球化学填图到全球地球化学填图，将勘查地球化学从一种战术性的勘查手段提升到从战略上指导找矿全局的科学，一步一个脚印地引领中国勘查地球化学，走到了世界的最前列，赢得了国际同行的喝彩。2007 年 6 月，85

岁的谢学锦飞往西班牙北部濒临大西洋比斯开湾的城市奥维耶多——第23届国际应用地球化学学术讨论会在那里举行，在这次学术讨论会上，他获得了应用地球化学领域的世界最高奖项——国际应用地球化学家协会的金质奖章。

中学时代大量阅读文学作品，不仅使他从中获得了乐趣，而且获得了思维逻辑的锻炼，更重要的是体会到了人类社会的各种悲欢离合，善与恶、美与丑、伟大与渺小，从而熏陶了他的道德观念与情操。

他说"这种熏陶是无形的，复杂的，累积的效应"。苏曼殊的《燕子龛遗诗》，王维的《老将行》，深深刻在他的脑海里。

他说"文学作品的长期熏陶，使人可达'宠辱不惊'的境界。"他铭记着《双城记》中的名言："It was the best of times，it was the worst of times，it was the age of wisdom，it was the age of foolishness，it was the epoch of belief，it was epoch of incredulity..."（这是最好的时代，这是最坏的时代，这是智慧的时代，这是愚蠢的时代，这是信仰的时代，这是怀疑的时代）。他一生特别喜欢他小时候读到的至今都能流利背诵的 H. W. Longfelow 的 *A Psalm of Life*（朗费罗的《生命赞歌》），深知人的一生总是痛苦和欢乐混在一起的；在经历痛苦的时候，心里要想到的是"not enjoyment and not sorrow"（我们注定不能只是享乐和悲伤）。他从文学作品中汲取知识和力量，懂得残酷中孕育着希望，因此不能因为残酷就绝望。他说，大仲马在《基度山恩仇记》的最后说得好："所有人类智慧凝结为两个词：等待和希望。"他很欣赏朗费罗那首诗的最后一句："Learn to labor and to wait"（学着边工作边等待）。所以，在陕西蓝田烧锅炉的日子里，他白天烧锅炉，晚上翻译 H. E. Hawkes 和 J. S. Webb 的 *Geochemistry in Mineral Exploration*（《矿产勘查的地球化学》）；在金山农场劳动的日子里，在河南五七干校喂猪的日子里，他也是白天从事体力劳动，夜晚就在小油灯下仍然研究他的专业。所以他一生虽经无数坎坷，但他心中的抱负和希望依旧。他就是用这样的人生哲学来支撑他自己一生，使他虽历经磨难，但棱角依旧，锐气不减，始终朝着他既定的目标前进。他总是坚持让每个明天都比今天有一点进展，几十年过去，回首已是集腋成裘，终于实现了他人生的既定目标。

他又说:"阅读历史能使人学会从全局及演变来看问题,这对我后来在科学研究中的全局观点与战略思想的产生与发展发挥了很大的作用。""我感到一个人少年时代除学习功课外,读些历史与文学书籍,养成阔大胸襟与抱负至为关键。达到这样水平,在顺境中可以不自骄,逆境中不自馁。另外今后不论从事什么工作,特别是科技工作,少年时代博览群书,养成开阔活跃的思路,对所从事的工作可做到不墨守成规,勇于创新。"

他在走向通往奥维耶多最终成为一名勘查地球化学家的征途上,曾经有过几次重大而正确的选择。没有这些选择,就不会有他今日的成就。这几次选择是:

第一次选择是离开浙大。当年在浙大时,束星北派胡永畅给他报信,说他因为在学校搞学生运动上了黑名单,要他赶紧离开浙大。他于是离开浙大,后来进了重庆大学。这次选择使他逃脱了军统的迫害,得以继续他的学业。他说,这是他人生的第一个重大选择。

第二次选择是南京刚解放时,他先是参加了中国人民解放军西南服务团,准备进军大西南,但他权衡自己的所长,怎样能够更好地为新中国服务,决定离开西南服务团,回到自己的本行,用所学到的知识,为建设新中国出力。没有这次选择,很可能就没有他后来从事科学研究的经历。

第三次选择是大连化学物理研究所带着聘书到南京聘他去大连。那时他已经与徐邦梁合作发表了"铜矿指示植物海州香薷"的文章,对地球化学已经产生了兴趣,婉言谢绝了大连所的聘请。他自己认为,他不适合在在一个纯科学的环境中工作,如果当初去了大连,不见得会有现在的成就。

第四次选择是从设在南京的矿产测勘处的分析实验室调到北京,进入地质部的化探室,从从事岩矿分析转到进行地球化学探矿的研究。一方面,南京的分析实验室有着精良的设备,分析也是他所热爱的专业,他本不十分情愿离开;另一方面,他又不甘心当地质人员的工具,有点想自立门户,因而拿不定主意去还是不去北京,但他夫人的积极态度促使他完成了这次重大的选择,成就了他终生的事业。

在通往奥维耶多的漫漫长路中,有几位对他的事业产生过重要影响的人。他们是:

启功先生——谢学锦初中一年级的国文老师。他的课教得非常生动，引人入胜。正是启功的熏陶，使他对文学，包括古代的和近代的，中国的和外国的，产生了极大的兴趣，不仅用心阅读和欣赏傅东华课本中所选的诗、词、文、赋及小说片段，而且还到学校图书馆大量借阅各种文学书刊，读了许多文学作品，对他的一生产生了重要影响。

王淦昌先生。谢学锦在浙大（贵州湄潭）时当过剧团团长，想转到西南联大读历史。王淦昌先生为此专门找他到物理系办公室谈话，劝他说：你喜欢小说、喜欢诗歌，一个物理学家也需要广泛的知识，像爱因斯坦就喜欢音乐，你的爱好会使你的想象力更丰富；你虽然考得不好，我还是觉得你非常有前途。这番话给了他很大信心，使他没有转学文科。

梁树权先生。谢学锦在浙江大学时转到了化学系，但浙江大学重视有机化学，而他对有机化学兴趣不大。转到重庆大学后，系主任梁树权先生开了高等分析化学课。这门学科对他影响很大，因为他就对分析化学感兴趣。这对他以后从事地球化学填图有着非常重要的影响。

父亲谢家荣——对他事业影响最大的人。小时候在北平，父亲在北大地质系任教，净忙着干自己的事，很少和孩子们谈话，每天都工作到深夜，但父亲给他幼小的心灵打上了深深的印记。父亲的勤奋对他影响很大、很深，使他从小就佩服科学家，决心将来要做科学家。而对他中小学时期的博览群书，父亲也给予很大的支持，认为他各种书都看会有好处，使他终身受益。大学毕业后，父亲要他去搞地球化学，认为这是一门新兴的科学，有极大的发展前途。父亲在经济地质杂志上看到一篇地球化学探矿的文章后，要他去做金属矿的地球化学探矿，这对他的一生起了决定性的作用。当他对地球化学探矿信心不足时，父亲又指点他说：你应该发挥你学化学的所长，对地质你只需要"纸上谈兵"，并教他怎样看地质图。父亲"Be not lost in details"的教诲，更影响了他的一生，指引他最终把勘查地球化学从一种地质找矿的战术性手段变成了一门从战略上指导找矿全局的科学。

每一个人都有自己的追求。有人追求金钱，有人追求权力，有人追求享受，有人追求刺激……谢学锦有着他自己不同于世俗的追求。他的追求就是要在勘查地球化学这门新兴的学科里，为解决人类社会发展所需要的资源，为保护人类赖以生存的环境，为着人类美好的未来，留下自己的足迹，留下中国人的足迹！

为着这宏伟的事业，他对自己所从事的科学研究的执着追求常常着迷到认错家门的地步。他的同事曾经记述过他这样一段真实的生活经历：

"一日，先生回家，一层一层又一层，推门而入，见数生人散坐于内，先生曰：'你们找谁？如何坐在我家？'但见女主人出而答道：'先生家还有一层'。又一日，先生回家，一层一层又一层，推门而入，见数生人散坐于内，先生猛记起'还有一层'之事，忙说对不起，还有一层，转身便要走。只听谢夫人哈哈大笑，说道：'你怎么连家都不认识了？'"①

为着这宏伟的事业，他的生活中没有节假日的概念，任何一天都是他的工作日，他因而获得了"工作狂"的称号。即使在他遭遇车祸，双腿粉碎性骨折住院的日子里，在他偶发直肠癌后手术的日子里，在他脑梗死后躺在病床上的日子里，他的病床上都堆放着资料，他都在工作。在积水潭医院的病床上，他提笔给国土资源部部长写信，促成了新一轮国土资源大调查计划的诞生，在北京大学人民医院的病床上，他规划了他新的五年计划，要完成5件大事，在角门北路博爱医院（康复中心）的病床上，他始终关心着全球地球化学研究中心的筹建，思考着新的全球地球化学填图计划。

为着这宏伟的事业，他从不满足于已经取得的成就，而总是孜孜不倦，不断地求索科学的新知，不断地拓展着地球化学的应用范围，不断地为人民立下新功。他常常说，要敢于否定自己过去的在当时是正确而现在已经过时的东西；如果老是抱着过去的东西不放，那就不会进步，不会发展，那就会停滞不前，而科学本身总是要不断向前发展的。

当他进入勘查地球化学的门槛时，这门科学是那么的年轻，以至于整个世界能检索到的文献仅仅只有区区40多篇。虽然如此，但毕竟我们比苏联和欧美还是落后了20多年，还是需要向别人学习，虚心学习别人的

---

① 卫敬生：谢先生二三事。参见：谢学锦，《面向21世纪的应用地球化学——谢学锦院士从事地球化学研究50周年》。北京：地质出版社，2002年，第548-549页。

经验，学习别人的长处。但他的学习，从来不是跟在别人后面，亦步亦趋，从来不是沿着别人的足迹爬行，依葫芦画瓢，不敢越雷池半步，而总是不迷信外国，坚持走自己的路，总是在学习外国的经验和长处的同时，分析和寻找他们的缺点和不足，加以改进和革新，从而使自己的工作超越他们，使自己的研究总是处在世界的前列。

在陕西牛山，他否定了苏联专家的意见；在原生晕的研究中，他不恭维西方学者关于原生晕变化没有规律的结论，用 5 点移动平均法，发现了原生晕有规律的变化，和苏联学者各自同时独立地发现了原生晕的组分分带特征。

在区域化探全国扫面计划中，他改进了 J. S. Webb 的样品编号系统，避免了可能造成的混乱，提出了格子采样的新概念；摈弃西方使用具有多元素分析能力的大型仪器的做法，提出了一套使用多仪器多方法的分析系统，从而获得了全面的精准的超高质量分析数据；他重视并花大力气解决了西方学者在地球化学填图中从不重视的不同实验室分析中出现的系统误差，解决了采样分析数据的全球可对比性这一关键问题；对于西方学者未加重视的复杂地理景观条件下的地球化学填图的技术方法，他也认真组织研究和解决。正是这一系列问题的解决，保证了中国的地球化学填图走在了世界的前面，稳居国际公认的世界领先水平。

在金矿地球化学勘查上，他更是采取了完全不同于西方的做法，独辟蹊径，绕开了长期困扰西方学界的"粒金效应"，成功地解决了化探找金的世界难题，使中国的金矿化探大获成功，让全世界刮目相看。

在全球地球化学填图中，他力排西方学者的众议，坚持分析质量是比采样介质更为重要的问题，并依据他指导的中国地球化学填图的经验，将地球化学填图对分析的要求写进了 IGCP 259 项目的最终报告中，获得了国际地球化学界的认可。对于全球地球化学填图的采样介质，他更进行了创新性的研究，以中国的研究成果，证明了泛滥平原沉积物作为全球地球化学填图采样介质的可行性，得到国际同行的认同。

"Be not lost in details"，要始终胸怀全局的思想，加上他从《三国演义》和《孙子兵法》中学来的运筹学，使他养成了一种战略家的气质，总是将解决局部问题的成功战术手段与着眼全局的正确的战略部署密切结合起来。

正是这种战略家的气质，使他军用原生晕找矿方法在青城子取得巨大成功的时候，毅然决然转向去规划国家性地球化学填图的宏伟蓝图，最终把勘查地球化学从一种从属性的找矿手段提升到了从战略上指导找矿全局的科学，完全改变了人们的找矿哲学，并使中国勘查地球化学走到了世界的最前列。

他崇尚爱因斯坦的名言："想象力比知识更重要"，因为知识是有限的，而想象力概括世界的一切，并且是知识进化的源泉。想象力是科学研究中的实在因素。他依据苏联 H.A. Рослякова 和 Х.Я. Росляков 发现的金矿床的区域性地球化学异常可达数百平方千米，其异常下限只有几个 ppb，推想金的地壳丰度值应当比当时知道的更低；这种大面积的微弱的区域性金异常应该不是由通常的颗粒金引起的，自然界中的金除了以自然金颗粒的形式存在外，还应当有大量超微细（亚微米级及纳米）的金存在，可能正是这种超微细颗粒金形成了金的区域性异常。他的推想最终由他学生的工作得以证实，避开了"粒金效应"，解决了化探找金的世界难题，取得金矿勘查的突破。

20 世纪七八十年代，在苏联、欧美和澳大利亚出现了一些探测隐伏矿的新方法。但这些新方法都是在已知矿区进行的，工作范围小，所起作用不大。他依据这些工作提供的线索设想：既然分散在世界各地的许多矿区都已经被证明有地气上升，那么这种地气就应该是全球性的，它就不仅可以从矿床中，而且应该也能从矿床的原生晕中、从区域性异常中、从地球化学省中，甚至从地球化学域中带出微细金属上升到地表，并且应该能够在地表的土壤中检测到这种微细金属的存在。实验结果，完全证实了他的猜想，由此系统地建立起了深穿透地球化学的理论与方法体系。

想象力与洞察力是科学研究不可或缺的。正是丰富的想象力和敏锐的洞察力使他善于从现象中抓住本质，产生新的思想，形成新的思路，将勘查地球化学不断向前推进。中国环境监测总站依据 4000 多件土壤样品制作的中国土壤的元素含量分布图与区域化探全国扫面计划根据取得的数以千万计的数据制作的图件非常相似，他将这 4000 多件样品先后抽稀到 800 件和 400 件，结果作出的图件仍然惊人地相似。在 1990 年于捷克斯洛伐克的布拉格大学举行的第 14 届国际化探大会上，他展示了这些图件，引起全场轰动。但为什么会是这样的呢？他一直苦苦思索这个问题。1991 年长江流域的水灾给他留下了非常深刻的印象。1992 年在美国莱斯顿参加第三届 V. M. 戈尔德斯密特（V. M. Goldschmidt）地球化学大会期间，一天夜里他突然猛醒，翻身起来去查阅随身带着的环境监控总站的报告，断定他们采集的土壤样品大多属于泛滥平原沉积物，是被大洪水从很远的地方冲下来的。这种沉积物从未被化探工作者利用过，因为它们是从上游数千、数万甚至更大面积的汇水盆地中被洪水冲下来的，要想利用这种物质追踪具体矿床的位置当然毫无意义，但利用它来研究那些巨大的地球化学模式可就具有极大的价值了。第二天，他在国际地球化学填图工作会议上报告了泛滥平原沉积物作为全球地球化学填图采样介质的意义，引起了各国学者的极大兴趣。为了检验他的这个意见是否正确，他在国内提出了一个计划"环境地球化学监控网络和动态地球化学图"，最终以鲜活的事实证明了泛滥平原沉积物作为全球地球化学填图采样介质是可行的。

战略家的气质，丰富的想象力，敏锐的洞察力，坚持走自己的路，在学习他人的同时总是找出其缺陷与不足加以克服与改进，这些可贵的品质结合在一起，赋予了被称之为"工作狂"的谢学锦以极大的创造力，使他得以在他所从事的研究领域内，不断创新，使他总是能走在世界的前列，引领应用地球化学的世界潮流前进。

谢学锦从事科学研究的另外一大特点是将自己的研究与生产实践密切结合，化复杂为简单。千方百计地化繁为简是科学发展的一种推动力。17 世纪以来近代自然科学的发展，强调在实验的基础上分析和解剖，把复杂的系统分解为简单的要素来研究，取得了极大的成功。例如巨型矿床的研究耗费了地质学家们巨大的精力。他们多少年来付出了极大的努力去研究巨型矿床的各种成矿条件，详细解剖已知矿床，研究它们的地质背景、岩性条件、构造条件、控制因素，试图找到它们与一般矿床的区别，然而收效甚微，始终没有找到巨型矿床与一般矿床的形成条件到底有什么区别。

内因是根据，外因是条件。在成矿作用中，成矿物质的供应是内因，是根据；构造的、岩性的、一切控矿的条件都是外因。没有成矿物质的供应，再好的条件也成不了矿。抓住了成矿物质供应这个主要矛盾，这个内因或根据，问题就迎刃而解了。通过对区域化探全国扫面计划获得的数以千万计的高质量数据的研究，他在1995年提出地球化学块体的新理论，指出巨型矿床或大型矿集区都存在于有巨量金属聚集并形成巨大的地球化学块体中，从而提出了巨型矿床形成的新理论：巨型矿床与一般矿床的区别主要在于巨型矿床有着巨量的成矿物质供应与聚集；这种巨量的物质供应表现为地球上存在某种或某些成矿元素含量特别高的地球化学块体，它为巨型矿床的形成提供了充足的物质来源。在这种巨大的地球化学块体中，巨型矿产出的地点可以通过地球化学块体内部结构——套合的地球化学模式谱系来追踪。

一个长期困扰地质界的巨型矿床成矿的复杂问题，就这样通过巨大的地球化学块体供应成矿物质而形成这样一个简单的事实而获得了解决。这是化复杂为简单的显明例证。这不仅回答了巨型矿床的成矿问题，而且解决了巨型矿床的找矿问题。

区域化探全国扫面计划是他一生的杰出成就之一。这个计划的提出曾经遭到许多人的反对，其中包括许多省级地质局总工程师的竭力反对。这个计划要用低密度的系统采样，覆盖中国大陆，采集数以百万计的样品，分析其39种元素的含量，编制全国39种元素的地球化学图。这当然是一项非常复杂的，非常难以实现的。但他解析了西方的地球化学填图，发现了他们共同的致命缺陷：数据信息量不够，而且因为缺乏有效的监控而使数据不能对比。为此，他提出必须将元素的分析检出限降到地壳丰度值以下，以便能够清晰地反映出背景信息；对分析进行有效的监控，以便分析数据能够进行对比。为此他组织全国40多个省局中心实验室参与标准样和多元素多方法分析系统的研制，使这些关键问题得到解决，然后组织培训和推广，进而编写成操作手册执行。由此把一个庞大的、极其复杂的工程的操作简单化。

这个计划动员了地质部系统数以万计的人力，40多个省局中心实验室，在地质部的统一协调下，联合进行科学技术攻关，将研究成果迅速推广，迄今这一计划已经进行了30多年，覆盖了全国80%的国土面积，发现各类异常近6万个，经检查和验证部分异常，已经发现了近2000处矿产地——几十年来地质部（国土资源部）系统新发现的矿产地，尤其是金矿，绝大多数是根据这项计划提供的线索找到的。同时正是依据这项计划提供的海量高质量数据，诞生了地球化学块体的理论和全新的找矿战略，将化探从一种战术性的找矿方法提升到了从战略上指导找矿全局的科学。因此，从生产角度看，这是用科研成果部署、指导生产取得显著成效的范例；从科研角度看，这是通过组织大量生产单位在科学家的指导下来验证科研成果，并为科研提供巨量基础性资料的一项"大科学"计划。它不仅在中国地质界，就是在世界地质界，都开创了科学研究与生产实践密切结合、将学院式研究转化为大规模工业生产的先河。

马克思说过："在科学上没有平坦的大道，只有不畏劳苦沿着陡峭山路攀登的人，才有希望达到光辉的顶点"。对从事科学研究的人，有着颇为苛刻的要求。他必须有专业技能，这是最基本的。没有专业技能，则不可能从事与学术和科学有关的事业。在解决科学问题的过程中，有无数学术上的障碍需要克服，因此在科学上没有平坦的大道。这条不平坦的路并不是谁都能走的，唯有具有相关的技能者方能行之。科学本身是严谨的，因而从事科学研究需要严谨的治学态度。解决科学问题不是一朝一夕之事，需淡泊名利，耐得住寂寞，经得起诱惑；需要坚韧不拔，不轻易放弃；只有勇于迎难而上，想常人之不敢想，为常人之不敢为，只有志存高远，敢于质疑权威，方能有所建树。经不起诱惑，则心生旁骛，坠入山谷之中；不坚韧，畏辛苦，则半途而废。因此说要"不畏劳苦沿着陡峭山路攀登"，只有具备这些素质，才有希望达到光辉的顶点。

谢学锦从事科学研究的一生表明，他具备了一个科学家上述应有的一切素质，在进军科学的道路上，不畏劳苦，不惧艰险，勇于攀登，善于攀登，终于到达了光辉的顶点，走到了奥维耶多的领奖台上。

从奥维耶多回国后，他并没有停下前进的脚步。他不认为取得应用地球化学领域的最高荣誉之后就可以颐养天年。他还要推行更雄心勃勃的计划——在中国建立全球尺度的地球化学研究中心。尽管为此积劳成疾，患脑血栓导致半身不遂，但在轮椅上仍不停地工作。自 2009 年 11 月患病至今，先后共写了 20 多篇中英文文章，其中大部分已公开发表，他还提出了新的大科学计划建议：包括全国油气地球化学扫面计划，全国废矿堆大普查计划，并酝酿新的深穿透技术与浅钻结合的地球化学填图计划，新的全国土壤地球化学普查与土壤质量评价计划和以分形自相似理论为依据的新的全地球化学填图计划，写出了计划项目"全球多尺度（全球性、国家性、区域性）地球化学填图"的立项申请书[①]。

历史在前进，科学技术在飞速地发展。谢学锦在他父亲指引下，以坚忍不拔的意志在科学的星空中找到了属于他自己的位置，在应用地球化学领域里留下了他自己的印迹，留下了中国人的印迹。愿有志于应用地球化学的后来者，在他开创的这片天地中创造出一样辉煌的成果来。

[①]　谢学锦等：全球多尺度（全球性、国家性、区域性）地球化学填图（计划项目立项申请书）（2011 年 1 月）。资料存于采集工程数据库。

附录一　谢学锦年表

1923 年

5 月 21 日，生于北平。父亲谢家荣是国内外著名的矿床学家、石油地质学家、经济地质学家、卓越的地质教育家，我国现代矿产勘查事业的先驱和开拓者。1948 年当选中央研究院院士，1955 年被聘为中国科学院生物学地学部委员。母亲吴镜侬毕业于北京女子师范大学，多才多艺，琴棋书画都好。

1928—1934 年

就读北京师范大学第一附属小学。在小学阶段阅读中国古典小说，小学二年级开始看《三国演义》，反复看过十几遍。

1934—1937 年

就读辅仁大学附属中学（辅仁中学，今北京第 13 中学），启功教授国文。受启功的启发，阅读了《古文观止》、唐诗和大量的现代小说。

1937—1938 年

抗日战争爆发，北大停课。时任北京大学地质系主任的父亲订了份英文报纸，以了解上海战事，同时购买了许多英文小说。谢学锦开始阅读英文报纸和《鲁滨孙漂流记》等英文小说。

1937 年秋，父亲谢家荣"只身南下，共赴国难"。随母亲和弟妹坐太古公司的轮船经香港到上海，住进上海赫德路（今常德路）上的姑父家。在上海沪江大学附属中学就读高中一年级。

1938—1939 年

因病休学一年。休学期间，大量阅读了英文小说。

1939—1940 年

就读上海沪江大学附属中学，高中二年级。读钱亦石的《中国怎样降到半殖民地》和艾思奇的《大众哲学》。

1940 年

夏，从上海绕道越南海防，辗转到达父亲所在的昆明（叙昆铁路沿线探矿工程处），就读天南中学（西南联大附中）高中三年级。

11 月，日机轰炸昆明，随父亲从昆明迁往滇东北的昭通，就读昭通中学高四班（高中三年级）。

1941 年

夏，从昭通中学高中毕业。秋，考入浙江大学物理系，在贵州永兴校区，学习基础课程。

1942 年

在永兴校区参与"倒孔"运动，担任学生伙食团的团长。参加读书会，与国民党三青团斗争。

下半年，转到湄潭校区，进入大学二年级。参与"大家唱"，进入"求是"剧团，在李健吾的《这不过是春天》中饰演男主角。担任浙江大学剧团团长，演出夏衍的《一年间》、何其芳的《预言》等剧目。

想转学西南联大历史系，被王淦昌先生找到物理系办公室谈话，打消了转学的念头，有了继续在浙大学习的信心。

1943—1945 年

1943 年秋，进入大学三年级，转入浙大化学系学习。

1945 年，毛泽东《论联合政府》发表，浙江大学从遵义发出通电，拥护成立联合政府。湄潭分院积极响应。由于积极参加进步学生运动，被军统限令 10 天之内离开湄潭。暑假时乘资源委员会车辆秘密抵达重庆，回到父母身边。由于上了军统特务的黑名单，不能返回浙江大学。

到重庆后，休学，进入小龙坎动力油料厂，在钱保功手下工作。

1946 年

经父亲托俞建章转入重庆大学化学系。系主任梁树权教授高等分析化学。送妹妹谢恒（谢学锳）进入解放区。

1947 年

从重庆大学化学系毕业。

1947—1949 年

1947 年 4 月，进入南京永利铔厂（永利化工公司），工作了两年，从事工业分析，任技术员。

南京解放前夕，积极参加了永利铔厂的护厂工作和矿产测勘处的保卫工作，迎接南京解放。

读华盛顿（H. S. Washington）的经典著作《岩石化学分析手册》（*Manual of The Chemical Analysis of Rocks*），后来父亲又让他读了克拉克（F.W. Clarke）的《地球化学数据》（*Data of Geochemistry*）。

1949 年 4 月，南京解放后，参加"西南服务团"，准备进军大西南。

1950 年

经万里批准离开西南服务团，进入矿产测勘处从事分析工作，任技术员。

父亲读到了 T. S. Lovering，L. C. Huff 和 H. Almond 发表在 1950 年的 *Economic Geology* 上的文章：Dispersion of Copper from the San Manual Copper Deposit，Pinal Country，Arizona 并推荐给谢学锦阅读，指出："这种方法将来可能很有前途，你是不是去试试？"并于 7 月在《矿测近讯》第 113 期上发表"地球化学探矿的新发展"，指出："地球化学正像地球物理一样，已经发展到探矿方面了……地球化学探矿的最重要武器乃是精密的微量分析……望国内的地质家、化学家们对于地球化学探矿深加注意，努力研究，设法实行，对于新矿产地的发现，必将有重大的贡献。"

在南京和李美生结婚。

1951 年

夏，受父亲委派，与张佩华赴安徽安庆月山踏勘，研制野外快速分析方法，为开展我国首次地球化学探矿做准备；

9—11 月，和徐邦梁一起赴安徽安庆月山进行了我国勘查地球化学的首次试验，根据土壤、岩石分析成果，发现了铜矿的指示植物铜草（学名海洲香薷）。

1952 年

经历自 1951 年底至 1952 年夏的"三反"运动。

地质部成立大会于 9 月 3 日在北京举行。

由谢学锦和徐邦梁署名的中国第一篇勘查地球化学论文"铜矿指示植物海州香薷"，在《地质学报》第 32 卷第 4 期发表，标志着中国勘查地球化学正式奠基。

大连化学物理研究所带着聘书到南京聘他去工作，被他婉拒。

12 月，根据地质部宋应副部长的建议，在地质部地矿司内成立了第一个地球化学勘查机构——地球化学探矿筹备组。

年初，和夫人李美生一起调到北京，进入地质部地球化学探矿筹备组。

3 月，地球化学探矿筹备组改为地球化学探矿室（简称化探室）。

5—9 月，与沈时全等一起选择陕西安康牛山为第一个地球化学探矿试验点，做了 6km² 试验测量：采用经纬仪定点，采集土壤样品，现场比色分析铜。根据铜量分析结果编写的报告，否定了被苏联专家认为是斑岩型铜矿的该铜矿点的远景。这一期间，化探室在北京定安门外六铺炕举办学习班，组织学习化探基础理论及有关地质、矿床、物理、化学知识，介绍国内外情况与工作设想。

秋冬，化探室又分两批招收了 24 名高、初中生，举办短期培训班，以其翻译的苏联专家谢尔盖耶夫所著《地球化学探矿法》作教材，为学习班授课。

1954 年

1 月，所译谢尔盖耶夫［苏联］《地球化学探矿法》（英文版）的中文版，由地质出版社正式出版。

冬，地质部地矿司物探室和化探室扩大成为部直属的地球物理探矿处，下设物探实验室，仪器修配间和化探室。任化探室主任。

1955 年

地质部地球物理探矿处化探室开始进行石油化探试验研究。根据苏联 B. A. Соколов 的书做了长达一个月的报告，培训石油化探工作人员，并根据仅有的一幅苏联 Тг-5A 型烃分析仪示意图，与康继本等一起仿照图形和工作原理，重新设计，反复修改，最后研制成我国第一台测烃仪。

作为地质部普查委员会委员参加地质部第一次石油普查会议，并于 1 月 31 日在会议上作题为"石油普查的地球化学方法"的学术报告。

5 月，翻译 A. A. Сауков 著《汞的地球化学》并由科学社出版。在《地质知识》第 4 期发表"石油普查的地球化学方法"。

在当年出版的《普查须知》中撰写"普查石油的沥青与水化学指标的快速分析方法"。

1957 年

2 月 15 日，地质部批准成立地球物理探矿研究所（简称物探所），顾功叙兼任所长；研究所设化探室，谢学锦任化探室主任。

参与"十二年科学发展远景规划"的编制，其中第 10 项为"地球物理、地球化学和其他地质勘探方法的掌握与方法的研究"，该项任务共有 14 个中心课题，化探课题为 1006：地球化学探矿方法的研究。

1958 年

1 月，在父亲被划为右派后，也被划为右派。

指导李美生开始研制冷提取分析方法（1958—1978），在当年制定的测定水系沉积物中铜和重金属总量的分析方法，首先在南岭地区水系沉积物测量中试用，取得了良好的效果。

1959 年

4 月，拟订了开展原生晕研究的长期计划，开始有计划地进行原生晕找矿方法研究。计划从 1959 年开始，对辽宁青城子、关门山、红透山、本溪等地的铅锌矿，广东大宝山铜多金属矿，广东凡口、湖南黄沙坪的铅锌矿，云南个旧锡矿，贵州汞矿，河北怀安磷矿，内蒙古赫格敖拉的铬矿等开展研究，目的是：①研究不同类型矿床中原生晕的特征；②制定原生晕找盲矿的工作方法。

6—8 月，与程敬慈赴湖南桂阳县黄沙坪锡石 - 铅锌矿区工作。

和邵跃与辽宁冶金 106 队协作，在辽宁青城子矿区及其外围进行原生晕找矿方法研究。根据已知矿段总结的原生晕评价准则，在矿区外围进行评价预测，布钻 5 个，4 个见矿，成功地找到了铅、锌盲矿体，使这个危机矿山恢复了青春。青城子矿区取得的成功极大地推动了地质及冶金系统原生晕的研究及其在找矿中的应用，在关门山原生晕研究中取得新进展，并由邵跃写成"辽宁某铅锌矿区原生晕研究"一文发表于《地球物理勘探》1959 年第 12 期。

1960 年

3 月，写成《铅锌及铜矿床中原生晕的初步研究（初稿）》，分别总结了黄沙坪、青城子、贵池铜山等矿区的原生晕特征，为青城子现场会准备资料。

4 月，地质部和冶金部联合在辽宁青城子矿区召开了我国第一次原生晕找矿现场推广会。会议由地质部地质科学研究院副院长朱效成主持，邵跃在会上系统介绍了青城子矿区原生晕找矿工作成果。谢学锦写成"原生晕的几何模式与组分特征"，由孙焕振（反右后取代谢学锦成为化探室主任）在会上代为宣读。

指导物探所李生郁等与北京宣武玻璃厂协作研制出一套玻璃器皿的冷提取分析箱。

5 月，完成近 10 万字的专著《原生晕找矿方法的理论基础与工作方法》。但后因种种原因未能出版。

1960—1962 年，与邵跃等继续在一些铅锌及铜矿床地区做进一步研究，初步总结了一套评价地表原生异常及根据地表及钻孔中原生异常追踪盲矿的经验。

1961 年

4—5 月在内蒙古索伦山地区进行铬矿的原生晕研究工作。

与邵跃联名在《地质学报》第 41 卷第 3—4 期上发表"东北一铅锌矿床地球化学找矿方法的研究"（由于被划为右派，邵跃署名在前），与陈洪才联名在《地质学报》第 41 卷第 3—4 期上发表"原生晕方法在地质普查勘探中的作用"。

1963 年

参与"长江中下游矽卡岩型铜矿地球化学异常特征及其找矿意义"的

研究（1963—1973）（该项研究 1978 年 3 月获全国科学大会奖）。

与康继本、李善芳、李美生、李生郁、徐丰孚等研究开发了 Ag、As、Au、B、Ca、Cd、Co、Cr、Cu、Fe、Hg、Mg、Mn、Mo、Nb、Ni、P、Pb、Sb、Se、SO_4^{2-}、Ta、Ti、U、V、W、Zn 等元素的比色分析方法，以克服 20 世纪 50 年代由国外引进的光谱和化学分析方法存在的缺点和问题，满足化探工作需要。

1964 年

热液矿床原生晕的研究取得重大成果。进行热液矿床原生晕理论研究成果的系统总结工作，写成了《地球化学岩石测量的理论基础与工作方法》一书（约 16 万字），并准备由地质出版社出版。书中提出的原生晕几何模式、组分分带特征、原生晕各部分的命名等，与苏联学者同时各自独立地发现了热液矿床原生晕组分的分带现象，这在当时是与苏联并列国际领先水平的。但后因人为原因，不但书稿未能出版，还散失了四章内容，保存下来的两章以"地球化学岩石测量的工作方法与解释推断方法"为题，于 1965 年发表在内刊《物探化探研究报导（道）》上，成为中国 20 世纪 60—70 年代化探工作者必读的文章和工作手册。

发表论文"土壤中微迹钼的快速比色法"和"土壤及岩石中镍的野外及室内快速分析方法"（载于《地球物理与地球化学探矿研究报告文集》第一集：《地球化学探矿快速分析方法专集》）。

1965—1966 年

1965 年 5 月，谢学锦指导中国科学技术大学地球化学专业学生卢焕章的毕业论文，制备了我国第一个地球化学标准样——石灰岩地球化学标准样。

与杨竹溪等赴四川物探大队检查米易幅的化探工作，认为米易幅的区域化探试验是成功的，圈出了许多找矿远景区，截至 1965 年底，在这些远景区内查明了大型锡矿床一个，大型铌钽矿床一个以及钨和铅矿床各一个，取得了明显的找矿效果。受米易幅试验成功的鼓舞，开始萌发在全国范围内推广水系沉积物测量的思想，并在检查报告中首次指出区域化探今后要发挥更大作用的关键在于分析技术的革新，即必须从半定量分析转向定量分析。

1966 年，"文化大革命"开始，从四川成都返回北京。

1966 年，8 月 14 日，父亲在客厅的小床上，服下过量的安眠药自杀。

鉴于利用塑料牛奶瓶制作的野外冷提取设备对找到锡矿发挥了巨大作用，故自四川返回北京即建议用聚乙烯制作轻便冷提取箱。

1967 年

年底研制成功 LT-1 型冷提取分析箱（1969 和 1978 年林存山、徐丰孚等分别研制了 LT-2、LT-3 型），生产了 400 套，并通过开会、办训练班、野外实习等方法多次推广了冷提取分析方法和技术。青海、江西、湖北、吉林和贵州等省应用冷提取分析方法均找到了工业矿床。冷提取分析箱 1978 年获全国科学大会奖。

1969 年

9 月，物探所由北京搬迁至陕西蓝田薛家村。在蓝田期间，谢学锦曾去金山农场劳动和在薛家村烧锅炉。他白天去劳动或烧锅炉，晚上回家看专业书和当时能弄到的文献资料，并思考今后化探的发展。

1971 年

开始用数学方法及电子计算机技术研究过去取得的矽卡岩型铜矿床原生晕的资料，初步提出 7 种原生晕理想模型。这项研究成果连同过去李善芳、邵跃等的研究结果写成英文论文"长江中下游矽卡岩型铜矿床地球化学异常特征及找矿方法的研究"，本拟提交给第 25 届国际地质大会，但因我国未参加此次大会而未提交。

1973 年

5 月，国家地质总局科技组在湖南邵阳举办化探学习班。应聘到学习班介绍：国内外寻找铬铁矿的情况与体会、国外化探的现状（包括加拿大各种不同景观区的化探工作情况、各种统计学方法在化探工作中的应用）并针对国内化探界化探名词使用的混乱情况作了如何统一定义地质词典中的化探名词的报告。在这个学习班上传来了许多化探找矿成功的实例。学习班后，他开始到各省宣传化探的作用。

6月，所编写的《化探名词解释》一书内部出版，该书纠正了当时化探名词使用的混乱情况。

11月底，赴江西省物化探大队作"地球化学探矿的现状和展望"的学术报告。此时江西已经根据1:5万金属量测量圈定的异常发现了朱溪铜矿。建议江西省物化探大队不要满足于此项成果，加快步伐，采用1个采样点/km²的水系沉积物测量开展新一轮1:20万区域化探工作。

1974 年

1月，物探所化探室在鄢明才的组织领导下成立了以李明喜为组长、谢学锦为技术核心的区域化探组，开始了区域化探发展的战略研究和在江西、浙江等地的试验。

2月，根据他的建议，由江西、浙江、安徽三省承担的"皖浙赣三省区域化探方法试验"项目启动。

10月，亲自到江西德兴检查野外工作。试验结果，不仅发现1:20万路线金属量测量（第一代区域化探）存在的不足之处，而且圈出了一批值得进一步工作的化探异常。

所译 H. E. Hawkes 和 J. S. Webb 1962 年出版的 *Geochemistry in Mineral Exploration*(《矿产勘查的地球化学》)，由物探所以内部出版物的形式出版。

1975 年

4月，在福州召开的全国第一次区域化探经验交流会上作题为"区域化探数据处理与解释推断"的报告，进一步肯定在 1:200000 水系沉积物测量中用1个采样点/km²的采样密度以减轻野外劳动强度、减少分析与资料处理的工作量是可行的，同时指出了许多元素的分析灵敏度不够和分析误差的消除与抑制这样两个在未来的区域化探工作中必须加以解决的重要问题。

会后物探所启动了由区域化探组承担的"我国山区区域化探方法研究"项目和由电算组承担的"利用电算进行化探资料整理、推断解释方法的研究"项目。

冬，在浙江省莫干山举办的为期 5 天的全国区域地球化学短训班上授课，结合 H. E. Hawkes 和 J. S. Webb 的《矿产勘查的地球化学》、"地球化学岩石测量的工作方法与解释推断方法"和皖浙赣三省试验研究取得的成果，讲解区域化探问题，特别指出了当时水系沉积物测量分析使用的光谱半定量分析方法的问题和由此造成的图幅拼接问题。

在 1975—1978 年间承担了"我国山区区域化探方法研究"项目，并负责该项目的第三课题"区域化探工作手册编写"。该项目 1978 年 3 月获"全国科学大会奖"。

1976 年

7—12 月，与任天祥等对江西、湖南、广东、广西、云南等省区 1 : 20 万区域化探老资料（路线金属量测量结果）的可利用程度进行调查研究，提出了老资料的可利用元素和利用处理方法。

黑龙江省地质局物探大队（1976—1982）按照谢学锦等人的建议，组建了第二化探队，按 1 个样 /50 平方千米的采样密度，在全省 46 万平方千米范围内开展水系沉积物测量，在大兴安岭山区发现了白卡鲁山多金属矿，在平原区发现大庆油田范围出现明显的 Sr、Ba 异常，并出版了《黑龙江省地球化学图集》。

1977 年

7 月 2—15 日，在国家地质总局在安徽黄山召开的全国第二次区域化探经验交流会上发表题为"当前区域化探若干问题的探讨"的演讲，指出：①要根据我国自己的特点，在促使找矿工作现代化过程中走出我国自己的道路，需要对区域化探给以特殊的重视和加强。② 1 : 20 万路线金属量测量资料可利用程度较低，但这些资料中仍然还蕴藏着大量的找矿信息，要尽可能用最简单的方法，争取在 2—3 年内完成重新整理已有的 1∶20 万区域化探（主要是路线金测）资料具有重要的战略意义。③区域化探的采样密度和采样布局必须革新。④在区域化探技术革新中最具紧迫性的是分析技术的革新，同时要求统一和标准化地球化学图件的编制方法，使得全国的地球化学图件可以进行对比研究和拼接。

冬，应河南省地质局的邀请到河南讲学 4 天，先后在河南省地质局中心实验室、河南省区测队和河南省第一地质调查队就区域化探问题作了三次学术报告。

1978 年

1 月 11—26 日，国家地质总局在上海召开全国地质局局长会议和区测及铁矿会议，会上作题为"区域化探——历史·现状·前景"的报告；与孙焕振、李善芳、方华联名向总局领导提出了由其起草的"区域化探全国扫面计划（草案）"的建议并被采纳，正式纳入国家计划。"区域化探全国扫面规划（草案）"提出将全国划分为内地及沿海地区和边远地区两大部分，分别采取不同的方法进行扫面。

3 月 11—18 日，陕西省地质局举办第八地质队化探学习班，会上作题为"关于区域化探扫面问题"的报告，分 8 个问题全面阐述了区域化探的历史和现状、区域化探全国扫面计划以及从采样、样品加工、分析、成图到异常解释与推断及异常检查等问题。

3 月 25—29 日，国家地质总局物探局在江西向塘江西省第一物探队召开区域化探全国扫面样品分析工作会议，会上提出了区域化探全国扫面计划样品应测定的 39 种元素及各元素分析的检测限和精密度的要求、质量监控及制备标准样等，其中 Au 的检出限定为 1 ~ 3ppb，以后随着 Au 高灵敏度分析方法的研制，又将 Au 检出限规定为 0.2ppb。

4 月，完成了"区域化探内地及沿海重新扫面方法暂行规定"。

5 月在国家地质总局召开的区域化探全国扫面试点协调会议上讨论通过了这个暂行规定，6 月以国家地质总局地物〔1978〕493 号文的形式颁发，要求各省、自治区、直辖市参照执行。

7月，河南省地质局在郑州地校承办了为期两个月的全国区域化探学习班，学员达100多人，谢学锦等7人任教。谢学锦主讲区域化探，用时1个多月，全面、系统地阐述了他的学术思想、思维方式和勘查地球化学的新概念、新理论、新技术、新方法，详细讲解了区域化探全国扫面计划的目的、意义、技术要求和工作方法。这次学习班为全国培养了一大批化探技术骨干，各省、区地质局的化探主管皆由此出。

此后，周游各省区，宣传解释进行区域化探全国扫面计划的必要性与重要性并具体指导这一工作的进行。

制订区域化探样品分析质量监控的方案。物探所按照他的设计，开始化探样品质量监控方案的立项研究，包括：①制定统一的分析方法；②提出分析质量初步监控方案；③提出标准样制备方法。翌年，完成了区域化探样品分析质量监控方案的研制。

1979 年

1月18日，中国国家地质总局党组下达文件"根据中共中央〔1978〕55号文件精神和'划分右派分子的标准'，划谢学锦为右派分子属于错划，应予改正，决定撤销1958年1月地质部物探局整风领导小组划谢学锦同志为右派分子的决定"。

1月，在《物探与化探》上发表题为"区域化探全国扫面各种方法的讨论"的文章，对"区域化探内地及沿海重新扫面方法暂行规定"的内容作进一步说明。

7月，应邀到在南京召开的"区域化探样品分析方法研究"首次协作会上作报告，详细阐述了区域化探的意义、目标、部署以及各个环节的技术要求，特别是对分析工作的要求。

12月，所著《区域化探》一书由地质出版社出版。该书作为区域化探的工作手册和指南，曾3次印刷。

被推荐任中国地质学会理事。

1980 年

4 月，物探所完成由陕西蓝田搬迁至河北廊坊的任务。

1981 年初地质部成立由物探所谢学锦、鄢明才、测试所及大区中心实验室负责人组成的"地球化学标准参考样研究小组"。后来又有属于地质矿产部、中国科学院、冶金工业部、核工业部等 32 个单位参加进来。先后有总共 41 个实验室参与了 8 个标准样的分析定值工作。研制这 8 个水系沉积物标准样，他们只用了差不多 3 年的时间，而在国外进行的许多岩石标准样定值工作一般得花费 10 年以上的时间。本项目因此于 1985 年获得地矿部科技进步奖一等奖。

继这 8 个水系沉积物标准样研制成功之后，又在以谢学锦和鄢明才为首由物化探所和测试所相关人员组成的研究组的领导下，于 1980—1983 年在包括辽宁、江苏、湖北、陕西、甘肃、湖南和青海省地质矿产局中心实验室在内的 45 个实验室的通力合作下，完成了另外 18 个标准样，即 GSD9—12（水系沉积物）、GSS1—8（土壤）和 GSR1—6（岩石）的研制工作，并于 1989 年获得地质矿产部和国家科委的科技进步奖二等奖两项奖。

4 月 10—15 日，以中国勘查地球化学代表团团长的身份率团赴西德汉诺威参加第八届国际地球化学勘查学术讨论会（8th IGES），并在会上宣读了 Geochemical Exploration in China（"地球化学勘查在中国"）的主旨报告，全面介绍了中国的化探工作，得到了与会国外同行的好评。这是中国化探第一次走向世界与国际化探界接触。

5 月 21—30 日，第一届全国勘查地球化学学术讨论会暨勘查地球化学专业委员会成立大会在杭州莫干山召开。全会同意谢学锦提出的将"勘查地球化学"作为专委会的名称，并选举产生了以他为主任委员的由 31 人组成的第一届勘查地球化学专业委员会。

7 月，成为中国共产党预备党员，一年后转为正式党员。

10 月，与方正康、梅占魁等人在《物探与化探》第 5 期上发表"皖浙赣边区区域化探的资料整理与异常评价"。

11 月 6 日，被任命为物探所第一副所长。

11 月，当选中国科学院学部委员（院士）。

与余伯常联名在《物探与化探》第 6 期上发表"模糊运算对聚类分析效果的改善"。

1981 年

在第 8 届国际地球化学勘查学术讨论会（8th IGES）上宣读的报告 Geochemical Exploration in China（"地球化学勘查在中国"）在 *Journal of Geochemical Exploration*（《地球化学勘查杂志》）第 15 卷上发表。

5 月 22—29 日，参加在北京召开的物化探科技情报网第一次工作会议。

应邀在冶金部地质局于 7—10 月在秦皇岛冶金地质进修学院举办的"地球化学探矿进修班"上作关于"国内外勘查地球化学及矿产地质研究进展"的讲座。

冬，与薛水根、李明喜、童霆等人在北京对"区域化探内地及沿海重新扫面方法暂行规定"作修订和补充；次年 4 月以地质部地物〔1982〕198 号文的形式，发出了"区域化探全国扫面规划内地及沿海重新扫面工作方法暂行规定的补充规定"。

1982 年

5 月 12—14 日，和郑康乐一起参加在加拿大萨斯卡顿举行的第 9 届国际地球化学勘查学术会议（9 th IGES），并提交了 Recent Advance in Geochemical Exploration in China（"勘查地球化学在中国的最新进展"）的论文。会议期间参观了许多大学及公司的实验室。会后带回了丰富的化探资料和信息，包括美国地球化学公司德歇勒尔（Duchscherer）已保密 10 多年的油气化探"蚀变碳酸盐"（ΔC）的新技术。

9 月 20—24 日，在地质部于厦门鼓浪屿召开的"区域化探专题经验交流会"上作关于"第 9 届国际化探会议介绍和加拿大参观考察"的学术报告。

1983 年

3 月 20 日，任物探所名誉所长至今。

任 *Journal of Geochemical Exploration* 杂志副主编（1983—1999 年）。

参加 10 月 4—9 日在西安召开的第一届化探分析经验交流会，并致题为"区域化探全国扫面计划及其中的分析技术问题"的开幕词；10 月 9 日作题为"（一九）七八年以来区域化探全国扫面的进展"的报告。

11 月 28 日，美国地质调查所赵畯田博士应邀来我国作"偏提取及选择性循序提取技术在勘查地球化学中的应用"的学术报告，并进行科技交流，谢学锦担任翻译。

在 *Journal of Geochemical Exploration* 第 19 卷上发表 Recent Advance in Geochemical Exploration in China。

1984 年

应邀请担任《国际地质标准通讯》（*Geostandard Newsletter*）区域编辑（1984—2000 年）。

2 月 11—18 日，澳大利亚 Comlabs 公司代表团 H. Fishman（总化学师，经理）一行三人来华访问，与杨春敏、毕德启等一起负责接待。澳方介绍了公司情况、澳大利亚的地球化学勘查、分析测试及计算技术的应用等方面，并参观了地矿部物化探所、中国科学院地质所、北京大学地质系实验室等，双方进行了多次技术座谈、讨论。

5 月 24—27 日，参加新疆维吾尔自治区为准备开展国家重点科研项目新疆地质找矿的重大计划，在乌鲁木齐召开的"新疆深部地质构造与成矿远景预测"讨论会，全国著名地质、矿产、物探、化探界院士、专家 200多人与会，为国家新疆 305 项目的开展献计献策。提出将项目改名为"加速查明新疆矿产资源的地质、地球物理、地球化学综合研究"的建议，得到宋汉良书记的赞同。

9 月 15—21 日，参加在乌鲁木齐召开的"新疆天山地质矿产学术讨论会"，并在会上作了题为"新疆找矿的战略问题"的报告。

1985 年

3 月，国家计委和国家科委行文，将"加速查明新疆矿产资源的地质、地球物理、地球化学综合研究"列入国家"七五"期间重点科技攻关项目——国家新疆"305"项目正式启动。被任命为项目技术委员会副主任委员。与任天祥、刘泉清、王中刚、江远达一起被聘为项目技术委员会化探专家，组成化探专家组，并担任化探专家组的组长，负责地球化学调查和科研工作的技术指导和咨询。

与陆苏民、欧阳宗圻、刘泉清一道赴加拿大参加于 4 月 29 日—5 月 2 日在多伦多举行的第 11 届国际地球化学勘查学术讨论会，并向会议提交了题为 Comparison of Geochemical Maps Generated by Laboratories Using Different Analytical Methods（不同实验室用不同分析方法制作的地球化学图的比较）的论文。

8 月 24 日，出席由地质矿产部物化探所、中国科学院安徽光学精密机械研究所和电子工业部第 12 研究所共同组织的关于"建议将非地震、多参数地球化学与地球物理直接寻找油气田方法列为国家七五规划重大科研项目"的意见和情况向国家计委、国家经委、国家科委的汇报会，并在会上作了主旨发言，全面介绍了非地震、多参数地球化学与地球物理直接寻找油气田方法的理论基础、国外动态、方法的特点与发展前景及国内的开展情况，指出了在我国开展此项研究的必要性和迫切性。

9 月 9—10 日，参加在北京举行的"加速查明新疆矿产资源的地质、地球物理、地球化学综合研究"项目委员会技术委员会第一次工作会议，并以项目技术委员会副主任委员的身份向会议作了关于专家论证会情况和专家评议意见的报告。提出应有意识地避开金矿化探工作中令人困扰的取子样及采样误差问题，强调重视区域异常（一般为 2 ~ 3ppb）及其浓集中心（一般用 4 ~ 6ppb 圈出），强调异常面积是评价异常的可靠标志。

在 *Geostandard Newsletter* 第 9 卷第 1 期和第 2 期上先后发表 Geochemical reference sample，drainage GSD1-8 from China（中国水系沉积物地球化学标准参考样 GSD1-8）及 Usable values for Chinese Standard Reference Samples of Stream Sediments，Soils and rocks：GSD9-12，GSS1-8 and GSR1-6（中国水系沉积物、土壤和岩石的地球化学标准参考样 GSD 9-12，GSS1-8 和 GSR1-6 的可用值），并分别于 1986 年以地矿部《地质专报》（九）第 1

号及 1987 年以地矿部《地质专报》（九）第 2 号的形式由地质出版社出版。

联合安徽光机所、电子部 12 所、地矿部黑龙江物探大队及长春地质学院等承担大庆油田 3000km² 范围多参数地球化学找油任务，圈定了多处油气远景区，掀起了油气化探第二次高潮。

1986 年

6 月，陪同来华访问的美国地质调查所化探专家 P. K. Theobald 和 W. R. Berger 到内蒙古作学术报告，到北部高原和白乃庙铜矿区进行荒漠、半荒漠区域化探扫面方法技术实地考察。

11 月 10—15 日，在提交给第三届勘查地球化学学术讨论会的"区域化探全国扫面计划"论文中指出，区域化探能在短期内导致大量金矿的发现有三项决策起了关键性作用：①在全国扫面计划中将金列为必须分析元素的决策；②将金的检出限规定在 1ppb，后来又改为 0.2ppb 的决策；③研制了快速、低成本、能检出 4ppb 或更低含量的现场分析方法。

年底，与杨竹溪、王继平等一起于 1983—1985 年进行的在长城 0520 型微机上研制一种快速筛选和评价多元素异常的 RESMA 软件系统和小型化探数据库及地区性化探数据库的项目通过鉴定。

1987 年

4 月 23—26 日，赴法国奥尔良参加第 12 届国际地球化学勘查学术讨论会和国际地球化学填图专题讨论会，并在会上被选为指导委员会委员，随后指导委员会委员同赴加拿大，共同起草了"国际地球化学填图计划"研究项目申请书，次年 2 月，该项目被联合国教科文组织国际地质对比计划（IGCP）执行局批准，列为 IGCP-259 研究项目。

6 月 30 日，发出"建议我国支持国际地球化学填图计划的请示"报告。

7 月 9 日，地质矿产部地球物理地球化学勘查研究所将此请示报告正式上报地质矿产部物探局。

7 月 4—8 日，第 2 届全国石油化探学术讨论会在安徽泾川山庄召开，与关士聪、刘光鼎一起出席了会议。会后，地矿部石油地质海洋地质局召开了化探工作座谈会，将油气化探作为油气勘查的综合方法之一，列入油气勘查系列之中。从此，石油化探在地矿部就成为油气勘查生产过程中必须采用的方法之一。

9月23日—10月12日，与夏国治副部长等8人，赴加拿大多伦多参加"勘探87"国际学术讨论会并考察加拿大的矿产物化探工作，商谈了中加科技合作。

与侯智慧在《长春地质学院院报》第7卷第4期上发表"金矿化探（一）：金矿化探的现状与研究方向"的文章。

1988 年

6月25—28日，中国地质学会第3届勘查地球化学专业委员会在北戴河海滨召开，选举谢学锦与欧阳宗圻、於崇文为名誉主任委员。

6月下旬到新疆西准噶尔，执行"西准噶尔成矿区低密度化探方法应用研究及成矿区带圈定与优选"项目，制定试验工作细节。

8月5—25日，应邀到勘查地球化学专业委员会在秦皇岛举办的"地球化学异常评价学习班"讲课。

10月5—9日，冶金地质学会、冶金情报网与全国勘查地球化学专业委员会在北戴河联合召开"全国金矿地球化学异常评价学术讨论会"，会上明确提出"金的高点异常不一定与矿对应，而多个高值异常点可指示矿床所在区"的认识。

被推荐任国际地科联 IGCP（国际地质对比计划）259 项目即国际地球化学填图项目指导委员会委员、分析技术委员会主席。

在《国外地质勘探技术》第 100 期上发表"金矿化探（二）：采样与取子样的难关"。

1988—1990 年间，承担"西准噶尔成矿区低密度化探方法应用研究及成矿区带圈定与优选"项目。

1989 年

2月，当选为国际地质对比计划（IGCP）执行局委员（1989—1995），此后，每年 2 月去法国巴黎参加各国向 IGCP 申请项目的遴选工作。

6 月初，主持"西准噶尔成矿区低密度化探方法应用研究及成矿区带圈定与优选"项目 85°线以西和以东的异常检查。

7 月，向在美国华盛顿举行的第 28 届国际地质大会提交论文 A Decade of Regional Geochemistry in China—the National Reconnaissance Project（"中国区域化探扫面计划十年"）；后经修改 1991 年 5 月发表在 *Transaction Institution of Mining and Metallurgy*，*Section B*：*Applied Eanrth Science*（《矿冶协会会刊 B 辑：应用地球科学》）第 100 卷上。

10 月 1—6 日，赴巴西里约热内卢参加第 13 届国际地球化学勘查学术讨论会，向会议提交了题为 Geochemical Exploration for Gold：A New Approach to An Old Problem（金矿地球化学勘查——老问题新做法）的论文及作同名特邀大会报告。报告依据中国的研究指出：地球化学样品中存在大量超微细的金，这些超微细金的存在形成了大规模的低含量区域性金异常，并且由于这种超微细金的粒度极细，使其在地球化学样品中的分布极为均匀，因而形成的区域性异常非常稳定。这一发现引起极大震动。会议期间，还主持了"国际地球化学填图中多元素分析问题"的讨论。

应邀参加在青海西宁召开的"特殊景观区区域化探方法技术推广会"并作专题报告。

与 Jennes 共同主编的 *Journal of Geochemical Exploration* 第 15 卷专辑 Geochemical Exploration in China（地球化学勘查在中国）出版。专辑中收入了 Regional Geochemistry — National Reconnaissance Project in China 和 Multiparametric Geochemical Methods in the Search for Oil in the Qinggang Region near Daqing Oil Field。

1990 年

6 月，赴加拿大汉斯威尔参加"地质分析 90"会议，主持"国际地球化学填图中的多元素分析问题"的讨论，并作题为 Analytical Requirements in International Geochemical Mapping（国际地球化学填图对分析要求）的学术报告。

8 月 26 日—9 月 2 日，与鄢明才、周丽沂、刘如英赴布拉格参加第 14 届国际地球化学勘查学术讨论会，并在会上又一次作了 Analytical Requirements in International Geochemical Mapping 的学术报告。

12 月 18—20 日，所承担的"西准噶尔成矿区低密度化探方法应用研究及成矿区带圈定与优选"项目在廊坊通过国家 305 项目成果鉴定验收委员会的验收和鉴定委员会的评审，项目成果被评为优秀。

在勘查地球化学家协会通讯 *Explore*（《勘探者》）第 68 期上发表 Particle Size Distribution of Gold in Geochemical Samples（地球化学样品中金的粒度分布）；在 *Journal of Geochemical Exploration* 第 39 卷上发表 Some Problems, Strategical and Tactical in International Geochemical Mapping（"国际地球化学填图中某些战略性与战术性问题"）。

1991 年

4 月 25 日—5 月 5 日，参加在美国内华达州里诺市召开的第 15 届国际地球化学勘查学术讨论会，提交了 Geochemical Patterns from Local to Global（"地球化学模式从局部到全球"）的论文（1992 年发表于 *Journal of Geochemical Exploration*，47：109-129）。会议期间，还与 AEG 秘书长 Colin E. Dunn 及有关人员就在中国召开第 16 届 IGES 有关问题进行了详细讨论。

4 月，提出"套合地球化学模式谱系"，指一系列由高到低多层套合异常组成的地球化学异常分布模式，即局部异常被区域异常所包裹，区域异常又依次被更大规模的地球化学省所包裹等；提出地球化学模式的分类方案：成因分类、规模分类和成熟度分类。

12 月，赴莫斯科参加国际化探会议，在大会上第 3 次作了 Analytical Requirements in International Geochemical Mapping 的特邀学术报告。之后将先后在加拿大汉斯威尔会议、布拉格会议和莫斯科会议上 3 次所作的这一学术报告整理成文，发表在 1995 年 5 月的国际 *Analyst*（《分析家》）杂志上。

参加在瑞典举行的由乌普萨拉大学（Uppsala University）与国际环境地球化学讨论会联合召开的"北欧化学污染物质延缓环境效应讨论会"

后，将"化学定时炸弹"的概念引入中国。

在第 13 届国际地球化学勘查学术讨论会上的报告 Geochemical Exploration for Gold：A New Approach to An Old Problem（金矿地球化学勘查——老问题，新做法）在 *Journal of Geochemical Exploration* 第 40 卷上发表。

1992 年

4 月 22 日，与任天祥、孙焕振、李善芳等一起完成的"地球化学填图的战略、方法、技术与应用的研究"通过部级鉴定。始于 1973 年的这项研究系统地总结了我国地球化学填图的战略、方法、技术与应用成果。

7 月，接待来华访问的国际勘查地球化学联合会主席、加拿大皇后大学勘查地球化学教授、金矿化探专家 Ian. Nichol。

主持地矿部"八五"重大基础研究项目"全国环境地球化学监控网络与全国动态地球化学图"。经 4 年努力，以极低密度在全国设置的 517 个采样点上采集表层和深层泛滥平原沉积物样品，分析 65 种元素，制作上、下层泛滥平原沉积物样 50 个元素的 100 张全国超低密度彩色环境地球化学图，建立了基本覆盖中国大陆全境的地球化学监控网络，对环境进行持续监控。本项研究为泛滥平原沉积物作为极低密度全球地球化学填图的采样介质提供了范例，并在此项目中提出将中国的区域化探样品多元素分析系统由 39 种元素增加为 49 种元素，以纳入国际地球化学填图计划分析系统中，增加的 10 个元素（指标）为：LOI、S、Ga、Sc、Rb、Cs、Ce、Se、I 和 Cl。

赴莱斯顿参加第三届 V. M. 戈尔德斯密特（V. M. Goldschmidt）地球化学大会期间，在 IGCP 程序委员会会议上提出将泛滥平原沉积物作为全球地球化学填图采样介质的建议。

12 月，在《物探与化探》16（6）上发表"金矿化探（三）：金的颗粒分布与取子样误差关系的研究"。

1993 年

3—4 月，奉派率团赴北美参加在那里举行的化探会议并开展第 16 届国际化探会议即将在我国召开的宣传活动。

4月，中国大百科全书出版社正式出版了《中国大百科全书 地质学》，担任其中的"地球化学勘查"学科主编。

9月4—6日，主持在北京召开第16届国际地球化学勘查学术讨论会，来自27个国家和地区的126名外宾、149名国内代表参加了会议，提交论文287篇。这是第一次在中国，也是第一次在亚洲召开的国际最高水准的化探大会。

在 *Journal of Geochemical Exploration* 第47卷上发表 Geochemical patterns from local to global（"地球化学模式：从局部到全球"）。

在 *Journal of Geochemical Exploration* 第49卷上发表 National Geochemical Mapping and Environmental Geochemistry—Progress in China（国家性地球化学填图与环境地球化学——中国的进展）。

1994 年

1月31日至2月4日，参加在巴黎联合国教科文组织总部召开的第22届国际地质对比计划科学执行局与科学委员会的联席会议。会议特别感谢包括谢学锦在内的9位即将离任的执行局委员。

4月11—15日，参加在英国地质调查所所在地 Keyworth 举行的 IGCP259 最终报告初稿修改意见的讨论会。讨论会一致同意用160km×160km 的格子，以大约5000个样品覆盖全球。

4月24—28日，应邀参加在加拿大温哥华召开的美国石油地质学家协会海德堡大会，会议名称是"烃类运移的近地表显示"（AAPG Hedberg Research Conference Near-Surface Expression of Hydrocarbon Migration），并在会上作了题为 New Approach for Studying Surface Expression of Underground Hydrocarbon Reservoirs（研究地下油气藏地表显示的新方法）的报告。

9月，在国际矿床成因协会第9届科学讨论会上作关于超大型矿床的学术报告。

9月17日前往英国，参加于19—22日在英国 Ambleside 举行的地质分析94会议，应邀以 IGCP259/360 分析方法委员会主席身份主持讨论国际地球化学填图对分析的要求，并作介绍国际地球化学填图计划的报告。中国泛滥平原沉积物采样取得的成果使与会者大为震惊。

10 月，国家攀登计划"找寻难识别及隐伏的大矿、富矿的新战略新方法新技术基础性研究"（1994.10—1999.10）启动，以谢学锦和刘光鼎为首席科学家。通过 5 年研究，提出了基于地球化学块体和地球化学模式谱系寻找大矿、巨型矿的新概念和迅速掌握全局、逐步缩小靶区的矿产勘查新战略，将地球气纳微金属（NAMEG）和金属活动态测量（MOMEO）两种深穿透地球化学方法发展成超低密度的战略性方法。

在化探找矿的战术方面，全面、系统地研究朱泰天提出的原生叠加晕方法，支持冶金物化探所李惠等承担了"胶东大型金矿盲矿预测的原生叠加晕模型研究"，原生叠加晕新方法的研究是原生晕找盲矿方法的一次重大发展。

提出寻找大型、超大型矿床应遵循由战略至战术逐步缩小靶区的原则，并在山东省进行了试验。第一步，战略性概查，全省 16 万平方千米，按照 1 个样 /800km^2 的超低密度采样（地球气纳微金属和金属活动态测量），圈出 4 处大规模的区域异常；第二步，区域测量，选择胶东异常13000km^2，按照 1 个样 /10 ～ 100km^2 的密度采样，进行金属活动态测量，圈出 5 处异常；第三步，半详查，选择 33km^2，进行 500m × 500m 网格采样，圈定矿区异常；第四步，详查，在 12km^2 范围内，采用 100m × 500m网格采样，圈定钻探靶区。

1995 年

4 月 25—27 日，赴加拿大 Kingston 皇后大学参加第二次巨型矿床会议（与会代表近 300 人），在会议上作题为 The Surfical Geochemical Expressions of Giant Ore Deposits（巨型矿床的地表地球化学显示）的报告，提出了地球化学块体和套合地球化学模式谱系的新概念。该报告在 1995 年被收入于由 C. J. Hodgson 和 A. H. Clark 主编、金斯敦皇后大学出版社出版的 *Giant Ore Deposits II*（《巨型矿床 II》）中。

在 5 月 14—17 日于澳大利亚的 Townsville 举行的第 17 届国际地球化

学勘查学术会议上宣读题为 The Suitability of Floodplain Sediment as Global Sampling Medium：Evidence from China（泛滥平原沉积物作为全球采样介质的适合性）的论文。

9 月 15—24 日，赴芬兰参加国际地球化学填图讨论会，于 19 日报告了中国用近 600 件泛滥平原沉积物样品覆盖全国的成果，并展示了初步制作的地球化学图，引起各方广泛兴趣。会议建议由谢学锦起草寒冷荒漠地区的化探工作方法。会议经过长时间讨论，根据谢学锦的建议，决定全球 5000 个样品的分析工作分 3 个阶段进行。会议商定的组织机构中，谢学锦负责分析。

10 月 21 日经法兰克福飞里约热内卢，应邀访问巴西，参加 10 月 23—27 日举行的全巴地球化学大会，指导巴西的地球化学填图，并于 10 月 29 日至 11 月 3 日访问巴拉那州首府，就巴西地球化学填图提出了 5 点意见。

同月，提出地球化学块体（地球化学模式是从二维平面的角度划分的，事实上地球化学模式应具有三维立体的特征）的概念，指地壳上具有金属高含量的巨大金属异常块体，是找寻大型矿床的线索。

同月，在《科学中国人》杂志第五期上发表"用新观念与新技术寻找巨型矿床"。

11 月 21—24 日，在香山科学会议第 46 次学术讨论会上，与刘东生（院士）一起主持讨论了"化学定时炸弹"问题。所写论文"化学定时炸弹与可持续发展"于 1997 年发表在周光召、朱光亚主编的《共同走向科学——百名院士科技系列报告集》中卷上。

与王学求一起提出成矿可利用金属的地球化学定量评价方法，为定量评价异常和预测大型矿床奠定了基础。提出从战略到战术，从极低密度（1 个采样点 /1000 ～ 10000km²）到超低密度（1 个采样点 /100 ～ 1000km²）、到甚低密度（1 个采样点 /10 ～ 100km²）、到低密度（1 个采样点 /1 ～ 10km²）的地球化学采样系统。有了这套采样系统，就可实现"迅速掌握全局、逐步缩小靶区"的目标。

与国外勘查地球化学家 A. G. Darnley 等著的 IGCP-259 最终报告 *A Global Geochemical Database for Environmental and Recouces Management*

（《环境与资源管理全球地球化学数据库》）一书由联合国教科文组织出版（地球科学第 19 卷，共 122 页），书中大量列举了中国地球化学填图的成就，其中分析部分更全盘接受了谢学锦的思想。

12 月，Y. T. Maurice 和谢学锦主编的国际 *Journal of Geochemical Exploration* 专集 *Geochemical Exploration 1993*（《地球化学勘查 1993》）（第 55 卷第 1–3 期）出版，其中收入了王学求、谢学锦和叶胜勇的 Concepts for geochemical gold exploration based on the abundance and distribution of ultrafine gold（基于超微细金的丰度和分布的金矿化探理论）。

1996 年

8 月，在河北廊坊为巴西、斯洛伐克和澳大利亚地球化学家举办地球化学填图培训班上授课。

9 月，在 *Acta Geologica Sinica* 第 9 卷第 3 期上发表 Unconventional Geochemical Exploration for Gold Deposit（非传统金矿化探），作者：Wang Xueqiu and Xie Xuejing。

1997 年

3 月 6 日，与任天祥、向运川等合作，利用全国已完成的 837 个 1∶20 万图幅的区域化探扫面资料（约 450 万平方千米、4000 多万个地球化学数据）编制的 39 种元素全国 1∶500 万地球化学图和 1∶1000 万地球化学图集通过评审，所编制图件已在 1996 年第 30 届国际地质大会上展示。这是我国首次编制的全国性 39 种元素的地球化学图件，填补了我国 1∶500 万小比例尺地学系列配套图件中地球化学图的空白。

5 月 25—30 日，第 18 届国际地球化学勘查学术会议在以色列耶路撒冷举行，与王学求一起出席会议。大会期间，在与加拿大学者 E. M. Cameron 的一次谈话中提出，有必要将近年来出现的一些新的、能够有效探测埋深数百米的隐伏矿床的方法统称为深穿透地球化学。1998 年 6 月王学求在《物探与化探》上正式撰文阐明"深穿透地球化学"的概念，将深穿透地球化学定义为探测深部隐伏矿或地质体发出的直接信息的勘查地球化学理论与方法。

10 月 5—10 日，与李善芳等参加在美国丹佛附近的凡尔召开的第 4 届国际环境地球化学学术讨论会。

根据金属供应量、地球化学块体、套合地球化学模式谱系等新概念对大型、特大型矿床进行预测，提出了华南 W、胶东 Au、豫陕交界处 Au、川陕甘交界处 Au、长江中下游 Au、滇黔桂 Au、粤桂湘 Au、川康滇 Au、川滇黔桂 Cu、Pt、Pd 等地球化学块体，为下一步找矿指明了方向。

发表"论矿产勘查史——经验找矿、科学勘查与信息勘查"，载《地学研究》第 29—30 号。

在 *Journal of Geochemical Exploration* 第 58 卷上发表 The Suitability of Floodplain Sediment as Global Sampling Medium：Evidence from China（泛滥平原沉积物作为全球采样介质的适合性：来自中国的证据）。

在 *Journal of Geochemical Exploration* 第 60 卷第 1 期上发表 Geochemical Mapping in China（中国的地球化学填图）。

主编的第 30 届国际地质大会文献汇编第 19 卷《地球化学》（*Proceeding of the 30th International Geologic Congress*：*19 Geochemistry*，VSP，Utrecht，the Netherlands）出版。

1998 年

4 月 13 日晚，在人民大会堂外人行横道内遭遇车祸，造成双腿粉碎性骨折，入住积水潭医院手术。

6 月 26 日，在病床上给国土资源部部长写信，信中指出：国土资源部"需要制定几个像区域化探扫面计划那样，用创新的思路理论指导，用高水平技术来进行的长远性大规模调查研究计划"，应该"提出新的'大科学计划'"，"也就是新的研究与大规模调查相结合的计划"，"使取得的科研成果在中国国民经济与社会发展中发挥更大的作用"。部长于 7 月 5 日对此信作了重要批示。

12 月 2—4 日，第一届亚太地区环境地球化学会议在香港召开，会议主要内容为：地球化学填图与基准值、地球化学与农业、环境分析技术等。李善芳、成杭新等参加会议。应邀向会议作主旨演讲，因车祸住院，乃委托成杭新在会上作了题为 Global Geochemical Mapping and Its Implementation in the Asia-Pacific Region（全球地球化学填图及其在亚洲-太平洋地区的实施）的报告。此文 2001 年发表在 Applied Geochemistry 第 16 卷上。

12 月 20—25 日新一轮国土资源大调查科技座谈会在人民大会堂宾馆召开，在 24 日上午的大会上作题为《国土资源大调查中的地球化学——填图、勘查、环境、技术》的发言。

1999 年

9 月，由他负责的"我国西南四省区 76 种元素地球化学图编制试点研究"项目启动。项目持续时间 5 年，研究周期表上除气体和人工元素以外的几乎所有元素在我国西南四川、云南、贵州、广西和重庆等省市区内地表的分布。它的完成和随后将要进行的全国 76 种元素的地球化学填图将为我国的资源评价、环境监控和若干基础科学的研究提供海量的可靠信息。

10 月，与王学求一起开始进行得到国家攀登计划、973 计划和地质大调查等多个项目连续支撑的"深穿透地球化学与隐伏大矿、巨矿的识别"研究（1994.10—2004.6），在深穿透地球化学寻找和识别大型隐伏矿的基础理论和方法技术上取得了重要进展和突破。通过野外实践，发现了新疆等地 U、Cu、Au、W、Pt、Pd 等 10 多处找矿远景区；在国外，在澳大利亚的奥林匹克坝和乌兹别克斯坦的穆龙套巨型矿区取得了良好的效果。

12 月 2—19 日，与卢荫庥、王学求一起应邀到哥伦比亚讲学（举办地球化学填图培训班），讲授地球化学填图、采样、分析、制图和解释的全过程，全面指导哥伦比亚的地球化学填图工作，为推动南美及全球地球化学填图工作提供范例。

被推荐任 Geochemistry Exploration Environment Analysis 杂志编委、Journal of Geochemical Exploration 编委。

11 月，与邵跃、王学求共同主编的国家攀登项目 B85-34 论文集《走向 21 世纪矿产勘查地球化学》一书由地质出版社出版。

在 Journal of Geochemical Exploration 第 66 卷 上 发 表 Delination of Regional Geochemical Anomalies Penetrating through Thick Cover in Concealed

Terrain —A Case History from the Olympic Dam Deposit，Australia（穿过隐伏区厚覆盖层的区域地球化学异常的圈定——澳大利亚奥林匹克坝矿床的实例）（署名：Wang Xueqiu and Xie Xuejing）和 Orientation Study of Strategic Deep—Penetration Geochemical Methods in Centralkyzylkun Desertterrain，Uzbekistan（乌兹别克斯坦克孜尔库姆沙漠地区中部战略性深穿透地球化学方法的试点研究）（署名：Xie Xuejing and Wang Xueqiu）；在第 67 卷上发表 Empirical Prospecting，Scientific Exploration and Information Exploration（经验找矿，科学勘查和信息勘查）。

2000 年

第 31 届国际地质大会于 8 月 6—17 日在巴西里约热内卢召开，大会主题是地质学与可持续发展——第三个千年的挑战。与涂光炽一同受巴西方面特邀参加此次大会，于 8 月 15 日作了题为"地球化学填图在矿产勘查与环境监测中的应用"的特邀报告。

12 月，由王学求、谢学锦署名编著的《金的勘查地球化学—理论与方法·战略与战术》一书由山东科学技术出版社出版。

2001 年

5 月，为中国地质调查局与 CCOP 在北京合办的地球化学填图培训班授课。这次培训班将中国地球化学填图 20 多年的经验做了系统的总结并推广到东南亚及东北亚国家。

2002 年

4 月 9 日，中央电视台"东方之子"栏目播出"地球化学家谢学锦——勘查地球"。

在《地质通报》第 21 卷第 6 期上发表"川滇黔桂 76 种元素地球化学图编制中分析方法与分析质量研究（一）：不同实验室产生地球化学图的相似性——以 Ag、Cs、Ga、Ge 为例"，署名：谢学锦、成杭新、谢渊如。

在《中国地质》第 29 卷第 3 期上发表"地球化学块体——概念和方

法学的发展"。

10 月 17 日，荣获 2002 年度何梁何利科学技术进步奖。

同月，《面向 21 世纪的应用地球化学——谢学锦院士从事地球化学研究 50 周年》一书由地质出版社出版发行。

11 月，在《地质与勘探》第 38 卷第 6 期上发表"勘查地球化学：发展史·现状·展望"。

12 月，在《地质通报》第 21 卷第 12 期上发表"多目标地球化学填图及多层次环境地球化学监控网络——基本概念与方法"。

12 月，应邀前往南昌参加江西省找矿战略会议。

2003 年

3 月，在《地学前缘》第 10 卷第 1 期上发表"深穿透地球化学新进展"，署名谢学锦、王学求。

同月，在珠海举行的第 9 届中国勘查地球化学学术讨论会上作"从勘查地球化学到应用地球化学"的报告，并在 *Explore*（No.121）上刊发，建议和呼吁将"国际勘查地球化学家协会"（AEG）更名为"应用地球化学家协会"（AAG），同时率先在中国建立了"应用地球化学开放实验室"（The Applied Geochemistry Research Center），为解决人类所面临的资源与环境问题出力。

5 月 30 日，《中国黄金报》刊出谢学锦答中国黄金报记者李广涛问"彻底改变你的找矿哲学"，指出找寻金矿要有新思路、新方法、新技术。

6 月 30 日，经他倡议，"勘查地球化学在中国的发展与应用"的科技项目由国土资源部国际合作与科技司批准立项，年底正式启动。

7 月，《奋斗的人生　辉煌的事业——祝贺谢学锦院士 80 寿辰暨中国勘查地球化学 50 年》（张立生、王学求主编）由地质出版社出版。

8 月 16 至 19 日，赴内蒙古赤峰市参加大兴安岭地区矿产资源远景研讨会，并作了题为"重要的问题在于发现"的报告，建议开展边境两侧的深穿透地球化学填图，对比俄罗斯和蒙古一侧巨型矿床的反映以便在海拉尔草原及沙漠覆盖区常规勘查方法无能为力之处寻找大型至巨型矿床。

9月28日，中央电视台第10套科教频道《大家》栏目播出谢学锦访谈节目：谢学锦：我国勘查地球化学奠基人。

12月，在《地质通报》第22卷11—12期上发表"2020年的勘查地球化学——从勘查地球化学到应用地球化学"。

2004 年

参加内蒙古海拉尔会议，作题为"森林沼泽区地球化学调查的技术与方法"的报告。

6月22—24日出席在挪威首都奥斯陆召开的"全球地球化学填图——世界主要河流沉积通量"专家会议。会议由国际水文科学协会、国际大陆剥蚀委员会和挪威水资源和能源理事会联合主办。此次会议决定采用中国的方案以泛滥平原沉积物作为采样介质，在全球大河口及主要支流口采集大约3000个样品，分析76种元素，编制全球76种元素地球化学图。

10月，在北京为非洲应用地球化学工作者举办的"地球化学填图／勘查"培训班（由物化探所与国际应用地球化学家协会主办）上主讲中国的地球化学填图理论与方法，将中国的经验推向非洲与印度；在《中国地质》第31卷增刊上发表"应用地球化学在中国的发展前景"。

11月15日，在"2004中国矿业大会"上作题为 Geochemical Mapping for Mineral Resources Assessment and Exploration—From China to global implementation（矿产资源评价与勘查的地球化学填图——从中国走向世界）的演讲，认为今后全球地球化学勘查的方向应是大力发展多阶段、全元素、多目标地球化学填图工作。

在 *Journal of Geochemical Exploration* 第84卷上发表 Geochemical blocks for predicting large ore deposit—concept and methodology。

为鄢明才、迟清华等著《中国东部地壳与岩石的化学组成》英文版（*The Chemical Compositions of the Continental Crust and Rocks in the Eastern Part of China*）（2005年科学出版社出版）撰写的前言（Foreword）由张立生译成中文以"中国东部与全球大陆地壳化学成分的比较"为题在《地质通报》第23卷第11期上发表。

2005 年

3 月 28 日，所主持的西南地区 76 种元素地球化学填图项目在北京西郊宾馆举行验收会。

5 月，就西南地区 76 种元素地球化学填图项目接受中国矿业报记者于德福采访，于德福发表"丰富的矿产资源信息——地球表层基因图谱"首次问世透视之一。

5 月，接受浙江大学徐叶采访：忆往昔求是岁月　看今朝攀峰校友。

8 月，接受国土资源报记者徐峙采访：勘查地球化学需要大科学计划。

12 月，在浙江农业地质会议上发表书面讲话，指出浙江的项目名为农业地质调查，实质上主要是地球化学调查，论述了中国地球化学填图与国际上相比的长处和不足，指出了浙江农业地质调查项目的意义在于不仅发现了大量的可以应用于社会经济发展的新资源，例如富硒土壤资源，同时也圈出了一些重金属污染区，主要分布于城市及其周边地区，初步评价了污染土壤对农业生产、土地利用功能和人体健康的影响。接下来，污染土壤的治理修复将是面临的一项重要任务。

为《第四纪研究》组织《第四纪应用地球化学专辑》，并为专辑撰写"后记"。

在《中国地质》第 32 卷第 1 期上发表"基于地球化学块体概念的中国锡资源潜力评价"。

为《地质通报》第 24 卷第 8 期撰写题为"多目标地球化学填图：一个可能获得重大原始创新的地质调查项目"的代序。

为地质出版社出版的叶家瑜著《区域地球化学勘查样品分析方法》英文版（*Selected Analytical Methods of 57 Elements for Multi- purpose Geochemical Survey*）作序。

2006 年

3 月，接受国土资源报记者徐金广的采访，谈农业地质调查。

4 月 10 日，中国国土资源报发表采访报道：圆了我们多年的梦——谢学锦院士谈农业地质调查。

在《国土资源》5 月号上发表"用新理念推动矿产勘查的自主创新"。

7 月，为吉林大学学报题词：办好学报，促进产学研的结合。

10 月 20 日，在中国地质科学院建院 50 周年纪念会上作题为"全球地球化学填图——重点叙述中国的进展"的报告。

11 月，在《地质论评》第 52 卷第 6 期上发表"地球化学填图与地球化学勘查"。

由谢学锦任首席科学家的"地球化学填图的战略、方法技术与应用研究"荣获 2006 年度国土资源部科技进步奖一等奖。

2007 年

接受《中国国家地理》杂志记者采访，《中国国家地理》第 6 期的中国梦的资源梦专栏上发表记者施剑松的文章"谢学锦绘制地球的基因图谱"。

5 月 11 日，致信温家宝总理，指出"归根结底，资源是由元素在空间上高度富集而成的。环境问题也都与元素及其化合物之空间分布有关。元素是地学研究最基本的单元，相当于生物学中的基因。当前国际上对地球表层系统研究的一个不足之处是只涉及元素及同位素的迁移、转化、旋徊，而对元素的空间分布，从全球到区域都只有水平不高或不够系统的资料。"因而应当重视地表的研究，尤其是元素分布的研究。

6 月，在于昆明举行的第 2 届应用地球化学学会学术讨论会上作题为"地球化学填图——目标，思路与做法的演化"的报告，并在闭幕式上发表题为"应用地球化学的发展贵在于应用——在昆明第二届应用地球化学学会闭幕会上的讲话"的演讲。

6 月 18—23 日，出席在西班牙奥维耶多（Oviedo）举行的第 23 届国际应用地球化学学术讨论会，并在会上荣获国际应用地球化学家协会（AAG）金奖。该奖授予在全球应用地球化学领域取得杰出科学成就的科学家，至 2007 年只颁发 3 次，共有 4 人获奖。

7 月 1 日住院，9 日发现直肠癌，26 日手术。住院期间制定了未来工作的 5 大计划：①编写地球化学填图专著：*Geochemical Mapping—Regional，National and Global*；②出版中国 39 元素地球化学图集和西南及

南方 76 元素地球化学图集；③撰写若干论文；④出版各省 39 种元素地球
化学图集；⑤推动全球地球化学填图，申请在中国建立全球地球化学填图
研究中心。

7 月 18 日，为《贵州地球化学图集》作序（《贵州地球化学图集》
2008 年 2 月由地质出版社出版）。

由谢学锦任首席科学家的"地球化学填图的战略、方法技术与应用研
究"荣获 2007 年度国家科技进步奖二等奖。

2008 年

1 月，为上海申丰地质新技术应用研究所出版的文集作序。

在《地质学报》英文版（*Acta Geologica Sinica*）第 82 卷第 2 期上发
表 Geochemical Mapping：With Special Emphasis on Analytical Requirements；
在 第 5 期 上 发 表 Geochemical Mapping——Evolution of Its Aims，Ideas and
Technology。

在 *Geochemistry Exploration·Environment·Analysis* 杂志第 8 卷上发表
From Geochemical Prospecting to International Mapping：A Historical Overview
（作者：R. G. Garrett，C. Reimann，D. B. Smith & X. Xie）和 Multi—scale
Geochemical Mapping in China。

5 月，接受腾讯网采访——漫谈勘查地球化学。

同月，《中国西南地区 76 种元素地球化学图集》出版。

12 月 11 日，"勘查地球化学在中国的发展与应用"项目评审会在北京
西郊宾馆进行。评审组认为："这是我国一部不可多得的 20 世纪学科发展
历史总结，对勘查地球化学今后发展具极其重要的指导意义，对其他学科
的历史研究也会产生积极影响。"

2009 年

1 月，在物化探所科技交流会上讲话，阐述五年工作计划，寄语青年
化探工作者。

3 月 3 日，参加国土资源部科技与国际合作司在中国地质科学院召开的

院士座谈会（听取院士对国土资源部十二五科学技术发展规划纲要的意见）。

4月，参加在北京举行的全国土壤专项香山科学会议。

6月，为卢焕章《地球中的流体》作序。

7月，接受北京科技报记者采访，谈阳宗海湖水砷污染事件。

8月，接受地质勘查导报记者周飞飞采访，作一个产生思想的人：让地球化学走向世界——谢学锦的地质人生，8月21日采访报道见报。

10月，撰写"我与涂光炽先生的交往"，纪念涂光炽先生逝世周年。

同月，在第6届国际数字地球会议上作题为"Digital Element Earth"（数字元素地球）的学术报告。

10月10日，主持在廊坊举行的国际全球地球化学填图会议，来自10个国家的14位地球化学家和国内19个省地调院、地质环境总站和中国地质大学（北京）等高校的100多位专家参加会议，会后陪同国外科学家前往长江三角洲野外考察，回京后于10月20日应邀参加中国地质学会地质学史研究会第21届年会并作题为"中国应用地球化学60年（1949—2009）"的学术报告。

10月22日，因脑梗住进人民医院，后转入北京康复医院；此次疾病最终导致他半身不遂，坐在轮椅上工作，在2010—2011年的两年间连续发表了多达近10篇的中、英文论文。

11月，在《地质通报》第28卷第11期上发表"油气化探何去何从？"（油气地球化学勘查专辑代序）、"国外油气化探的成功案例——通过图的显示"；"油气化探全国扫面计划"。

12月，在《地球学报》第30卷第6期上发表"中国区域化探全国扫面计划卅年"。

"勘查地球化学在中国的发展与应用"项目成果报告用《二十世纪中国化探》的书名由地质出版社出版。

2010 年

全年在康复医院进行康复训练。

4月，在《中国地质》第37卷第2期上发表"进入21世纪中国化探发展路线图"。

6 月，在地质学报英文版（*Acta Geologica Sinica*）第 84 卷第 3 期上发表 Outlines of new global geochemical mapping program。

7 月，为地质出版社出版的《多目标区域地球化学图集》作序（2010 年 10 月出版）。

11 月，接待来物化探所考察的联合国教科文组织地学部主任兼 IGCP 秘书长 Missotten，后者来河北廊坊考察在物化探所建立全球地球化学填图研究中心的可行性，得到满意的结果。

2011 年

2 月，在《地质学报》（英文版）（*Acta Geologica Sinica*）第 85 卷第 1 期上发表 Digital Element Earth。

4 月初，回到在清河的家中继续康复锻炼。

4 月，在《地学前缘》（英文版）（*Geoscience Frontiers*）第 2 卷第 2 期上发表 Comparison of Results Analyzed by Chinese and European Laboratories for FOREGS Geochemical Baselines Mapping Samples。

7 月，在《地学前缘》（英文版）（*Geoscience Frontiers*）第 2 卷第 3 期上发表 Further Study on Deep Penetrating Geochemistry over the Spence Porphyry Copper deposit，Chile。

2012 年

5 月 21 日，地球物理地球化学勘查研究所在中国地质大学（北京）国际会议中心举办"庆贺谢学锦院士 90 寿辰暨从事化探工作 60 年会议"。京内有关人士和京外少数早年曾与他一起工作过的老同志共 160 余人参加了会议。中国科学院院长白春礼、国际应用地球化学家协会主席 Robert Eppinger 等发来贺信，物化探所所长韩子夜、国际地球科学联合会中国全国委员会秘书长董树文、中国科学院院士翟裕生以及相关部委领导先后在会上致辞，称颂他一生的成就，庆贺他的 90 寿辰。

7 月，为《云南省地球物理地球化学图集》作序。

9 月 25 日，荣获中国地质科学院首届新华联科技奖杰出成就奖。出席上午 10 点在中国地质科学院新综合楼三层大会议室举行的"中国地质科学院首届新华联科技奖颁奖大会"并领取奖状、奖杯和 10 万元奖金。

9 月，所著《中国地球化学图集》由地质出版社出版。

2013 年

4 月 10—26 日，在巴黎联合国教科文组织执行局的会议上通过了谢学锦为之奔走呼唤的关于在中国廊坊建立由联合国教科文组织主持的全球尺度国际地球化学研究中心的决议。

7 月，在《地质学刊》第 37 卷增刊 1 发表《怀念地质学家徐邦梁》。为《黄劭显先生诞辰 100 周年》纪念文集作序。

8 月，为《铁矿山规划生态环境保护对策——以鞍钢老区铁矿山改扩建规划项目为例》作序。

Nova 公司新书"地球化学新进展"收入谢学锦文章"中国应用地球化学新进展"。

2014 年

1 月，在《地质学报》第 88 卷第 1 期上发表《大兴安岭成矿带北段区域地球化学背景与成矿带划分》。

4 月，与陈杭新、李长江、杨宗芳等共同编辑的《国际地球化学勘查》杂志第 139 卷（*Journal of Geochemical Exploration*）专辑 *Exploring China*：*Environment and Resources* 出版，并在本专辑中发表下列文章：

（1）Hangxin Cheng, Min Li, Xuejing Xie, Zhongfang Yang, Changjiang Li. Exploring China：Environment and Resources.

Xuejing Xie, Hangxin Cheng. Sixty Years of Exploration Geochemistry in China.

（2）Wensheng Yao, Xuejing Xie, Pizhong Zhao, Jinfeng Bai. Global Scale Geochemical Mapping Program — Contributions from China.

Zhizhong Cheng, Xuejing Xie，Wensheng Yao, Jizhou Feng, Qin Zhang,

Jindong Fang. Multi-element Geochemical Mapping in Southern China.

（3）Zhongjun Sun，Xuejing Xie. Nationwide Oil and Gas Geochemical Exploration Program in China.

12 月，所著《中国南方地区地球化学图集》由地质出版社出版，作者：程志中，谢学锦，冯济舟，张勤，姚文生，方金东等。

2015 年

1 月，为《百年地学路，几代开山人——友人、后辈眼中的中国地学先驱们》作序。

附录二　谢学锦主要论著目录

中文论文

[1] 谢学锦，徐邦梁. 铜矿指示植物海州香薷. 地质学报，1952，32（4）：360−368.

[2] 钱德苏，谢学锦. 大规模操作快速分析流水作业法. 科学通报，1953（3）：54−60，71.

[3] 邵跃，谢学锦. 东北一铅锌矿床地球化学找矿方法的研究. 地质学报，1961，41（3−4）：261−372.

[4] 谢学锦，陈洪才. 原生晕方法在地质普查勘探中的作用. 地质学报，1961，41（3−4）：273−284.

[5] 谢学锦，邵跃. 地球化学岩石测量的工作方法与解释推断方法. 物化探研究报道，1965（5）：1−40.

[6] 谢学锦. 当前区域化探的若干问题. 物探与化探，1977（2）：1−15.

[7] 谢学锦. 区域化探数据处理与解释推断（1975年4月在国家计委地质局于福州召开的全国地质部门"区域化探座谈会"上的报告）. 物化探研究报道，1978（3）：1−35.

[8] 谢学锦. 区域化探——历史　现状　前景（上海全国地质工作会议报

告）. 物化探研究报道，1978（3）：71-75.

［9］谢学锦. 区域化探全国扫面规划. 物化探研究报道，1978（3）：76-81.

［10］任天祥，张中发，谢学锦. 关于1:20万区域化探资料整理利用方法的讨论. 物探与化探，1978（2）：12-18.

［11］谢学锦. 区域化探全国扫面工作方法的讨论. 物探与化探，1979（1）：18-26.

［12］谢学锦，方正康，梅占魁，等. 皖浙赣边区区域化探资料整理与异常评价. 物探与化探，1980，4（5）：1-13.

［13］谢学锦，李连仲，鄢明才，等. 八个GSD地球化学水系沉积物标准参考样品的首批可用值（1981）. 物探与化探，1982（5）：303-319.

［14］谢学锦，欧阳宗昕. 中国的勘查地球化学的回顾与展望. 地质论评，1982，28（6）：598-602.

［15］谢学锦，王继平，朱保国. 1984. 区域化探分析方案的比较与监控方案的研究 // 面向21世纪的应用地球化学——谢学锦院士从事地球化学研究50周年. 北京：地质出版社，2002，107-133.

［16］谢学锦，侯智慧. 金矿化探. 长春地质学院院报，1987，7（4）：361-372.

［17］谢学锦. 金矿化探（二）：采样与取子样的难关——为国外地质勘探技术100期而作. 国外地质勘查技术，1988，（2-3）：146-154.

［18］谢学锦，王继平，杨竹溪，等. 快速评价与筛选多元素地球化学异常的计算机系统（RESMA系统）. 地球物理地球化学勘查研究所所刊，1990（4）：181-222.

［19］谢学锦，王学求. 金矿化探：特殊问题，不同做法 // 第四届勘查地球化学学术讨论会论文选编. 武汉：中国地质大学出版社，1991，83-90.

［20］谢学锦. 化探找金·国内与国外. 地球化学探矿实例. 第4集. 北京：地质出版社，1991：1-7.

［21］谢学锦. 中国化探发展的新战略. 中国地质学会勘查地球化学专业

委员会会志，1991：3-5.

［22］谢学锦，王学求，沈瑞平. 地球化学样品中金颗粒分布与分析误差关系的初步研究. 地质地球化学，1992（5）：71-74.

［23］谢学锦，王学求. 金矿化探（三）：金的颗粒分布与取子样误差关系的研究. 物探与化探，1992，16（6）：421-432.

［24］谢学锦. 1995. 新疆找矿的战略问题（《新疆北部地区地球化学图集》序.）// 面向 21 世纪的应用地球化学——谢学锦院士从事地球化学研究 50 周年. 北京：地质出版社，2002：207-209.

［25］王学求，谢学锦，卢荫庥. 地气动态提取技术的研制及在寻找隐伏矿上的初步试验. 物探与化探，1995，19（3）：161-171.

［26］谢学锦. 用新观念与新技术寻找巨型矿床. 科学中国人. 1995（5）：15-16，14.

［27］王学求，谢学锦. 非传统金矿化探的理论与方法技术研究. 地质学报，1996，70（1）：84-95.

［28］谢学锦. 论矿产勘查史——经验找矿、科学勘查与信息勘查. 地学研究，1997，29-30：254-266.

［29］谢学锦. 矿产勘查的新战略. 物探与化探，1997，21（6）：402-410.

［30］谢学锦. 化学定时炸弹与可持续发展 // 共同走向科学——百名院士科技系列报告集（周光召、朱光亚主编）中卷. 北京：新华出版社，1997：360-368.

［31］谢学锦. 战术性与战略性的深穿透地球化学方法. 地学前缘，1998，5（2）：171-183.

［32］谢学锦. 蛛丝马迹探宝藏——勘查地球化学发展的里程碑 // 陈建礼，主编. 科学的丰碑—— 20 世纪重大科技成就纵览. 济南：山东科学技术出版社，1998：491-495.

［33］谢学锦. 化学定时炸弹与可持续发展——早日制定治理延缓性地球化学灾害的长期战略. 中国青年科技，2000（11）：30-35.

［34］谢学锦. 进入 21 世纪的勘查地球化学. 中国地质，2001，28（4）：11-18.

［35］谢学锦，成杭新，谢渊如. 川滇黔桂 76 种元素地球化学图编制中分析方法与分析质量研究（一）：不同实验室产生地球化学图的相似性——以 Ag、Cs、Ga、Ge 为例. 地质通报，2002，21（6）：277-284.

［36］谢学锦，刘大文，向运川，等. 地球化学块体——概念和方法学的发展. 中国地质，2002，29（3）：225-233.

［37］谢学锦，周国华. 多目标地球化学填图及多层次环境地球化学监控网络——基本概念与方法. 地质通报，2002，21（12）：809-816.

［38］谢学锦，施俊法. 中国勘查地球化学 50 年回顾 // 田凤山主编. 中国地质学会 80 周年纪念文集. 北京：地质出版社，2002. 104-109.

［39］谢学锦，叶家瑜，鄢明才，等. 川滇黔桂 76 种元素地球化学图编制中分析方法与分析质量研究（三）：考核不同实验室分析质量的新方法. 地质通报，2003，22（1）：1-11.

［40］谢学锦，王学求. 深穿透地球化学新进展. 地学前缘，2003，10（1）：225-238.

［41］谢学锦. 全球地球化学填图. 中国地质，2003，30（1）：1-9.

［42］谢学锦. 矿产资源的可持续供应与勘查新战略 // 张立生、王学求主编. 奋斗的人生 辉煌的事业. 北京：地质出版社，2003：299-311.

［43］谢学锦，傅家谟，赵其国，等. 土壤中的化学污染及其防治对策——环境化学定时炸弹 // 张立生、王学求主编. 奋斗的人生 辉煌的事业. 北京：地质出版社，2003：334-340.

［44］谢学锦，刘大文. 地球化学填图与地球化学勘查. 地质论评，2006，52（6）：721-736.

［45］谢学锦全球地球化学填图——历史发展与今后工作之建议. 中国地质，2008，35（3）：357-374.

［46］谢学锦. 油气化探，何去何从？地质通报. 2009，28（11）：1533-1535.

［47］谢学锦，孙忠军. 油气化探全国扫面计划. 地质通报. 2009,28(11)：1536-1538.

［48］谢学锦，任天祥，奚小环，等．中国区域化探全国扫面计划卅年．地球学报．2009，30（6）：700-716．

［49］周国华，吴锡生，谢学锦．地表油气化探综合参数应用于冀中坳陷廊固凹陷钻井含油气性判别的效果．地质通报，2009，28（11）：1662-1667．

［50］谢学锦，任天祥，严光生，等．进入21世纪中国化探发展路线图．中国地质，2010，37（2）：245-267．

英文论文

［51］Xie Xuejing, Sun Huanzhen and Li Shanfang. Geochemical Exploration in China. Journal of Geochemical Exploration. 1981，15：489-506．

［52］Xie Xuejing and Zhengkangle. Recent Advance in Geochemical Exploration in China. Journal of Geochemical Exploration. 1983，19：423-443．

［53］Yu Bochang and Xie Xuejing. Fuzzy Cluster Analysis in Geochemical Exploration. Journal of Geochemical Exploration，1985. 23：281-291．

［54］Xie Xuejing, Yan Mingcai, Li Lianzhong, et al. Geochemical Reference Samples, Drainage Sediment GSD 1-8 from China. Geostandard Newsletter. 1985，V. IX，No. 1：83-159．

［55］Xie Xuejing, Yan Mingcai, Li Lianzhong, et al. Usable Values for Chinese Standard Reference Samples of Stream Sediments，Soils and Rocks：GSD9-12，GSS1-8 and GSR1-6.Geostandard Newsletter. 1985，V. IX，No.2：277-280．

［56］Xie Xuejing and S. E. Jenness（Editors）. Geochemical Exploration in China. Special issue. Journal of Geochemical Exploration. 1989,33（1-3），Elsevier．

［57］Xie Xuejing, Sun Huanzhen and Ren Tianxiang. Regional Geochemistry-National Reconnaissance Project in China. Journal of

Geochemical Exploration. 1989, 33（1-3）: 1-9.

[58] Xie Xuejing and Yang Bingzhong. Application of Multiparametric Geochemical Methods in the Search for Oil in the Qinggang Region near Daqing Oil Field. Journal of Geochemical Exploration. 1989, 33 : 203-213.

[59] Xie Xuejing, Yan Mingcai, Wang Chunshu, et al. Geochemical Standard Reference Samples GSD 9-12, GSS 1-8 and GSR1-6. Geostandard Newsletter. 1989, V. XIII, No.1 : 83-179.

[60] Xie Xuejing, Shen Ruiping and Wang Xueqiu. Particle Size Distribution of Gold in Geochemical Samples. Explore. 1990, 68 : 6 and 8-9.

[61] Xie Xuejing. Some Problems, Strategical and Tactical in International Geochemical Mapping. Journal of Geochemical Exploration. 1990, 39 : 15-33.

[62] Xie Xuejing and Wang Xueqiu. Geochemical Exploration for Gold : A New Approach to An Old Problem. Journal of Geochemical Exploration. 1991, 40 : 25-48.

[63] Xie Xuejing and Ren Tianxiang. A Decade of Regional Geochemistry in China-the National Reconnaissance Project. Trans. IMM. 1991, 100 : B57-B65.

[64] Xie Xuejing. Local and Regional Surface Geochemical Exploration for Oil and Gas. Journal of Geochemical Exploration. 1992, 42 : 25-42.

[65] Xie Xuejing. 1992. Geochemical Exploration for Gold in China and Abroad// Advance China's Earth Science edited by Xu Zhongxin, Xu Shuchun, Huang Huaizeng. Shanghai : Tongji University Press, 1992 : 291-299.

[66] Xie Xuejing and Ren Tianxiang. National Geochemical Mapping and Environmental Geochemistry-Progress in China. Journal of Geochemical Exploration. 1993, 49 : 15-34.

[67] Xie Xuejing and Yin Binchuan. Geochemical Patterns from Local to

Global. Journal of Geochemical Exploration. 1993, 47 : 109-129.

[68] Xie Xuejing. 1995. The Surficial Geochemical Expressions of Giant Ore deposits. // C. J. Hodgson and A. H. Clark (Ed) . Giant Ore Deposits II.Kingston : Queen's University : 479-492.

[69] Xie Xuejing. Analytical Requirements in International Geochemical Mapping. Analyst, 1995, 120 : 1497-1504.

[70] Wang Xueqiu, Xie Xuejing and Ye Shengyong. Concepts for Geochemical Gold Exploration Based on the Abundance and Distribution of Ultrafine Gold. Journal of Geochemical Exploration. 1995, 55 : 93-101.

[71] Wang Xueqiu and Xie Xuejing. Unconventional Geochemical Exploration for Gold Deposits. Acta Geologica Sinica. 1996, 9 (3) : 317-329.

[72] Xie Xuejing (Ed) . Geochemistry. Proceedings of the 30th International Geologic Congress, VSP, Utrecht, the Netherlands, 1997.

[73] Xie Xuejing and Cheng Hangxin. The Suitability of Floodplain Sediment as Global Sampling Medium : Evidence from China. Journal of Geochemical Exploration. 1997, 58 : 51-62.

[74] Xie Xuejing, Mu Xuzhan and Ren Tianxiang. Geochemical Mpping in China. Journal of Geochemical Exploration. 1997, 60 (1) : 99-113.

[75] Wang Xueqiu, Xie Xuejing, Cheng Zhizhong and Liu Dawen. Delineation of Regional Geochemical Anomalies Penetrating through Thick Cover in Concealed Terrain—A Case History from the Olympic Dam Deposit, Australia. Journal of Geochemical Exploration. 1999, 66 : 85-97.

[76] Xie Xuejing, Wang Xueqiu, Xu Li, A. A. Krememtsky and V. K. Kheffets. Orientation Study of Strategic Deep-penetration Geochemical Methods in Central Kyzylkum Desert Terrain, Uzbekistan. Journal of Geochemical Exploration. 1999, 66 : 135-143.

[77] Xie Xuejing. Empirical Prospecting, Scientific Exploration and Information Exploration. Journal of Geochemical Exploration. 1999, 67 : 97-108.

［78］Xie Xuejing, Cheng Hangxin. Global Geochemical Mapping and its Implementation in the Asia-Pacific Region. Applied Geochemistry. 2001, 16：1309-1321.

［79］Xie Xuejing. From Exploration to Applied Geochemistry. Explore . 2003, 121.

［80］Xie Xuejing, Liu Dawen, Xiang Yunchuan, et al. Geochemical Blocks for Predicting Large Ore Deposit-concept and Methodology. Journal of Geochemical Exploration. 2004, 84：77-91.

［81］Xie Xuejing, Cheng Hangxin and Liu Dawen. Geochemical Mapping：With Special Emphasis on Analytical Requirements. Acta Geologica Sinica. 2008, 82（2）：451-462.

［82］Xie Xuejing. Geochemical Mapping-Evolution of Its Aims, Ideas and Technology. Acta Geologica Sinica. 2008, 82（5）：927-937.

［83］R. G. Garrett, C. Reimann, D. B. Smith & X. Xie. From Geochemical Prospecting to International Mapping：A Historical Overview. Geochemistry：Exploration, Environment, Analysis. 2008, 8：205-217.

［84］Xuejing Xie, Xueqiu Wang, Qin Zhang, et al. Multi-scale Geochemical Mapping in China. Geochemistry：Exploration, Environment, Analysis. 2008, 8：333-341.

［85］Xie Xuejing. Outlines of New Global Geochemical Mapping Program. Acta Geologica Sinica. 2010, 84（3）：441-453.

［86］Xie Xuejing, Wang Xueqiu, Cheng Hangxin, et al. Digital Element Earth. Acta Geologica Sinica. 2011, 85（1）：1-16.

［87］Wensheng Yao, Xuejing Xie and Xueqiu Wang. Comparison of Results Analyzed by Chinese and European Laboratories for FOREGS Geochemical Baselines Mapping Samples. Geoscience Frontiers. 2011, 2（2）：247-259.

［88］Xuejing Xie, Yinxiu Lu, Wensheng Yao, et al. Further Study on Deep Penetrating Geochemistry over the Spence Porphyry Copper Deposit, Chile. Geoscience Frontiers. 2011, 2（3）：303-311.

译著

［89］地球化学探矿法. E. A. 谢尔盖耶夫等著. 北京：地质出版社，1954.

［90］汞的地球化学. A. A. 萨乌科夫著. 北京：科学出版社，1955.

［91］矿产勘查的地球化学（译）. H. E. Hawkes 和 J. S. Webb 著. 物探所，1974.

专著

［92］谢学锦. 区域化探（区域地质调查野外工作方法第四分册）. 北京：地质出版社，1979.

［93］谢学锦，薛水根，徐新杰，等. 赣西北地球化学实验图集. 北京：地质出版社，1985.

［94］谢学锦，等. 区域化探全国扫面工作方法若干规定. 北京：地质出版社，1986.

［95］谢学锦，邵跃，王学求，主编. 走向 21 世纪矿产勘查地球化学. 北京：地质出版社，1999.

［96］王学求，谢学锦. 金的勘查地球化学. 山东：科学技术出版社，2000.

［97］谢学锦，程志中，张立生，等. 中国西南地区 76 种元素地球化学图集. 北京：地质出版社，2008.

［98］谢学锦，李善芳，吴传璧，等. 二十世纪中国化探（1950–2000）. 北京：地质出版社，2009.

［99］谢学锦，任天祥，孙焕振. 中国地球化学图集. 北京：地质出版社，2012.

［100］A. G. Darnley and Xie Xuejing et al. A Global Geochemical Database for Environmental and Resource Management（Final Report of IGCP Project 259）. UNESCO Publishing，1995.

参考文献

［1］谢学锦，李善芳，吴传璧，等．二十世纪中国化探（1950—2000）［M］．北京：地质出版社，2010．

［2］谢学锦．面向21世纪的应用地球化学——谢学锦院士从事地球化学研究50周年［M］．北京：地质出版社，2002．

［3］张立生，王学求，主编．奋斗的人生 辉煌的事业——祝贺谢学锦院士80寿辰暨中国勘查地球化学50周年［M］．北京：地质出版社，2003．

［4］张立生．谢学锦∥中国科学技术协会编．中国科学技术专家传略．理学篇．地学卷3．北京：中国科学技术出版社，2004．

［5］张立生．谢学锦荣获国际应用地球化学家协会金奖∥中国科学院．2008科学发展报告．北京：科学出版社，2008．

［6］宗道一，袁红，孙芳，等．我的大学时代——访勘查地球化学家谢学锦院士∥宗道一主编．中国蘑菇红云的幕后（口述与对话丛书）［M］．北京：中国财政经济出版社，2005．

［7］《当代中国》丛书编辑部．当代中国的地质事业．北京：中国社会科学出版社，1990．

［8］孙鸿烈主编．20世纪中国知名科学家学术成就概览．地学卷，地质学分册（一）、（二）［M］．北京：科学出版社，2012．

［9］中国科学技术协会．中国科学技术专家传略（理学编地学卷）．北京：中国科

学技术出版社.

［10］中国地质矿业家列传编辑委员会. 中国地质矿业家列传. 北京：新华出版
社，1994.

［11］科学家传记大辞典编辑组. 中国现代科学家传记. 北京：科学出版社，1991.

［12］地质学报.

［13］地质论评.

［14］地质通报.

［15］中国地质.

［16］地学前缘.

［17］ACTA GEOLOGICA SINICA（English Edition），*Journal of the Geological Society of China*.

［18］*Journal of Geochemical Exploration*.

［19］*Geochemistry Exploration·Environment · Analysis*

［20］*Explore*.

后 记

　　进入新千年的第一春，2000 年春节刚过，我辞去"攀登项目"工作的申请刚刚获批，第二天就离开我工作了 30 多年的成都地质矿产研究所，飞到北京，到了一个完全新的环境，到谢学锦先生处开始了完全新的工作。自那以来，13 年有半已经过去。在这于我而言并不平凡的 10 多年间，我参与完成了谢学锦先生主持的人类历史上一项伟大工程——中国西南地区 76 种元素地球化学填图项目，接着又在他领导的"勘查地球化学在中国的发展与应用"项目中承担任务以及这两个项目成果的编辑出版工作。此外还作为编委完成了 85 万多字的《面向 21 世纪的应用地球化学——谢学锦院士从事地球化学研究 50 周年》的编辑出版；作为主编之一，完成了 60 万字的《奋斗的人生 辉煌的事业——祝贺谢学锦院士 80 寿辰暨中国勘查地球化学 50 周年》；为纪念谢家荣先生诞辰 110 周年而主编出版了 26 万字的《丰功伟识 永垂千秋》；编著出版了 39 万字的《中国石油的丰碑——纪念谢家荣教授诞辰 100 周年》以及总字数已经达到 460 万字的《谢家荣文集》第一至第六卷的编辑出版工作。在完成上述任务的同时，我还获得了"谢学锦先生秘书"这样一个山寨职务——并没有人想到为他配备一位高龄院士通常都有的秘书，更没有人授予我这个称号——中国科学院院士工作局的同志还真的赋予了我这个头衔。

上述工作连同那个山寨职务，让我真正认识了谢先生。谢先生和我所见过的某些"大家"很不相同。他的平易近人，他的"工作狂"，让我没齿不忘。他的"我是很尊重你的"恳切话语，他大年初一向我索要资料的电话，至今言犹在耳，让我由衷地感动。在他身边10多年的工作经历，更让我比较充分地了解了中国地学领域的两位真正的大家——中国勘查地球化学的开拓者和奠基人谢学锦和他的父亲、中国地质学界的一代宗师谢家荣，了解了这对父子院士对中国地质科学和地质事业做出的重大贡献。

　　谢学锦先生按照父亲的指引，开创了中国的勘查地球化学事业，同时成为中国占据国际勘查地球化学前缘的先锋和领路人。在他的带领下，中国勘查地球化学在若干领域内取得了国际领先地位，成为中国在地学领域取得全球领先地位的极少数学科之一。

　　半个多世纪以来，他与中国勘查地球化学同呼吸。在20世纪五六十年代，谢学锦先生致力于热液矿床原生晕的研究，取得了与苏联人并驾齐驱的国际领先水平。此后，他潜心于中国的区域化探全国扫面计划和全球地球化学填图研究，为中国和全球的地球化学填图及中国的矿产勘查事业做出了巨大的贡献。在他的领导下，金矿化探研究取得了世人瞩目的成就，不但使中国的金矿勘查发生了根本性的变化，而且为世界金矿的地质找矿理论与技术的发展书写了崭新的一页，受到国际同行的高度重视和极高的评价。他所指导的中国地球化学填图的巨大成功，他所提出的对国际地球化学填图中的分析要求，以及他对泛滥平原沉积物作为全球地球化学填图采样介质的适合性所做的研究和论述，是中国勘查地球化学领先世界的主要标志。它们已经成为许多国家地球化学填图的典范或执行标准。这是中国地质科学家对全球地质事业的重要贡献。

　　谢学锦先生从不满足于已经取得的成就，而总是不断求索科学新知，不断拓展地球化学的应用范围，不断克服前进道路上的艰难险阻，在科学的海洋里，奋力拼搏。老骥伏枥，志在千里。他在年过七旬以后，主持国家攀登项目，提出了地球化学块体的理论，发展了深穿透地球化学的理论与方法技术，制定了"迅速掌握全局，逐步缩小靶区"的一整套矿产勘查新战略，将矿产勘查地球化学发展到了一个前所未有的高度。他在75岁高龄时不幸遭遇车祸住院之后，仍然不忘祖国的地质科学事业，在病床上提出了进行调查与研究相结合的大科学计划的建议，推动中国地质事业向前发展。甚至在年已八旬的时候，他仍然壮心不已，在国际勘查地球化学的最前沿指挥着在中国领土上进行的全球尚未有过的重大工程——76种元素的地球化学填图；拓宽着地球化学的应用范围，在中国进行多目标地球化学填图和多层次环境地球化学监控网络工作。

毫无疑问，他的所有这些成就都将载入中国地质学史册。

他所取得的巨大成就，使他在国内外享有很高的声誉，终使他在2007年获得了应用地球化学领域内的国际最高奖项——国际应用地球化学家协会金质奖章。

在获此殊荣后，从来不知疲倦的他，积极奔走呼吁在中国建立全球地球化学研究中心，按照分形自相似原理，在全球主要大河口采样，进行全球地球化学填图。他为此操劳过度，终患脑梗塞，导致半身不遂。但即便在离不开轮椅的日子里，他仍然作为一位思想者，孜孜不倦地撰写着中英文论著。

这是怎样的一位学者？他是怎样从一位成绩平平、羞涩的小学生成长为一位勘查地球化学领域的世界级大师的？清晰地描绘他一生所走过的道路，应该是一件非常有意义的事情。前些年，中国科学院科技政策与管理科学研究所的樊洪业先生曾经建议我撰写一本谢先生的口述史，但我因为有主编、编辑出版《谢家荣文集》的繁重工作，未敢承诺。

2010年春夏，我收到了一份电子邮件，要我填写"老科学家学术成长资料采集工程人选情况调查表"，我不经意间填写了这份表格寄了出去，甚至没有注意这张表格的名称。

2011年初，过了差不多一年，一位素不相识的人——北京市科协的郭振宇同志给我打来一个电话，向我讲述老科学家学术成长资料采集工程，要我承担谢学锦先生采集工程项目的任务，而我已经根本不记得曾经填过的那张表了。

如果说，我有幸在谢先生办公室工作了10多年，因此对谢先生和他所从事的事业有了可能比别人更多的了解，那么我有责任、有义务尽自己的努力，做好这份工作，为中华民族整理和保存一份有价值的科学家成长历史的学术档案，以激励有志为祖国科学事业的发展而奋斗的后来人。我把这看成是历史赋予我的使命，因此我没有理由拒绝它，我不假思索地承担下了这份很有意义的工作。

我希望自己能够不辱使命，也希望将来和我一道进行工作的同志同样不辱使命，尽我们最大的努力做好这个项目，把它做成我心目中的精品工程。前后经过了差不多3个月的反复思忖后，我决定邀请谢先生的两位女儿——大女儿谢渊如和小女儿谢渊洁参加到项目中来，共同做好这份工作。令人非常高兴的是，她们两位都非常乐意地接受了我的邀请，并且在整个项目进行过程中，无论是在访谈谢先生和他的学生或同学、同事的时候，还是在贵州湄潭浙大旧址追寻谢先生足迹的日子里，也无论是在昆明、昭通、重庆和上海探访谢先生当年学习的地方的时候，还是在陕西蓝田薛家村物化探所旧址为寻觅当年谢先生一边烧锅炉一边翻译《矿产勘查中的地球化学》的故地而翻越围墙的时候，她们都非常努力地工作，非常负责，非常出色，有时竟到了忘我工作的地步，令我十分感动。谢渊洁同志常常在访谈结束后，为整理访谈文字稿工作到深夜的情景总是留在我的脑海里。她们两位的努力是项目获得成功的基本保证。我不能想象，没有她们的努力，我们项目的工作会是什么样子。

谢先生本人也非常配合我们的工作。项目开始时，他已经离不开轮椅近两年了。但无论是接受我们的访谈，还是对访谈稿的审阅，他都非常认真，也无论是对研究报告的修改，还是对传记书稿的定稿，他都非常关心，并提供修改意见。

在项目进行过程中，我们还得到了云南省地质矿产局王宝禄高级工程师、昭通市教育局邓成勇同志、昭通中学和校长何洪斌同志、昭通市档案馆、贵州省地质矿产局冯济舟高级工程师、贵州省湄潭浙江大学西迁历史文化研究所陈列馆馆长印丽、贵州师范学院发展规划处的雷伟同志、重庆大学校长办公室秘书处樊小龙同志、重庆大学档案馆和李平馆长、江苏省地质调查院詹庚申高级工程师、江苏省地质调查研究院测试研究所罗惠芬研究员、浙江大学档案馆何春晖副教授、胡岚主任、上海市北郊高级中学张玉锁同志、浙江省第三地质大队卫敬生高级工程师、中国地质科学院物化探所人事处等的大力支持和帮助。

现在谢学锦采集工程的项目结束了，传记也即将付梓了。回顾两年来的工作，如果说我们取得了还算过得去的成绩，除了我们自己的努力工作和谢先生的积极配合以及上述单位和同志的帮助外，有关领导的支持是一个非常重要的因素。这里要特别提到成都地质矿产研究所所长丁俊同志。谢先生不是我们所的人，但丁所长却始终非常支持这项工作，一开始就对项目任务书提出了修改意见，为项目的顺利开展创造了条件。应该说，没有他的大力支持，项目的进行也没有这样顺利。

中国科协和北京市科协科技咨询中心的领导和项目负责同志也给了我们非常重要的支持，每当我们取得一点成绩的时候，他们都总是给予充分肯定，这对我们的工作也很重要。

项目专家组的樊洪业先生、张藜研究员和馆藏基地的吕瑞花教授和韩露老师是我们进行采集工程工作的良师益友。每当我们碰到难题或疑问的时候，我都会打电话请教他们，他们也总是非常耐心地给我答复和解释，使我们的资料整理工作进行得非常顺利，最终交出了一份合格的答卷，顺利地完成了采集工程的资料采集任务。应该说，我们工作的成功，离不开他们几位的帮助，我们的工作成果中也有他们的心血。

这里谨向上述所有给予了我和我们小组支持与帮助的领导和有关单位和同志表示我们小组的诚挚的谢意和敬意。

最后必须指出的是，虽然我们付出了巨大的努力，但由于我自己的水平有限，这本传记中肯定会有许多不足之处，有不少需要改进和完善的地方，恳请读者批评和指正。

张立生

2013 年 7 月 30 日于北京百万庄